고려
무인
이야기___2

————

최
씨

왕
조
·
상
上

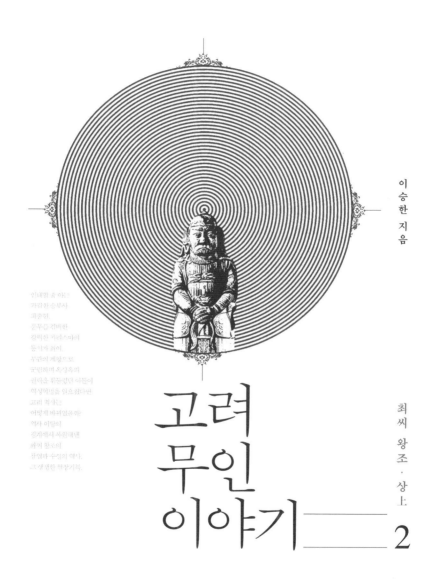

이승한 지음

인내할 줄 아는
과감한 승부사
최충헌,
운무를 걸머진
강력한 카리스마의
통치자 최이,
무력의 계엄으로
군립하면 최상옥의
권력을 휘둘렀던 이들이
역사발전을 어느정도이면
고려 역사는
어떻게 바뀌었을까
역사 이달의
정계에서 부침대면
최씨 정권의
영영과 수설의 역사.
그 생생한 현장기록.

고려
무인
이야기 —— 2

최씨 왕조 · 상上

푸른역사

1173년 10월 1일, 경주

최씨 정권은 여러 가지 면에서 이전의 무인정권과 그 모습이 달랐다. 강력한 통치권을 확립했을 뿐만 아니라, 최충헌의 직계 자손들에게 통치권이 세습되었다. 이런 권력 세습은 최충헌-최이(최우)-최항-최의, 4대 62년 동안이나 이어졌다.

이는 전통 왕조의 왕위 세습과 조금도 다를 바 없다. 무인정권 성립 자체도 우리 역사에서 범상한 사건이 아니었지만, 최씨 정권의 성립과 계승은 우리 역사상 유일무이한 매우 독특한 현상이 아닐 수 없다. 국왕은 최충헌에 의해 선택되어 임명될 정도였고, 얼마든지 교체될 수 있었다. 그런 형해화된 왕위계승은 그것대로 이루어지면서 최씨 가의 사람들에게 옥상옥의 통치권이 따로 세습되었다. '최씨 왕조'라는 과장된 제목을 붙인 것은 그 때문이다.

이 책에서는 1232년(고종 19) 강화도 천도 직전까지를 다루겠다. 1196년(명종 26) 최충헌이 쿠데타를 일으킨 후 30여 년 동안의 이야기이다. 최씨 왕조의 전개에서 가장 중요한 사건인 강화도 천도에 대한 이야기부터는 다음 3권으로 넘긴다.

최씨 왕조에 대해서는 궁금한 점이 너무나 많다.

궁금증 하나. 최씨 가의 사람들은 왜 스스로 왕이 되지 못했을까? 마음대로 왕을 갈아치우고 자식에게 통치권을 물려줄 정도의 힘이라면 스스로 왕이 되고도 남았을 텐데 말이다. 왕이 될 수 없었던 것일까, 아니면 스스로 왕이 되지 않은 것일까.

궁금증 둘. 최씨 정권은 어떻게 60여 년 동안이나 지속될 수 있었을까? 아니 반대로 최씨 정권은 왜 60여 년밖에 지속되지 못했을까? 최씨 정권을 하나의 정권으로 보면 60년이 긴 기간이지만 하나의 왕조로 보면 너무 짧은 기간이라고 생각할 수도 있다. 하지만 역사의 특정한 국면에서 예외적으로 등장한 특별한 정권에 대해 왜 그렇게 짧았는가라는 의문보다는, 왜 그렇게 길었는가라는 의문이 더 상식적일 것이다.

그런데 최씨 무인정권과 거의 비슷한 시기에 성립한 일본의 무사정권인 막부幕府체제는 1868년 메이지유신 때까지 수백 년 동안 지속된다. 한국과 일본의 무인정권이 거의 같은 시기에 성립한 사실도 흥미로운 현상이지만, 그 후의 전개과정이나 지속 기간이 왜 그렇게 다를까 하는 의문도 우리의 뇌리를 자극하는 문제이다.

이 문제에 대한 답을 찾는다는 것은 결코 쉬운 일이 아니다. 우선, 이 책이 목적하는 바도 아니지만, 필자의 역량을 넘어서는 일이기도 하다. 하지만 이 궁금증도 글쓰기를 마칠 때까지 버리지 않겠다. 궁금증은 글을 써가는 원동력이기도 하기 때문이다.

궁금증 셋. 최씨 가의 사람들은 어떻게 통치권을 자식들에게 물려줄 수 있었을까? 정상적인 왕조의 국왕도 자신의 뜻대로 왕위를 물려주기가 쉽지 않은데 최씨 정권은 그 일을 순조롭게 해냈다. 마치 최씨 왕조처럼.

궁금증이 일어나지 않는 역사는 연구할 의미도 없고 재미도 없다. 지적 호기심이 발동되지 않기 때문이다. 또한 역사 연구는 무엇보다도 상식적인 의문에 우선 답이 되어야 한다. 이것은 대중적인 역사 연구에서뿐 아니라 전문적인 학술 연구에서도 마찬가지다. 이런 몇 가지 의문을 품고 두 번째 무인 이야기를 시작하겠다.

2003년 4월

이승한

2

정난
靖難

靖難

등극
登極

3

4

계승
繼承

최씨 왕조의
통치공학

5

■ 무인집권시대 집권자 및 주요 사건 연보

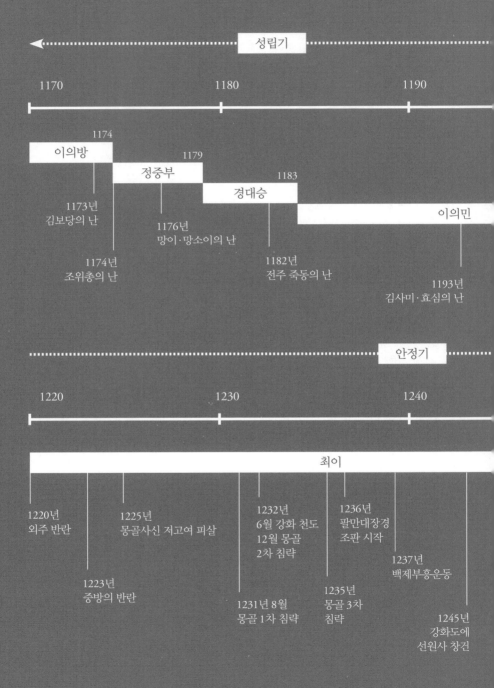

성립기

1170   1180   1190

1174
이의방

1173년
김보당의 난

1174년
조위총의 난

1179
정중부

1176년
망이·망소이의 난

1183
경대승

1182년
전주 죽동의 난

이의민

1193년
김사미·효심의 난

안정기

1220   1230   1240

최이

1220년
외주 반란

1223년
중방의 반란

1225년
몽골사신 저고여 피살

1231년 8월
몽골 1차 침략

1232년
6월 강화 천도
12월 몽골
2차 침략

1235년
몽골 3차
침략

1236년
팔만대장경
조판 시작

1237년
백제부흥운동

1245년
강화도에
선원사 창건

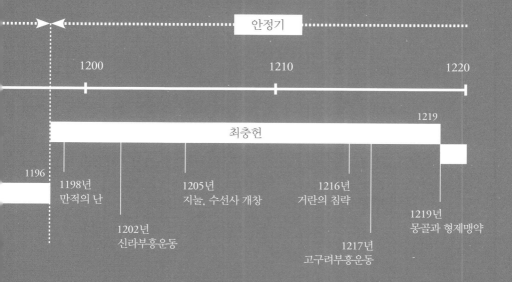

안정기

1200   1210   1220

1219

최충헌

1196

1198년
만적의 난

1205년
지눌, 수선사 개창

1202년
신라부흥운동

1216년
거란의 침략

1219년
몽골과 형제맹약

1217년
고구려부흥운동

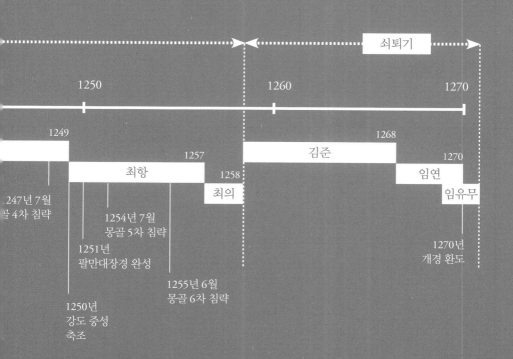

쇠퇴기

1250   1260   1270

1249

1268

김준

최항

1257

1258

최의

1270

임연

임유무

247년 7월
골 4차 침략

1254년 7월
몽골 5차 침략

1251년
팔만대장경 완성

1255년 6월
몽골 6차 침략

1270년
개경 환도

1250년
강도 중성
축조

■ 무인집권시대의 왕위계승

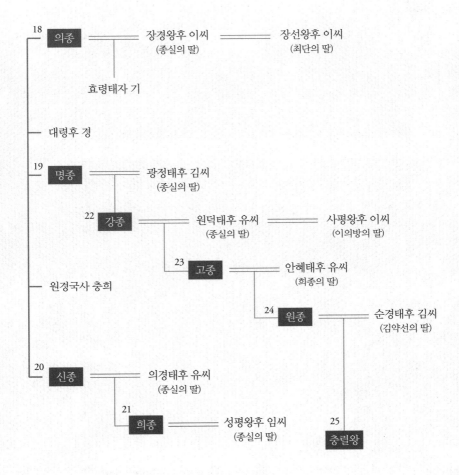

18 의종 ═══ 장경왕후 이씨 ═══ 장선왕후 이씨
           (종실의 딸)   (최단의 딸)

효령태자 기

대령후 경

19 명종 ─── 광정태후 김씨
           (종실의 딸)

22 강종 ─── 원덕태후 유씨 ═══ 사평왕후 이씨
           (종실의 딸)   (이의방의 딸)

23 고종 ─── 안혜태후 유씨
           (희종의 딸)

24 원종 ═══ 순경태후 김씨
           (김약선의 딸)

20 신종 ═══ 의경태후 유씨
           (종실의 딸)

21 희종 ═══ 성평왕후 임씨
           (종실의 딸)

25 충렬왕

├── : 부자관계

═══ : 결혼관계

■ 고려시대 무관직 비교

무관의 계급	품계	지금의 장교계급	문관직
	정1품		태사 태부 태보, 대위 사도 사공
	종1품		중서령, 문하시중, 상서령, 6부 판사(재상 겸직), 감수국사(시중 겸직), 판삼사사(삼사)
	정2품		중서시랑평장사 문하시랑평장사(중서문하성), 좌우복야(상서성), 수국사 동수국사(재상 겸직)
	종2품		참지정사 정당문학 지문하성사(중서문하성), 판추밀원사 동지추밀원사 추밀원사(중추원)
상장군 上將軍	정3품	대장	좌우상시(중서문하성), 어사대부(어사대), 추밀원부사 좌우승선(중추원), 상서(6부)
대장군 大將軍	종3품	중장	좌우승(상서성), 지사(6부), 사천감(사천대), 위위경(위위시), 전중감(전중성)
장군 將軍	정4품	소장 준장	좌우간의대부(중서문하성), 시랑(6부), 군기감(군기감)
	종4품		어사중승 지어사대사(어사대), 국자사업(국자감), 소감 소경(각사)
중랑장 中郞將	정5품	대령	좌우사랑중(상서성), 낭중(6부), 시독학사 시강학사(한림원), 합문사(합문)
	종5품		기거주 기거랑 기거사인(중서문하성), 어사잡단 시어사(어사대)
낭장 郞將	정6품	중령	좌우보궐(중서문하성), 좌우사원외랑(상서성), 원외랑(6부), 전중시어사(어사대)
	종6품		좌우습유(중서문하성), 감찰어사(어사대), 내급사(전중성), 승(각사, 국자감)
별장別將	정7품	소령	당후관(중서문하성), 국자박사(국자감), 통사사인 합문지후(합문)
	종7품		주부(각사), 권지합문지후(합문)
산원散員	정8품	대위	사문박사(국자감)
	종8품	중위	율학박사(형부), 직사관(사관)
교위校尉	정9품	소위	학정 학록(국자감)
대정隊正	종9품	준위	율학조교(형부), 서학박사 산학박사(국자감)

* 문종 대를 기준으로 한 것임. ( )안은 관부 명칭. 중추원 추밀원

1 창업

創業

創業

역사 연구는 항상 필연성의 문제를 추구한다.
당위성의 문제는 역사학의 본령이 아니다. 최충헌은 무신란 못지않게 많은 사람을 죽이고
권력을 장악한 인물이다. 그런 인물이 쿠데타를 일으키기 전까지는
역사 기록에 별로 언급된 바가 없다. 이는 그가 이의민 집권 때까지
별다른 두각을 나타내지 못했음을 뜻한다. 이런 인물이 최씨 왕조를 창업했다.
어떻게 이런 일이 가능했을까?

최충헌 형제의 쿠데타

쿠데타의 발단, 비둘기 사건

1196년(명종 26) 4월 9일, 국왕이 보제사로 행차하는 날이었다. 국왕 명종은 수시로 개경 주변 사찰을 순례했으니, 이날의 사찰 행차도 특별한 일이 아닌 통상적인 행사였다.

보제사는 도성 안에 있는 국왕이 자주 찾는 사찰 중 하나였다. 행차 시에는 여러 신료들이 호종하고, 국왕의 신변 경호를 위해 당연히 친위군도 뒤를 따랐다. 다만 이번 사찰 행차는 전날 초파일 행사의 연장으로서 다른 때보다 그 의미가 크고 성대했다.

이 전날 이의민李義旼은 국왕의 행차를 통보받고도 무슨 급한 일이 있는지 몰래 개경을 빠져나갔다. 대신 자신의 두 아들인 대장군 이지영李至榮과 장군 이지광李至光에게 국왕을 호종하도록 했다. 비록 힘없는 국왕이지만 그 움직임 하나하나는 집권자에게 민감한 문제였다. 그럼에도 이날은 국왕의 행차를 두 아들에게 맡기고 개경을 멀리 떠나 있었다. 권력에 자만하고 있었을까.

이의민이 개경을 떠나 내려간 곳은 미타산彌陀山(경남 합천)이었다. 그런데 이의민이 미타산으로 내려갔다는 사실을 알고 있는 사람이 둘 있었다. 최충헌崔忠獻과 최충수崔忠粹 형제였다. 이들 형제는 국왕의 보제사 행차가 있기 수개월 전쯤 이의민을 제거할 계획을 이미 세워두고 있었다. 최충헌 형제가 이의민을 제거할 생각을 하게 된 동기는 아주 사소한 문제에서 비롯되었다.

최충헌의 동생 최충수는 개경 동부의 녹사로 있었다. 동부는 개경의 행정구획인 5부(동·서·남·북·중부)의 하나이고, 녹사는 그 말단 관리이다. 이 최충수가 자기 집에 비둘기를 기르고 있었는데, 이의민의 아들 이지영이 이 비둘기를 빼앗아갔다.

성격이 괄괄하고 사나운 최충수는 이지영의 집을 찾아가 비둘기를 돌려달라며 거세게 대들었다. 화가 난 이지영이 가동家童들을 시켜 결박하려 하자 최충수가 저항하며 소리쳤다.

"장군이 손수 결박하지 않으면 누가 감히 결박하겠느냐?"

그 용기가 가상하기도 했지만, 말단 관리와 맞상대해서 얻을 게 없다고 판단한 이지영은 최충수를 그대로 놓아주었다. 최고권력자의 아들로서 온갖 횡포와 만행을 부리던 이지영에게 화를 입지 않은 것은 의외였다. 하지만 모욕을 당한 최충수는 자신의 무력함이 원망스러울 뿐이었다.

최충수가 직접 이의민의 아들과 충돌하는 계기가 된 비둘기 사건은 우연히 벌어진 일이었다. 하지만 두 형제는 그 이전부터 이의민 정권에 대해 큰 불만을 갖고 있었다. 그런 불만 중에서 가장 근본적인 것은 이의민과 그 아들들이 천민 출신이라는 데 있었다. 이것은 최충헌 형제만의 불만이 아니었다.

최충수는 형 최충헌을 찾아가 이의민과 그 아들 3형제의 횡포를 고하고, 이들 네 부자를 이 기회에 제거해버리자고 제의했다. 자신의 힘만으로는 도저히 불가능한 일이기에 장군으로서 군대에 몸담고 있는 형의 도움을 얻고자 한 것이다. 최충헌도 네 부자의 행패에 대해서는 익히 알고 있었지만 무력하기는 마찬가지여서, 동생의 제의를 받고 난감해했다. 별다른 무력 기반도 없고 아무런 준비도 없는 상태에서 최충수의 제의는 황당할 수밖에 없었다.

그러나 최충수가 혼자라도 결행하겠다는 비장한 결심을 밝히며 계속 형의 동조를 구하자 마침내 최충헌은 동생의 뜻을 좇아 결행하기로 마음을 굳히고 준비해왔던 것이다.

미타산, 이의민 주살

이의민 일족을 제거하는 데 가장 중요한 문제는 목숨을 걸고 나설 행동대원을 확보하는 것이었다. 이의민 일족만 제거하면 그 후의 일은 의외로 쉽게 처리될 수도 있을 것 같았다. 이들 부자형제의 만행과 횡포에 대한 불만이 폭발할 지경이었으니 많은 사람들이 따라줄 것으로 믿은 것이다.

최충헌 형제는 친족을 중심으로 무사들을 결집해나갔다. 거사를 하기 전까지는 비밀을 지키는 것이 가장 중요했으므로, 누구보다도 믿을만한 친족이 제일이었다. 그리고 친족들을 중심으로 비밀리에 다시 이의민 정권에 불만이 많은 떠돌이 무사들을 확보해나갔다.

많은 수는 아니지만 그렇게 끌어모은 무사가 30여 명 정도였고, 이들은 최충헌 형제를 중심으로 단단하게 결속되었다. 사실 이 숫자로 거사를 한다는 것은 무리였다. 그럼에도 최충헌 형제가 무모하게 거사에 뛰어든 것은, 문무관료들을 비롯한 여러 사람들이 이의민 정권에 대해 큰 불만을 갖고 있다는 사실을 피부로 느끼고 있었기 때문이다.

이의민이 개경을 떠나 미타산으로 갔다는 소식을 들은 최충헌 형제는 바로 행동에 들어갔다. 충헌 형제는 미리 연락해둔 조카 박진재朴晉材와 역시 친족인 노석숭盧碩崇을 대동하고 남쪽으로 말을 달렸다. 그동안 비밀리에 확보하여 훈련시킨 무사 30여 명도 그 뒤를 따랐다. 미타산은 현재 경남 합천군 초계면에 위치한 산으로 여기에 이의민의 별장이 있었다. 주변 농장을 관리하기 위한 농막 겸 유사시 몸을 피할 수 있는 은신처이기도 했다.

이 미타산에는 조선시대까지 봉수 시설이 있어 경상도 지역의 통신 연락에서 대단히 중요한 곳이었다. 이의민의 별장은 왜 하필 이곳에 있었을까? 그가 한때 왕이 될 꿈을 꾸었다는 사실을 상기할 때 심상치 않은 일이다. 하지만 사료에 주목할 만한 기록이 없어 근거 없는 상상은 피하겠다.

미타산의 이의민 별장에는 그를 따르는 사람들이 수십 명 있었다. 그러나 대부분 농장관리를 위한 가동들이어서, 무력 기반으로는 큰 힘이 못 된다는 것을 미리 파악해둔 바였다. 충헌 형제는 그날 오후 늦게 미타산에 도착하여 별장 부근의 숲속에 숨어 하룻밤을 보내며 이의민이 나오기를 기다렸다. 다음날 이른 아침 이의민이 귀경하기 위해 별장을 나와 말을 타려는 순간, 최충수가 갑자기 돌진하여 칼로 내리쳤다. 그러나 이의민이 슬쩍 몸을 피하는 바람에 빗나가고 말았다. 노년에 접어든 이의민이었지만 전장에서 닦은 그의 몸은 아직도 날렵함이 남아 있었다.

최충수가 저격에 실패하자 다시 최충헌이 박진재, 노석숭과 함께 동시에 뛰어 들었다. 세 사람의 협공을 받은 이의민은 치명상을 입고, 마침내 그의 목이 떨어져나갔다. 그 순간 무사들은 별장 안으로 뛰어들어가 저항하는 가동들을 제거하고 별장을 장악했다.

최충헌은 노석숭을 시켜 이의민의 머리를 가지고 급히 상경토록 하고, 자신과 동생은 무사들을 데리고 별장 주변에 숨어 있는 가동들을 색출하여 제압했다. 대부분이 이의민이 주살당했다는 것을 알고는 도망치거나 전의를 상실하여 큰 희생 없이 신속히 처리할 수 있었다. 그러고 나서 충헌 형제도 바로 개경을 향해 말을 달렸다.

개경, 국왕을 수중에 넣고

개경에 들어온 노석숭은 이의민의 머리를 저잣거리에 높이 매달아놓고 자신은 은신처로 몸을 숨겼다. 개경에서는 이의민이 주살되었다는 소문이 삽시간에 퍼져, 놀라 떠드는 소리로 큰 혼란에 휩싸였다.

보제사로 행차 나갔던 국왕 명종 일행에게도 그 소식이 전해졌다. 호종하던 신료들은 군사적 변란이 일어난 줄 알고 당황하여 몸을 피하기에 바빴다. 국왕의 행차에 함께 따라갔던 이의민의 아들들인 이지순과 이지광도 어찌할 바를 모르고 당황하기는 마찬가지였다. 우선 친위군과 함께 국왕을 급히 수창궁으로 환궁시켰다.

본궁이 아닌 수창궁으로 환궁한 것은 넓은 대궐보다는 평소 기거하던 수창궁이 유사시 방어하기에 유리하다고 판단한 때문이었다. 국왕 명종은 즉위한 이후 주로 별궁인 수창궁에 기거하고 있었다. 대궐의 정전인 연경궁이 이자겸의 난 때 불탄 후, 새로운 정전을 마련했지만 무신란 이후 줄곧 기피하고 있었다. 이자겸 난의 여파와 무신란의 충격이 겹친 탓이었다.

국왕을 환궁시킨 이지순 형제는 아비의 죽음을 직접 확인하기 위해 거리로 나섰다. 효수된 아비의 머리를 확인한 형제는 공포에 휩싸였다. 그들은 일단 집으로 돌아가서 가동들을 데리고 거리로 다시 나왔다. 군사를 출동시키기에는 너무나 급박하기도 했지만, 아비가 주살된 마당에 확실하게 믿고 의지할 데는 수족과 같은 가동들이 제일이었다. 그러나 적의 실체가 아직 드러나지 않고 있어 불안한 가운데 시간만 흘러갔다.

최충헌 형제와 무사들이 개경에 도착한 것은 그날 오후 늦게였다. 최충헌은 십자로에서 감문위(성문을 수비하는 부대) 장군으로 있는 백존유白存儒를 만나 이의민의 제거를 사실대로 말하고 동조를 구했다. 백존유는 최충헌의 뜻을 기꺼이 좇아 여러 군사들을 불러모았다. 순식간에 군사가 수백 명으로 불어났다.

이지순 형제와 가동들이 최충헌의 군사들과 마주친 것은 그때였다. 뒤늦게 적의 실체를 알아채고 맞섰지만 가동들이 정규군을 상대하기에는 역부족이었다. 가동들은 뿔뿔이 흩어지고 힘의 열세를 깨달은 이지순 형제는 일단 몸을 피해 달아났다.

최충헌은 군사들을 거느리고 수창궁으로 향했다. 개경 시가지를 장악하는 일보다는 국왕의 신변을 확보하고 쿠데타의 정당성을 승인받는 일이 더 중요했다. 그 고비만 넘기면 쿠데타는 일단 성공할 것이라고 생각했다.

수창궁 안의 금군은 의외로 허술했다. 집권자인 이의민은 이미 죽고 그 아들들도 없는 상황에서 금군을 장악하고 확실하게 쿠데타군에 저항할 중심인물이 없었던 것이다. 아마 갑작스런 사태에 어떻게 대응해야 할지 미처 방향을 정하지 못했을 것이다. 최충헌 형제는 군사들을 수창궁 뜰에 집결시켜놓고 대전 앞으로 나가 소리쳤다.

"이의민은 일찍이 국왕을 시해하고 백성을 포악하게 침탈하여 왕위까지 엿보았습니다. 신 등은 이를 보고 참을 수 없어 국가를 위해 그를 제거하였습니다. 그러나 일이 누설될까 염려하여 사전에 어명을 청하지 못했으니 죽을죄를 지었습니다."

국왕은 최충헌에게 위유한다는 간단한 조서를 내렸다. 확실한 지지 표명은 아니었지만 그렇다고 적극적인 반대 의사도 아닌 어정쩡한 것이었다. 최충헌은 군대를 출동시켜 나머지 무리들을 토벌할 것을 요청했다. 국왕의 승낙을 기다리지 않고 바로 왕명으로 군대를 소집했다. 주변에 흩어져 갈팡질팡하던 대부분의 군사들도 소집에 응했다.

최충수에게 일부 병력을 주어 수창궁을 지키게 하고 최충헌은 나머지 군대를 이끌고 시가지로 나왔다. 거리는 벌써 어두워지고 있었다. 최충헌은 시가에 군막을 치고 앉아 거사의 본부로 삼았다. 사람을 풀어 이의민의 주살을 선전하고 다시 군사를 불러모으니 장사들이 모여들어 상당한 병력을 더 확보할 수 있었다.

우선 이의민의 세 아들을 잡아들이는 것이 급했다. 이지영은 안서도 호부(해주)에 내려가 있는 것이 확인되었지만, 이지순과 이지광은 가동들을 끌고 나와 싸우다 도주하여 어디에 있는지 파악되지 않고 있었다. 최충헌은 장군 한휴韓休를 해주로 보내 이지영을 제거하도록 하고, 노석숭에게는 이지순과 이지광 형제를 찾도록 했다.

최충헌은 군막을 지키면서 대장군 이경유李景儒, 최문청崔文淸 등과 앞으로의 일을 의논했다. 이 두 무신은 믿을 만한 구석은 없었지만, 고위급 무신들의 호응을 얻기 위해서라도 같이 행동하는 모습을 보여줄 필요가 있었다. 그날 밤은 그렇게 시가 군막에서 초조하게 밤을 보내면서 날이 밝기만을 기다렸다.

해주에 있던 이지영은 그 지방 아전이나 백성들로부터 특별한 자금을 마련하던 중이었다. 벽란도 근처 보달원을 자신의 원찰로 삼고 그 앞의 시내에 다리를 놓기 위한 자금이었는데 지방민들로부터 많은 원성을 사고 있었다.

개경의 변란 소식을 모르고 있던 이지영은, 그날 밤 태수 허대원許大元이라는 자와 도호부 청사에서 잔치를 벌이고 있다가 갑자기 밀어닥친 한휴의 군사에게 주살당했다. 한휴는 이지영의 머리를 베어 즉시 개경으로 보냈다. 백성들은 이지영이 죽었다는 소식을 듣고 만세를 불렀다고 한다.

수창궁, 반쿠데타 진압

다음날 아침 최충헌은 거사 본부를 인은관仁恩館으로 옮겼다. 개경을 완전히 장악하지 못한 상태에서 열린 시가에 있는 것은 불안했던 것이다. 더구나 국왕이 머무르고 있던 수창궁은 갈수록 통제가 어려워지고 있었다. 수창궁의 병력을 이리 저리 나누어 쓰다 보니 국왕의 신변을 장악하는 데 곤란한 점이 많았다. 이는 반쿠데타 세력이 결집하는 계기로 작용 할 수 있다는 점에서 매우 중대한 문제였다.

반쿠데타 세력을 생각할 때 실은 가장 염려되는 것이 경주에 있는 이의민의 친족세력이었다. 최충헌은 한광연韓光衍에게 군사를 주어 경주에 급파하여 이의민의 삼족을 도륙하게 하고, 경주 인근 주현에도 왕명으로 사자를 보내 이의민에게 붙은 자들을 색출하여 주살케 했다. 그리고 이의민의 사위 이현필李賢弼을 잡아들여 원주로 추방했다.

거사 둘째 날은 이렇게 특별한 전투 없이 불안한 시간을 보냈다. 반쿠데타 세력이 아직 확실하게 결집되지 않은 때문일 것이다. 거사에 저항할 세력들은 철저히 단속했지만, 항상 그렇듯이 문제는 뜻밖의 곳에서 벌어졌다. 바로 국왕이 거처하고 있는 수창궁이 문제였다.

사흘째 되는 날 불길한 정보들이 들어왔다. 권절평權節平과 손석孫碩 등이 군사를 일으켜 최충헌 형제를 제거할 계획을 세운다는 것이었다. 이 두 사람은 이의민 정권의 핵심 인물들이었다.

최충헌은 먼저 권절평의 아들 권준權準과 손석의 아들 손홍윤孫洪胤을 인은관으로 유인하여 불러들였다. 그들의 아비보다는 현역 장군으로 군대에 몸담고 있는 그들이 더 위험하다고 판단했던 것이다. 평소에 면식이 있는 자들이라 유인하는 데는 어렵지 않았다. 이들은 술을 대접받으면서 평소와 같이 웃고 즐기다가 졸지에 주살당하고 말았다. 최충헌은 이어 권절평과 손석 등 자신에 대한 반대 성향이 뚜렷한 중신 대여섯 명을 잡아들여 죽이고, 협조하지 않을 것이라고 판단된 앞서의 이경유와 최문청도 아울러 제거해버렸다.

그런데 수창궁에서는 몇몇 무신들이 반쿠데타를 계획하고 이미 실천에 옮기고 있었다. 역시 국왕을 수중에서 놓친 것이 문제였다. 이들 무신들은 친위군 병사 일부와 환관, 궁인, 심지어는 노비들까지 불러모아 최충헌을 제거해야 한다고 선동하고 있었다.

그 중심에 있는 인물은 상장군으로 있는 길인吉仁이라는 자와 장군

박공습朴公襲 등이었는데, 이들을 따르는 무리가 오합지졸이기는 하지만 1천여 명에 달했다. 이들은 무기고의 무기까지 꺼내어 나누어 갖고, 수창궁을 중심으로 시가지를 점령하면서 대궐 쪽을 향하고 있었다. 위기였다.

최충헌은 수습 가능한 모든 병력을 이끌고 시가로 나왔다. 이번 거사의 가장 큰 고비이자 생사 성패의 갈림길이었다. 애초 미타산을 습격했던 기병 결사대 30여 명을 선봉대로 세우고 소리치면서 수창궁을 향해 나아갔다. 시가전이 벌어진 것이다.

수적으로는 분명 열세였지만 기병의 위력은 대단했다. 기병 선봉대가 창을 휘두르며 돌진하자 길인이 이끄는 혼합부대는 선두부터 무너지기 시작했다. 한번 기선을 제압당하면 돌이킬 수 없는 것이 군대의 사기이다. 점차 밀리던 반쿠데타 세력은 대부분 흩어지고 일부 친위군 병사들만 남게 되었다. 이들은 계속 밀리다가 마침내 수창궁으로 쫓겨들어가 방어에 나섰다.

최충헌은 수창궁을 완전히 포위했다. 장군 백존유는 화공까지 동원하여 수창궁을 공격했다. 전세가 이미 기울었다고 판단한 길인은 담을 넘어 도망쳤다. 길인은 쿠데타가 성공한 후 북산 바위 아래에서 시체로 발견되었는데, 도망치다가 실족했다는 소문도 있었고, 자살했다는 이야기도 떠돌았다.

수창궁에 있던 국왕은 입장이 난처하게 되었다. 자신이 반쿠데타 세력을 사주한 꼴이 되고 말았던 것이다. 국왕은 궁문을 열게 하고 최충헌 형제를 불렀다. 하지만 충헌 형제는 수창궁 안의 동정이 의심스러워 들어갈 수 없었다. 최충헌은 낭장 최윤광崔允匡이라는 자를 대신 들여보내어, 궁 안에 들어가 나머지 무리를 수색하여 주살할 것을 청했다. 국왕은 허락하지 않을 수 없었을 것이다.

최충헌은 포위를 풀지 않은 상태에서 군대를 들여보내, 이번 거사에서 가장 많은 인명을 살상했다. 박공습 등 우두머리 몇 명은 이미 자결해버렸고 나머지 무리들은 완전히 위축되어 저항을 포기하고 있었다.

최충헌의 무사들이 닥치는 대로 죽이니 넘어진 시체가 어지럽게 흩어졌다. 왕의 측근에 있던 관리나 환관들은 달아나기에 바빴고, 국왕의 희첩 서너 명과 그 자식인 소군小君들만이 국왕 곁에서 울부짖고 있었다. 수창궁의 반쿠데타는 그렇게 간단히 진압되었다.

병력을 수습한 최충헌은 다시 인은관으로 돌아왔다. 약간의 여유를 찾은 그는 반대 성향의 인물들을 차분하게 선별해나갔다. 참지정사 이인성李仁成, 상장군 강제康濟 등 36명의 제거할 중요인사 명단을 만들어 모두 잡아들이도록 했다. 이들 36명은 이날 저녁 바로 사천가에서 처형당했다. 쿠데타는 이제 성공 단계에 접어들었던 것이다.

정변의 회오리가 휩쓸고 지나간 며칠 후, 최충헌은 동향이 의심스러운 상장군 주광미周光美와 대장군 김유신金愈信 등 고위급 무신들을 다시 선별하여 죽였다. 그리고 판위위사 최광원崔光遠 등 국왕의 핵심 측근 관료 10여 명을 유배 보냈다. 이들의 죄목은 국왕을 위험에 빠뜨렸다는 것이었지만, 실은 반쿠데타에 연루되었다는 의심을 산 때문이었다.

그로부터 한 달 후쯤, 도망쳤던 이지광과 이지순이 스스로 인은관에 나타났다. 자복하여 목숨을 구걸하기 위한 것이었는지는 모르지만, 최충헌이 이들을 살려둘 리 만무했다.

쿠데타를 성공시킨 이때 최충헌의 나이 48세였다.

집요한 승부사, 최충헌

하급관리에서 군인으로

최충헌은 1149년(의종 3) 우봉(개경 근교)에서 태어났다. 최충헌의 아버지는 상장군을 지낸 최원호崔元浩이며, 어머니는 역시 상장군을 지낸 유정선柳挺先의 딸 유씨 부인이다. 아버지 최원호나 외조부 유정선의 최종 관직인 상장군은 정3품의 무관 최고계급으로, 부모 양쪽 모두 비교적 좋은 정통 무반가문이라는 점에서 그는 이전의 집권자들과는 조금 달랐다.

최충헌이 관직에 처음 들어온 것은 아버지 최원호의 문음門蔭(과거시험을 거치지 않고 관직을 얻는 것)으로 얻은 양온령良醞令(정8품)이라는 관직이었다. 양온령은 왕실이나 관청에서 필요한 술의 제조와 공급을 관장하는 관청인 양온서의 관리였다. 이때가 무신란 이전이었을 것으로 보인다.

최충헌은 이후 수년간 말단 관리직을 전전했다. 그가 행정실무를 담당하는 하급관리를 수년간 역임했다는 것은 관리로서 행정 수행 능력을 갖추고 있었음을 뜻한다. 행정실무 경험이 전혀 없었던 이전의 집권자들과 이점에서 또한 차이가 있었다. 그가 이렇게 하급관리를 전전하고 있을 때 무신란이 일어난다.

무신란이 일어난 1170년 최충헌은 스물두 살이었다. 마음만 먹으면 무신란에 참여하여 충분히 기여할 만한 나이였지만 그러한 흔적은 사료에 나타나지 않는다. 후에 최충헌 정권에 참여했던 사람들을 보건대, 그는 무신란에 참여했던 세력과는 전혀 무관했다고 보아도 좋을 것 같다.

그런데 최충헌은 무신란이 일어난 직후 말단 하급관리를 그만두고 군인으로 변신했다. 그가 처음 들어간 군대는 흥위위라는 부대의 산원(정8품)이라는 하급장교였다. 이때가 1173년(명종 3) 무렵으로 짐작되는데, 이러한 그의 변신은 무신란 이후의 정치·사회적 환경에서 자극받은 것이 분명하다.

일본 도쿄 국립박물관에 소장된 최충헌의 묘지명에는 하급관리에 머물러 있는 자신을 수치스럽게 여겨 군인이 되었다는 기록이 있다. 이는 매우 흥미 있는 것으로 당시 정치·사회적 상황과 관련시켜 그의 개인적 성품도 엿볼 수 있는 이야기이다.

무신란의 성공으로 군인들의 세상이 열리자 정치의 핵심을 맡아오던 전통 문신들은 크게 위축될 수밖에 없었다. 이런 속에서 하급관리쯤은 그야말로 하찮은 존재로 여겨졌을 것이다. 어쩌면 최충헌은 자신이 맡고 있는 행정업무에서나 일상생활에서 군인들로부터 부당한 대우나 모욕적인 언사를 숱하게 겪었을 것이다. 이런 사회 분위기와 개인적인 충격이 마침내 그를 군인으로 변신케 했을 터인데, 여기에는 그의 남다른 출세욕과 공명심도 한몫을 했다고 생각된다. 이점은 이후 그의 행적에서 드러난다.

1174년(명종 4) 조위총의 난이 일어나자 최충헌은 그해 11월 진압군 부원수 기탁성奇卓誠에게 기용되어 별장(정7품)으로 진급하고, 별초도령으로서 난의 진압에 참여했다. 별초別抄는 특별히 선발된 부대를 의미하고 도령은 그 지휘관이었다. 이런 별초군의 지휘관으로 발탁되었다는 것은 그의 자발적 지원의 성격이 강한 것으로, 그의 용맹성과 출세욕이 합해진 결과였다. 이때 진압군 최고사령관은 윤인첨尹鱗瞻이었다.

후에 최충헌은 쿠데타를 성공시켜 권력을 잡은 직후인 1197년(명종 27) 2월, 윤인첨과 기탁성에게, 반란 진압에 대한 공을 높이 평가하여 공신호를 내리고 문하시중을 추증했다. 기탁성은 무신란에 소극적인 인물이었고 윤인첨은 무신란 때 간신히 살아남은 문신의 중심인물이었다.

20여 년이나 지난 후 이들을 공신으로 책정한 것을 보면, 최충헌이 군인으로 변신한 후 이 두 사람에게 힘입은 바 컸음을 말해준다. 아울러 윤인첨이나 기탁성 계열의 인물들과 접근해보려는 의도도 작용했을 것이다. 이는 또한 최충헌 자신의 정치적 입지를 넓히기 위한 것이었음은 말할 필요가 없다.

그것을 보여주는 것으로 문신인 김평金주이라는 인물이 있다. 김평은 김보당 난의 핵심 인물인 한언국韓彦國의 사위였는데, 장인이 난에 참여했다가 피살되자 처자를 거느리고 낙향해버렸다. 이 소문을 들은 기탁성이 김평의 재능을 아깝게 여겨 직사관(정8품)으로 기용해준 일이 있었다. 그런데 이 김평이라는 인물은 별다른 빛을 보지 못하다가 최충헌이 권력을 잡자 요직에 기용되었다. 기탁성에 의해 발탁된 최충헌과 김평이 서로 연결되었음을 보여주는 사례이다.

최충헌이 기탁성에 의해 발탁되어 조위총 난의 진압에 참여한 것은 그의 출세에서 중요한 전환점이었다. 반란 진압에 참여하여 공이 있고 없음이 중요한 문제가 아니었다. 중요한 사실은 최충헌이 기탁성과 연결되었다는 것이며, 그 기탁성이 정중부 정권의 핵심 인물 중 한 사람이었다는 것이다. 최충헌이 조위총 난의 진압에 참전하고 있던 중에 정중부가 이의방을 제거하고 정권을 잡았기 때문이다.

최우수 지방관으로의 변신

조위총 난의 진압에 참전하고 돌아온 최충헌은, 1176년(명종 6) 안동부의 부사(6품)로 발탁되었다. 무신란 전에는 문신들이 독차지했던 지방관에 무신인 최충헌이 임명된 것이다. 무신란이 성공한 후, 공을 세운 무신들이 지방관으로 나아가기를 열망했던 사실에 비추어보면, 최충헌의 지방관 부임은 그의 관직 경력에서 큰 행운이었다.

이때 최충헌의 나이 28세였다. 어린 나이에 지방관에 부임하게 된 것도 정중부 정권이 들어서면서 기탁성을 통해 정권의 핵심과 가까워진 결과였다. 그는 군인으로 변신한 후 한걸음 한걸음 출세의 길을 밟아가고 있었던 것이다.

그런데 최충헌이 안동부사로 재임하는 동안 관리로서의 성적이 최고였다는 이야기가 그의 묘지명에 특기되어 있다. 분식이나 과장이 가능한 개인 묘지명이라는 사실을 감안해야 겠지만, 최충헌이라는 인물을 조명하는 데 상당히 중요한 사실이다. 하급관리로 수년 동안 근무한 경력이 있는 그는 행정실무 능력쯤은 기본적으로 갖추고 있었을 것이다. 그러나 군인으로 변신한 그가 다시 뛰어난 지방관으로 탈바꿈했다는 것은 주목할 만한 대목이다. 게다가 무인 출신 지방관들이 한꺼번에 배출되면서 백성들을 착취하고 탐학하는 풍조가 만연했던 당시 사회상에 비추어볼 때, 그가 최우수 지방관이었다는 평가는, 그의 출세욕이나 명예욕이 단순한 승진이나 물질적 욕망만을 충족시키기 위한 것이 아니었음을 알 수 있다.

4년의 지방관 임기를 마친 최충헌은 1180년(명종 10) 다시 중앙군으로 복귀했다. 그것도 국왕의 신변 경호를 맡는 응양군의 섭랑장이었다. '섭攝'은 대리나 임시의 의미를 갖는 접두어이다. 다음해 그는 '섭'의 꼬리표를 떼고 정식 낭장(정6품)이 되었다. 이때가 경대승이 정중부를 제거한 직후이다.

정중부 정권이 무너졌음에도 최충헌이 중앙군의 핵심 장교로 부임한 사실은 뜻밖이다. 아마 지방관으로서 훌륭한 성적을 거둔 때문이었거나, 정권 교체기의 어수선한 상황이 그것을 가능케 했을 것이다. 어쩌면 정중부 정권을 타도한 경대승도 무신란에 전혀 가담하지 않았다는 사실이나 그의 정권이 복고적인 성향을 가졌던 것으로 보아, 최충헌이 경대승 정권에서 크게 탄압받을 일은 없었을 듯하다. 최충헌은 이후 6년 동안 낭장계급에 그대로 머물렀다.

39세 되던 1187년(명종 17) 최충헌은 경주·상주·진주 방면의 안찰사로 전격 발탁되었다. 안찰사는 어사대나 중서문하성의 관리감찰 기능을 갖는 4~6품의 관리가 주로 선발되어, 일정 기간 동안 지방을 순회 감찰하는 겸임 임시직이다. 본래는 문신들만이 나아갈 수 있었으나, 역시 무신란 이후 무신들도 파견되었다.

안찰사는 앞서 최충헌이 임명받은 안동부사와 품계는 비슷하지만 지방관의 비리나 부정을 감찰하는 막중한 직책이었다. 그러니 최충헌에게는 정말 가슴 벅찬 일이었을 것이다.

그런데 웬일인지 최충헌은 그해를 넘기지 못하고 안찰사를 그만두고 돌아오게 되었다. 갑자기 해임된 것이다. 하기야 최충헌과 정치적 성향이 맞지 않는 이의민 정권에서 안찰사에 기용된 것부터가 신통한 일이었다. 그의 묘지명에는 권력자의 뜻을 거스른 때문이라고 전하는데, 당시 권력자인 이의민의 뜻이 무엇인지, 구체적으로 최충헌이 어떤 동기에서 이의민의 뜻을 거슬렀는지는 나타나 있지 않다. 하지만 지방을 순찰하는 안찰사의 직분과 관련된 일이었을 것임은 쉽게 짐작된다.

그래서 최충헌이 안찰사로서 순찰한 지역에 경주가 포함되었다는 사실을 그냥 지나칠 수 없다. 경주는 이의민의 고향으로 그의 친족이나 측근세력이 포진하고 있는 지역이다. 그러니까 최충헌이 이의민의 뜻을 거슬렀다는 것은 경주의 이의민 세력이나 이의민의 친족과 관련된 업무에서 자신의 뜻을 결코 굽히지 않았다는 이야기이다.

다시 무인으로

안찰사에서 중도하차한 최충헌은 그해 용호군의 섭중랑장으로 다시 군대에 복귀했다. 그리고 다음해에는 꼬리표를 떼고 정식 중랑장(정5품)으로 진급했다. 진급은 했지만 왕실을 경호하는 용호군에서 각 성문을 경비하는 실권 없는 부대인 감문위로 옮겨야 했다.

이후 최충헌은 무려 8년 동안이나 중랑장에 머물러 있었다. 그의 군인 인생에서 가장 암울하고 위축된 시기였다. 그동안 최충헌은 여러

부대를 전전하면서 진급은 고사하고 군인으로서의 신분마저 불안을
느껴야 했다.

최충헌이 이의민의 제거를 생각했다면 안찰사에서 해임된 무렵부터
중랑장에 묶여 있던 바로 그 사이였을 것이다. 핵심 권력층과의 불화
로 안찰사에서 갑작스럽게 해임된 것이나 더딘 진급은 이의민 정권에
대한 충분한 불만의 이유가 될 수 있기 때문이다. 이 시기 이의민은 중
앙에서 권력을 확실하게 장악해가고 있었다.

1195년(명종 25) 최충헌은 8년 만에 장군(정4품)으로 진급했다. 그것도
'섭'이라는 꼬리표가 붙은 채였다. 이때가 47세였다.

이의민은 이미 1인자의 위상을 확실하게 굳히고 무소불위의 권력을
누리고 있었다. 뿐만 아니라 그의 아들 3형제의 권력 남용은 눈을 뜨
고 볼 수 없을 정도였다. 새파란 나이에 장군에 오른 이들 3형제에 비
해, 50세가 다 되어 겨우 장군에 오른 최충헌은 자신이 너무나 초라하
게 느껴졌을 것이다. 앞으로도 이들과 연결되지 않고서는 진급도 어렵
다는 것은 더욱 암담한 일이었다.

쿠데타의 계기가 되었던 비둘기 사건이 이의민이 아닌 그 아들과 시
비가 붙었다는 것은 우연이 아니었다. 이의민보다 그 아들들이 더 문
제가 많았던 것이다. 이런 이의민 정권하에서 최충헌은 더 이상 자신
의 미래를 보장받을 수 없다는 것을 분명히 알아차렸다.

최충헌은 무신란을 비롯하여 군인으로 변신한 이후에도 무인들의 정
권 교체를 수없이 지켜보았다. 집권 무인에 대한 불만은 결국 또 다른
무인들에 의해 붕괴된다는 것을 분명히 알고 있었다. 관료들 사이에서
이의민 정권에 대한 불만이 점차 커지고 있음도 감지하고 있었다.

이듬해 1196년(명종 26) 4월 최충헌은 마침내 쿠데타를 기도하여 이

의민을 제거하는 데 성공한다. 말단 관리에서 군인으로 변신한 것은 그의 야망 실현을 위한 첫 출발이었다. 그리고 결국 그는 야망을 실현시켰다.

최초의 인사발령

이의민을 제거하고 20여 일 후, 최충헌은 새로운 인사발령을 단행하여 조영인趙永仁을 권판이부사, 유득의柳得義를 권지이부상서, 그리고 백존유·최충수·박진재를 각각 대장군(종3품), 장군(정4품), 별장(정7품)으로 승진시켰다. 이들은 모두 쿠데타의 중심인물이었다고 볼 수 있다. 다만 조영인과 유득의는 사료상에 그 역할이 나타나 있지 않다.

조영인의 아들인 조준趙準은 최충수의 딸과 결혼하여 사돈간이 되는데, 이 결혼관계가 언제 이루어졌는지는 불확실하다. 쿠데타 전에 이루어졌다면 조영인의 발탁은 이와 관계가 있을 것이다.

조영인과 유득의가 임명된 '권판이부사'나 '권지이부상서'의 이부吏部는 문관의 인사를 주관하는 중앙의 가장 중요한 핵심 관청이고, 그 앞에 붙은 '권權'은 '임시'의 의미를 갖는 용어이다. 이 두 관직은 비록 임시이긴 하나 이부의 장관과 차관을 의미하는 것이다. 문관의 인사권을 가장 먼저 챙기겠다는 최충헌의 의도였다.

어쩌면 이 두 사람에 대한 배려는 쿠데타에서의 공로를 반영한 것이라기보다는, 앞으로의 정국 운영에서 문신들을 장악하고 그들의 동조를 이끌어내기 위한 것으로 보인다. 쿠데타에서 공로가 분명히 있었다면 정직이 아닌 임시직을 주지는 않았을 것이기 때문이다.

특히 유득의는 나중에, 명종을 폐위시키는 데 비협조적이라고 생각했던지 명종 폐위 직전에 최충헌에 의해 관직에서 축출되고 만다. 이것을 보더라도 조영인과 유득의에 대한 인사가 쿠데타에서의 공로를 반영한 것은 아님을 알 수 있다.

그런데 이 인사 내용에서 최충헌이 빠진 것이 조금 이상하다. 쿠데타 직후의 어수선한 상황에서 조급하게 관직을 욕심내는 것은 득 될 게 없다고 판단한 때문이었을까. 관직의 승진 정도로는 그의 야망이 채워질 수 없었을 테니까 말이다.

최충헌은 뛰어난 인내심의 소유자였다. 쿠데타가 성공한 이후 그의 관직 승진을 보면 일반 관료들의 승진과 별반 다를 게 없다. 정권을 장악한 마당에 성급하게 욕심을 드러낼 필요가 없는 여유로움 때문이기도 했지만, 여기에는 그의 인내력도 중요하게 한몫을 했다. 이런 인내력은 기존 문신관료들의 반발을 막고 그들을 회유하는 데 적절하게 발휘되었다.

그런가 하면 최충헌은 강한 결단력도 지니고 있었다. 하급관리에서 과감하게 군인으로 변신한 것이나, 동생의 쿠데타 제의에 무모하게 뛰어든 것은 목숨을 내건 거의 도박에 가까웠다. 이런 결단력은 이후 반대세력을 제거하고 숙청하는 데 주저하지 않는 폭력으로 나타나기도 했다.

문신귀족들이 동조한 쿠데타

문신귀족들의 동향

최충헌 형제가 쿠데타를 일으키게 된 계기는 사소한 '비둘기 사건'이었다. 하지만 이것 때문에 쿠데타가 일어났다고 보는 것은 우스운 일이다. 그 사건은 쿠데타의 방아쇠 역할을 했을 뿐, 이미 이전에 이의민 정권에 대한 불만이 쌓이면서 쿠데타가 일어날 소지는 싹트고 있었다.

그렇다면 쿠데타가 일어나게 된 계기나 원인보다는 그것이 성공하게 된 배경이 더 궁금해진다. 최충헌 형제는 무인정권하에서 독자적인 권력 기반이나 권력 지분을 갖고 있지 않았다. 이전의 무인집권자처럼 무신란에 참여하여 공을 세운 무신이 아니었기 때문이다. 그래서 굳이 비교한다면 그는 경대승과 비슷한 처지에서 쿠데타를 일으켰다고 볼 수 있다.

그런데 이의민이 제거될 당시 무신란에 참여하여 뚜렷한 공을 세운 무신들은 이미 사라지고 없었다. 무신란이 일어난 지 30년 가까운 세월이 흘렀기 때문이다. 이의민은 무신란에 참여하여 공을 세운 마지막 주자였고, 따라서 다음 주자는 어차피 무신란과는 무관한 인물 중에서 나올 수밖에 없었다. 즉 시간의 흐름상, 이의민 다음의 정권은 무신란과의 단절을 피할 수 없게 되었다.

어쩌면 이의민을 마지막으로 무인정권이 막을 내릴 수도 있었다. 이는 최충헌 형제의 쿠데타를 이해하는 데 매우 중요한 일이다. 이의민 집권 당시 무인정권에 반대하던 정치세력들은 이의민 정권을 그런 시선으로 보지 않았을까. 이제 무인정권은 끝내고, 왕정복고를 해야 한다는 여론이 일어났을 법하다. 최충헌 형제는 바로 그런 정치세력들의 여론을 등에 업고 쿠데타를 일으켜 성공시켰던 것이다.

그런 정치세력들은 고려 왕조 전통의 기득권 세력인 문신귀족들이었다. 30년 가까이 지속된 무인정권은 문신귀족들을 정치에서 소외시켰다. 드물게 무인정권에 참여하여 순탄한 관직생활과 개인의 영달을 누린 문신관료들이 없지 않았지만, 권력의 핵심에는 누구도 접근하지 못했다.

게다가 이의민 정권에서는 이전에는 꿈도 꾸지 못할 천한 신분의 사람들이 득세했으므로 그들이 느꼈을 상대적 박탈감이나 소외감은 더욱 컸다. 문신귀족들은 무인정권에 대해 근본적인 불만과 회의를 갖기 시작한 것이다. 여기에 문신귀족들을 위협하는 세력—무신란에 참여하여 공을 세운 집단—도 점차 사라지고 있어 어깨를 조금 펼 수도 있었다.

하지만 문신귀족들은 무인정권을 종식시킬 만한 물리적 힘이 없었다. 스스로는 아무 일도 할 수 없었으니, 누군가 나서주기를 기다리는 수밖에 없었다. 이의민 정권을 붕괴시키려면 어차피 무신들의 힘을 빌지 않으면 안 되었던 것이다. 이럴 즈음에 최충헌 형제의 쿠데타가 일어났다. 최충헌 형제는 그러한 정치·사회 분위기를 읽고 있었던 것이다.

그렇다고 최충헌 형제가 문신귀족들과 사전에 조직적으로 연계하여 쿠데타를 일으킨 것은 아니었다. 하지만 문신귀족들은 최충헌 형제의 쿠데타에 정면으로 반발하지도 않았다. 우선 이의민 정권을 타도하는 것에 만족하여, 최충헌 형제의 쿠데타가 또 다른 무인정권의 탄생을 가져올 것이라는 사실은 미처 생각할 수 없었던 것이다.

최충헌 형제가 쿠데타를 일으키고 그것을 성공시킨 배경에는, 문신귀족들의 암묵적인 지지가 분명 있었으니, 이것이 지금까지의 무인정권과 최충헌 정권의 가장 큰 차이라고 할 수 있다. 이런 배경을 엿볼 수 있는 또 하나의 사실이 '봉사 10조'이다.

봉사 10조

쿠데타를 성공시키고 한 달쯤 지난 1196년(명종 26) 5월, 최충헌은 구악을 일소하고 새로운 정치를 도모하라는 장문의 건의문 10조목을 국왕께 올렸다. 이름하여 〈봉사 10조奉事十條〉이다. 그 골자는 다음과 같다.

1. 국왕은 대궐의 정궁으로 환궁해야 한다.
2. 관리의 녹봉이 부족하니 남설된 관직을 정리해야 한다.
3. 권력자에 의한 토지 탈점은 조세를 감소시키고 군사를 결핍하게 만드니 환수되어야 한다.
4. 조세 수취 과정이 문란하니 능력 있는 지방 수령만을 선발하여

외직에 보임해야 한다.

5. 병마사나 안찰사는 국왕에 대한 진상을 핑계로 백성을 침탈하니 금지시켜야 한다.

6. 승려들의 궁궐 출입과 재산 증식을 금지해야 한다.

7. 병마사나 안찰사에게 권한을 부여하여 지방 수령들의 능력을 심사 보고하도록 해야 한다.

8. 관리들의 사치와 치부활동을 금지해야 한다.

9. 비보사찰 외의 원당은 정리해야 한다.

10. 대간의 관리를 잘 선발하여 그 권한과 활동을 보장해야 한다.

최충헌이 〈봉사 10조〉를 올린 것은, 무엇보다도 우선 자신의 쿠데타를 정당화하기 위해서였다. 이후 최충헌 자신이 10조목을 전혀 실천하지 못했을 뿐 아니라, 오히려 앞장서서 그런 폐행을 저질렀다. 쿠데타를 정당화하기 위해 이전 무인정권 동안에 있었던 폐단을 낱낱이 열거한 것뿐이었다.

특히 건의문 머리말에서부터 이의민 정권을 비난했는데, 이 역시 이의민 정권 타도의 불가피성을 선언한 것이라 보인다. 이의민 정권에 대한 비난뿐 아니라, 무인집권기 동안의 여러 폐단을 장황하게 거론한 것도 이전의 무인정권을 모두 부정한다는 뜻이었다. 이는 결국 고려의 정치를 무신란 이전의 원칙대로 회복하자는 주장인데, 그렇다면 최충헌은 왕정복고를 의도한 것일까?

절대 그럴 리 없었다. 목숨 걸고 쿠데타를 일으켜 성공시켰는데 누구한테 바치겠는가. 설사 왕정복고를 하고 싶어도 정변의 주역들에 대한 안전과 신변 보장 없이는 불가능했고, 그것은 국왕을 포함하여 어느 누구도 보장할 수 없는 문제였다. 결국 정변의 주역들이 정권을 잡는 수밖에 없는 것이다.

이렇게 보면, 최충헌이 〈봉사 10조〉를 통해 의도한 것은 무신란 이전의 정치로 돌아가자는 것이 아니며, 왕정복고는 더더욱 거리가 멀다. 무신란 이전의 정치를 부정적으로 장황하게 언급하며 개선책을 주장한 것은, 쿠데타에 대한 광범위한 지지를 이끌어내고, 정국을 신속히 안정시키기 위한 정치적 목적에서였다.

문신귀족들의 지지

그런데 최충헌이 이런 시의적절한 건의문을 쿠데타 직후 바로 올릴 수 있었던 것은, 그 배후에 문신관료들이 있었음을 시사한다. 아무리 행정 경험이 풍부하고 정치력이 있다 해도 일개 장군 출신의 무장이 이런 건의문을 독자적으로 올릴 만큼 학식이나 준비를 갖추기는 어렵다고 생각되기 때문이다. 이 문건에 관계된 문신관료들은 천민들이 득세했던 지난 이의민 정권에서 소외되었던 이들이 틀림없을 것이다. 〈봉사 10조〉의 내용을 가장 반길 사람들이 바로 그들이기 때문이다.

어쩌면 〈봉사 10조〉는 최충헌의 쿠데타에 암묵적으로 동조한 문신관료들의 합의에 의해 도출되었을 가능성도 배제할 수 없다. 그 내용이 최충헌보다는 하나같이 문신귀족들의 이해관계를 정확히 대변하고 있기 때문이다. 또한 생명을 내건 쿠데타에 매달려야 했던 절박한 상황에서, 쿠데타의 주역들이 그렇게 일목요연하게 정비된 문건을 준비한다는 것도 어려운 일이다.

문신귀족들의 합의에 의해 나온 것은 아니라 해도, 최소한 이 〈봉사

10조〉는 무인집권기 동안 누적된 문신귀족들의 불만사항을 수용한 것은 분명하다. 그래서 이 〈봉사 10조〉가 나옴으로써 지난 무인집권기 동안 소외되고 위축되었던 문신귀족들이, 최충헌의 쿠데타를 환영할 것이라는 점도 쉽게 짐작할 수 있다. 다만 최충헌이 그것을 적극적으로 유도해서 나오게 되었는지, 아니면 소극적으로 받아들인 것인지는 불확실하다. 어느 쪽이든 이의민 정권 타도를 표방한 최충헌의 쿠데타는 이런 문신관료들과 정치적 이해관계를 같이했다는 것을 아는 데에는 부족함이 없다.

그렇다면 이후 최충헌 정권의 성향도 대강 짐작해볼 수 있다. 무신란 이전의 기득권 세력, 즉 전통 문신귀족들의 지지 기반 위에 설 수밖에 없다는 것이다. 이는 최충헌 정권이 그 이전의 무인정권과는 달리 보수적 성향을 강하게 때리라는 것을 예고한다.

또한 최충헌은 정치적 역량 면에서 이전의 집권자들과 시작부터 뭔가 다른 점이 있었다는 것도 느낄 수 있다. 무력으로 권력을 장악했음에도 그것에 접근하는 데 있어 무신치고는 제법 세련된 방법을 구사했다. 그것을 알려주는 것도 다름 아닌 이 〈봉사 10조〉이다.

뒤늦은 공신 책봉

〈봉사 10조〉를 올린 직후 최충헌은 전국 각 지방의 민심을 수습하기 위해 사신을 파견했다. 얼마나 큰 효과를 보았는지는 알 수 없지만 정권 안정을 위해서는 지방사회의 안정이 중앙에서의 권력 장악 못지않게 중요하다는 것을 깨달은 것임에 분명하다. 이것은 지방관 경력을 지닌 경험에서 나온 것으로, 이전의 집권자들과 확실히 다른 점이었다.

그리고 1196년(명종 26) 6월 최충헌은 국왕의 핵심 비서관에 해당하는 좌승선(정3품)을 차지했다. 쿠데타 이후 그가 최초로 나아간 관직이다. 그것이 국왕의 눈과 귀에 해당하는 승선이었다는 것은 의미가 깊다. 국왕을 지근거리에서 감시 감독하겠다는 의도였을 것이다.

이어 그 다음에 차지한 관직은 관리감찰과 탄핵을 담당하는 어사대의 지사(종4품)였다. 어사대는 관료사회 전체를 감독하고 통제하는 곳으로 그곳의 모든 관리는 대간에 포함된다. 최충헌이 이러한 어사대의 관리에 취임한 것은 대간을 장악하겠다는 뜻일 것이다. 이렇게 최충헌은 관품의 고하에 구애받지 않으면서 정권 장악의 핵심 요소는 놓치지 않았다.

그의 공신 책봉 역시 이의민을 제거한 지 10개월이나 지난 1197년(명종27) 2월에 이루어졌다. 이 공신 책봉에서 최충헌과 최충수, 그리고 이미 죽은 그의 아버지 최원호까지 추증하여 공신에 책봉되었다. 그리하여 최충헌 3부자는 공신각에 그 얼굴 모습이 그려지게 되었고 쿠데타에 대한 외형적인 정당성은 확보되었던 것이다.

그런데 이 대목에서 한 가지 의문이 생긴다. 왜 쿠데타가 성공한 직후 공신으로 책봉되지 않고 이렇게 늦어졌을까? 공신 책봉은 왕조정부로부터 쿠데타의 정당성과 합법성을 보장받는 유일한 길인데, 늦어진 이유가 아무래도 석연치 않다. 1170년 애초의 무신란을 성공시킨 이의방이나 정중부가, 한 달 뒤 바로 공신으로 책봉된 것에 비추어보면 조금 이례적이기까지 하다.

이것은 국왕을 비롯한 관료사회의 반대가 있었든지, 아니면 권력에 접근하는 최충헌 자신의 조심스러운 태도 때문이 아닌가 한다. 어느 쪽으로 보든지 최충헌 형제가 쿠데타를 성공시키고도 권력을 완전히 장악하기까지는 많은 어려움이 있었음을 짐작할 수 있다.

쿠데타의 성공이 바로 권력의 정상에 오르는 것을 의미하지는 않는다. 그것은 국왕과의 관계 때문이다. 국왕이 쿠데타의 주체세력을 달갑게 여기지 않는다면 두말할 필요도 없겠지만, 그렇지 않다 해도 부담스럽기는 마찬가지이다. 아무리 형식적이라 해도 국왕은 권력의 정상에 있고 당대 정치세력을 대표하는 존재이기 때문이다.

하물며 국왕이 쿠데타 자체를 달갑게 여기지 않는다면 이는 권력을 장악해가는 데 가장 큰 장벽이 아닐 수 없다. 그런데 국왕 명종은 1170년 무신란이 성공하면서 새롭게 옹립된 국왕이었다. 그리고 최충헌을 비롯한 이번 쿠데타의 주체세력은 무신란에 전혀 참여하지 않은 사람들이었다. 이런 사실 하나만으로도 국왕 명종과 최충헌 형제는 우호적인 관계를 맺기 힘들었다.

공신 책봉이 늦어진 것도 바로 이 때문인 것으로 생각된다. 국왕 명종은 쿠데타의 주체세력과 보이지 않는 알력을 빚고 있었던 게 분명하다. 힘에 밀려 공신 책봉을 해주기는 했지만 양자의 불편한 관계는 쉽게 해결될 문제가 아니었다. 그래서 쿠데타 주체세력과 국왕 명종의 관계가 앞으로 어떻게 전개될 것인지 주목할 필요가 있는 것이다.

또 다른 쿠데타, 명종 폐위

반쿠데타의 거점, 수창궁

고려의 정궁은 연경궁이었다. 이 연경궁에는 많은 부속 건물이 있었는데 전쟁이나 정변으로 파괴되거나 소실된 것이 많았다. 현종 대 거란족의 침입 시, 이자겸의 난 때, 그리고 무신란과 그 후 무신간의 권력쟁탈 과정에서 여러 차례 화재를 입었다. 그때마다 복구하여 정궁으로써의 기능은 유지되었지만 무신란 이후 국왕 명종은 어쩐 일인지 이정궁을 기피했다.

국왕은 정궁보다는 수창궁에 기거하는 시간이 많았다. 외국 사신의 방문과 같은 특별한 일이 있을 때만 정궁으로 거둥하여 접대하고는 곧바로 다시 수창궁으로 돌아왔다.

이 수창궁은 궁궐 밖에 있는 별궁으로, 조선의 태조 이성계가 즉위식을 거행한 곳으로 유명하다. 언제 건축되었는지는 분명하지 않는데,

거란족 침입 시 궁궐이 불에 타, 몽진 갔던 현종이 수창궁에 입어했다는 기록이 있는 것으로 보아, 고려 초에 이미 건축된 것으로 보인다. 무신란 이전의 국왕들도 가끔 수창궁에 행차하는 경우가 있었지만, 특히 명종은 즉위 후 수창궁을 정궁처럼 사용했다.

명종은 왜 정궁을 기피하고 별궁인 수창궁에 기거하고 있었을까. 변란을 많이 치른 국왕이니 흉측한 화를 입을까 두려워한 때문이 아닐까 싶다. 그런 심리적 위축은 무신란 이후 대궐이 무인들에 의해 장악된 데서 온 것이었다. 실제 무신란 이후 최고 권력기관으로 부상하여 무인집권자를 비롯한 고위급 무신들의 아성이 되었던 중방이 대궐 안에 있었으니, 국왕이 대궐에서 편안할 수 없었다. 국왕이 별궁인 수창궁을 선호한 것은 그 때문이었다.

최충헌이 〈봉사 10조〉의 첫 번째 항에서 국왕의 환궁을 주장한 것은 왕실의 권위와 왕권의 회복이라는 보기 좋은 명분을 내걸었지만 이것이 본래 의도한 바는 결코 아니었다.

최충헌이 쿠데타를 일으켰을 때 수창궁에서는 반쿠데타 기도가 있었다. 국왕이 기거하고 있던 수창궁이 반쿠데타의 거점이 된 것이다. 무신란 이후 왕권의 중심지였던 수창궁에서 쿠데타에 반발하는 움직임이 있었다는 것은 국왕이 그 배후 인물로 의심받기에 충분했다. 또한 수창궁에는 국왕의 측근세력이나 반최충헌 세력들이 결집되고 있었다. 수창궁의 국왕 측근세력으로는 내시나 환관, 그리고 소군小君들이 있었는데, 특히 내시나 환관 중에 반쿠데타 모의에 직접 가담한 자들도 있었다.

소군은 국왕의 첩실 소생 왕자들을 말하는데, 이들은 국왕 명종에 의해 모두 삭발하고 승려가 되었었다. 이들 10여 명의 소군은 국왕이 별궁인 수창궁에 기거하면서 본사를 떠나 그곳에 상주하다시피 했다. 국왕 측근에 포진해서 정치에 간여하거나 공양을 명목으로 백성을 착취하곤 했었다.

이들이 바로 반최충헌 세력이었다. 최충헌이 국왕에게 수창궁을 떠나도록 요청한 것은 이런 문제를 그냥 덮어둘 수 없었기 때문이다.

1196년(명종 26) 8월, 국왕은 수창궁을 떠나 본궁인 연경궁으로 향했다. 1187년(명종 17) 11월 수창궁에 들어온 지 거의 10년 만의 정궁 행차였다. 그 이전에도 가끔 연경궁에 행차하는 경우가 있긴 했지만 그것은 의례적이고 일시적인 일이었다. 이의민이 집권한 이래 국왕 명종은 그 의례적인 행차마저 없애고 줄곧 수창궁에만 있었던 것이다.

그런데 이 오랜만의 정궁 행차에서 불상사가 발생하고 말았다. 명종이 대궐의 정궁으로 이어移御하던 날, 최충수는 광화문 앞에 미리 군사들을 배치해두었다. 광화문은 대궐로 들어가는 정문으로 그 앞에 6부를 비롯한 관아가 양 옆으로 늘어서 있는 개경의 중심가였다. 이곳에 군사를 배치한 것은 불측한 변에 대비한 조치였다. 이는 국왕의 정궁 행차가 정치적 사건이었음을 말해주며, 이처럼 강요된 행차가 국왕에게는 달갑지 않았다는 것도 짐작할 수 있다.

국왕의 어가 행렬이 광화문 앞에 이르자 수많은 구경꾼들이 운집했다. 어가가 빠져나가기도 힘들 정도여서 배치된 군사들이 군중들을 제지했지만 일부 사람들이 어가 바로 곁에까지 떠밀려왔다. 군사들의 행동이 거칠어졌고 이를 피하려던 군중들은 어가 바로 뒤를 따르던 태자와 부딪치기까지 했다. 그 순간 군중 뒤편에서 "어가에 변고가 생겼다"라는 말이 나오기 시작했고, 군중들이 웅성거리면서 다시 몰려들었다. 군사들은 더욱 날뛰며 병장기를 휘둘러댔고, 놀라 도망치던 군중들은 서로 밀치면서 넘어져 짓밟혔다. 어가를 호종하던 백관들이 정말 변란이 생긴 줄 알고 사방으로 흩어져, 어가 행렬은 흐트러져버렸다. 다만 두경승杜景升만이 태연하게 말고삐를 잡고 어가를 따랐다.

국왕의 정궁 입어는 이렇게 혼란 속에서 가까스로 마쳤다. 하지만 그 행차 과정에서 일어난 불상사는 민심을 반영하고 있었다. 최충헌에게 정면으로 반기를 든 것은 아니지만 국왕의 운신과 관련하여 뭔가 심상치 않은 기류였던 것이다.

국왕의 존재

1196년(명종 26) 11월, 국왕은 다시 수창궁으로 행차했다. 환궁한 지 3개월 만에 다시 별궁으로 슬그머니 옮긴 것이다. 예전처럼 수창궁을 정궁으로 삼으려 한 것은 아니었지만, 최충헌은 이런 국왕의 행차가 달가울 리 없었다. 지난번 수창궁에서의 반쿠데타를 연상하지 않을 수 없었기 때문이다.

다음해 정월, 최충헌은 국왕을 다시 정궁으로 환궁시켰다. 그런데 최충헌은 지난번 수창궁에서의 반쿠데타나 이번 정궁 행차 시 일어난 불상사를 통해서 국왕의 존재를 다시 생각하게 되었다. 국왕 측근의 내시나 환관 혹은 소군들을 축출하는 것만으로는 국왕을 장악할 수 없다고 생각했다. 국왕에 대한 어떤 중대한 조치가 필요함을 인식한 것이다.

국왕 명종은 이때 67세의 나이로, 왕위에 오른 지 벌써 28년째 접어들고 있었다. 그동안 크고 작은 정변을 수없이 겪었고 집권 무인의 교체만도 네 차례나 경험한 국왕이었다. 새로운 집권자가 전임 집권자를 제거하는 정변이 반복되는 속에서도 국왕인 자신에게는 큰 위해를 가하지 못한다는 것을 알고 있었다.

정변의 주역들은 항상 자신의 재가를 받아야 했고, 정변이 성공한 후에도 왕권에 기대지 않을 수 없음을 경험을 통해 이미 터득하고 있었다. 이처럼 노회한 국왕의 존재가 최충헌에게는 점차 벽으로 다가왔다.

그렇다고 국왕에 대해 '큰일'을 저지르기에는 명분도 없었고 상황도 적당하지 않았다. 이의민을 제거할 때 첫째로 내건 이유가 국왕 시해범이라는 사실이었는데, 최충헌 자신이 그 시역을 범할 수는 없었다. 자신 역시 타도 대상이 될 위험을 무릅써야 했기 때문이다.

가장 좋은 방법은 국왕을 압박하여 스스로 양위하도록 만드는 것이었다. 이럴 때 중신들을 모아놓고 그 의견을 묻는 것이 통상적인 절차이다. 보통 그러한 중신회의는 결론을 미리 내려놓고 강압적인 분위기 속에서 이루어지기 때문에 결정을 보기는 어렵지 않았다.

그러나 이 방법은 장성한 태자가 있어서 문제였다. 이때 태자의 나이 45세로 그의 측근세력 역시 국왕 못지않았다. 태자의 첩실 소생인 소군이 9명이나 있었고 이들도 모두 승려로 변신하여 왕실에 기생하고 있었다. 거추장스럽기는 국왕과 다를 바 없었던 것이다. 따라서 이 기회에 태자까지 한꺼번에 축출하려면 국왕의 양위를 받아내는 것만으로는 부족하고, 결국 강제로 폐위시킬 수밖에 없었는데, 이것도 간단한 문제가 아니었다. 어디서 그 실마리를 찾고 실행해야 할지 뚜렷한 명분이 없었던 것이다.

1197년(명종 27) 9월 12일, 최충헌·최충수 형제는 하늘에 제사를 올렸다. 국왕을 폐립하고 새로운 왕을 세워달라고 기원하는 제사를 지낸 것이다. 사서에는 이날 저녁 천둥과 번개가 치고 우박이 내렸으며, 갑자기 회오리바람이 일어나 담장이 무너지고 나무가 뽑혔다는 특별한 기록이 전한다.

최충헌 형제가 국왕을 폐위시키기 위해 하늘에 제사를 올렸다니 재미있는 일이다. 하늘에 제사를 올리는 일은 국왕만이 할 수 있다. 물론 국왕이 주관하는 제천의식과는 그 규모나 형식이 달랐겠지만, 천명에 의뢰해보겠다는 발상이 재미있다. 큰일을 앞에 두고 불안한 마음을 누르기 위한 제의였겠지만, 어쩌면 국왕 폐위를 기정사실화하고 그런 쪽으로 여론을 몰아갈 목적으로 벌인 이벤트였을 수도 있다.

제사를 지낸 후 갑작스럽게 천둥과 번개가 치고 회오리바람이 일어났다는 기록도 흥미롭다. 왕조시대 국왕의 신상에 변화가 있을 때 항상 따라다니는 이야기인데, 국왕 폐위 시도에 대한 부당성을 상징하는 은유로 볼 수도 있을 것이다. 이의민이 경주에서 의종을 시해할 때도 그런 현상이 있었던 것처럼.

《고려사》에는 천문지天文志와 오행지五行志라는 편목이 있는데, 여기에는 천재지변이나 자연의 이상 현상에 대한 기록이 연대별로 일목요연하게 잘 정리되어 있다. 이러한 자연현상에 대한 기록은 인간사회에 대한 경고와 징계로써 음양오행설陰陽五行說이나 천인합일설天人合一說을 그 사상적 배경으로 하고 있다. 하지만 그 출발은 인간사회의 불의나 불합리에 대한 무기력함을 보상받으려는 기록자(사관)의 보상심리가 아니었을까 싶다.

명종 폐위

최충헌이 제사를 지내고 엿새 후, 다시 큰 천둥과 번개가 쳤다. 최충헌은 불안했다. 어떻게 결단을 내려야 할지 망설여졌지만, 동생 최충수는 거침없이 당장 국왕을 폐위시켜야 한다고 주장했다. 쿠데타의 핵심 인물인 박진재도 최충수를 거들었다. 최충수는 사공진司空縉을 국왕으로 생각하고 있었다. '사공'은 왕실의 종친에게 주로 내려지는 벼슬로 정1품의 허직이다. 그는 왕실의 방계 종친으로 사서에 그 계보도 불확실한 인물이다.

최충수가 이런 자를 국왕으로 추천한 것은, 사공 진의 여비를 사랑했기 때문이었다고 한다. 아마 자신과 좀 더 친근한 왕족을 국왕으로 삼기 위한 것이었다고 보인다. 최충수가 노린 것은 이후 정권 장악에서 형보다 유리한 위치를 차지하기 위한 포석이었을 것이다.

그러나 최충헌은 조심스러웠다. 국왕을 폐위시켜야 한다는 생각은 굳혔지만, 국왕 주변에 포진하고 있는 반대세력을 어떻게 제압할 것인가가 문제였다. 아울러 태자의 처리도 문제였다. 이 기회에 태자도 교체해야 한다면 사공 진은 적절한 인물이 못 되었다.

그런데 더 중요한 문제는 금나라와의 외교 문제였다. 무신란 직후 왕위 교체 과정에서도 그랬듯이 금과의 외교적 마찰은 정권의 기반을 흔들 수도 있는 중대한 문제였다. 사공 진은 널리 알려진 인물이 아니라는 점에서 더욱 걸렸다.

최충헌이 국왕으로 생각하는 인물은 평량공 민平涼公旼이었다. 평량공 민은 인종의 다섯 아들 중 막내로 전왕 의종, 현왕 명종과 동모형제였다. 최충헌이 생각하기에 평량공 민을 왕으로 세우면 태자 문제와 금과의 외교 문제를 모두 해결할 수 있었다.

평량공 민은 이때 54세였고 그의 맏아들은 17세였으니 여러모로 적절했다. 무엇보다도 민은 금에 알려진 인물이라는 점이 좋았다. 전왕

의종이 무신란으로 폐위당한 후 그 동생이 뒤를 이어 지금의 왕이 되었다는 전례도 있어 안성맞춤이었다.

최충헌이 이러한 정황을 들어 설명하고 평량공 민을 추천하자 최충수는 못마땅했지만 반대할 수 없었다. 박진재도 이번에는 형 최충헌의 의견에 적극 동감을 표시했다. 형 최충헌이 너무나 타당하고 합리적인 근거를 댔으니 최충수로서는 반대할 구실이 없었을 것이다.

1197년(명종 27) 9월 19일, 국왕 후보로 평량공 민이 결정된 바로 다음날, 최충헌을 비롯한 그 동생과 박진재, 노석숭, 김약진金躍珍 등 쿠데타의 핵심 인물들이 국왕을 폐위시키기 위한 작전을 개시했다. 국왕을 폐위시키기 위한 또 한 번의 쿠데타였다.

저항세력의 움직임을 막으려면 우선 군사동원이 중요했다. 국왕 주변에는 아직도 최충헌에 반대하는 무리들이 엄존하고 있었기 때문이다. 이들의 발호를 사전에 제압하고, 나아가 이 기회에 이런 성향의 인물들을 한꺼번에 제거해버리는 것도 좋은 방법이었다.

최충헌은 국가 상비군을 동원하여 다섯 부대로 편성하고 시가 중심지에 고루 배치했다. 이의민을 주살할 때 수행했던 측근 군사들은 대궐의 각 성문을 굳게 닫고 지키게 했다. 그리고 자신은 추밀원을 거사 본부로 삼아 총지휘에 나섰다. 상황에 따라서는 또 한 번의 시가전을 치러야 했다.

첫 번째 제거 대상 인물은 두경승이었다. 두경승은 친왕세력의 대표적인 인물이었을 뿐 아니라 문무를 막론하고 모든 신료의 중심에 있었다. 얼마 전, 두경승이 흥왕사의 승려와 연합하여 최충헌을 제거하려 한다는 익명의 고발도 있어 구실이야 충분했다. 사실 여부를 떠나 두경승은 최충헌이 넘어야 할 가장 큰 장애 인물임은 분명했다. 두경승을 그냥 두고 국왕 폐위를 단행할 수는 없었다. 최충헌은 군사를 보내 두경승을 잡아들이고 바로 자연도(영종도)로 축출해버렸다.

두경승은 앞서 1196년(명종 26) 11월 수상직인 문하시중(종1품)에서 물러나 실권이 전혀 없는 허직인 중서령(종1품)으로 있었다. 이미 힘이 빠져 있었던 것이다. 이런 그를 잡아들이는 것은 별 저항 없이 성사시킬 수 있었다. 축출된 지 2개월 후인 1197년(신종 즉위년) 11월, 두경승은 유배지 자연도에서 피를 토하고 죽었다. 사서에는 분하고 원통하여 그랬다고 하는데, 독약을 마시고 자결했을 가능성이 많다.

만경현(전북 김제) 출신인 두경승은, 강직한 성품으로 무신란 이후 변함 없이 국왕의 입장에 섰던 거의 유일한 인물이었다. 이의민 정권하에서 이의민을 견제할 수 있는 위치에까지 올랐던 그는 최충헌이 이의민 정권을 타도하는 데 암묵적으로 지지했지만 국왕 폐위에는 동조할 수 없었던 것이다. 최충헌의 입장에서는 강력한 정적 하나를 제거한 것이다.

두경승을 축출하고 곧이어, 추밀원부사 유득의, 상장군 고안우高安祐, 대장군 백부공白富公, 친종장군 주원적周元迪, 장군 석성주石城柱 등 고위급 무관을 비롯하여, 내시 이상돈李尙敦 등 중급관리 12명을 잡아들여 영남 지방으로 귀양 보냈다. 축출된 인물들 중 고위급 문신이 별로 없는 것으로 보아, 이들은 최충헌에 대해 적극적인 반대세력은 아니었다고 볼수있다.

다만 유득의는 쿠데타 성공 직후 최충헌에 의해 발탁된 인물인데, 이때 다시 축출당한 것을 보면 국왕 폐위에 반대했던 것이 분명하다. 최충헌은 자신이 기용한 인물이라도 자기 뜻에 어긋나면 언제든지 과감히 버릴 수 있다는 것을 확실하게 보여주었다. 한편 축출된 무장들 중 장군 석성주는 후일 신라부흥운동의 중심에 서게 되는 인물이니 기억해둘 필요가 있다.

그리고 이틀 후 9월 21일, 최충헌 형제는 군사를 보내 왕을 핍박하여 대궐 밖으로 나오게 한 후 창락궁에 감금시켰다. 태자 역시 태자비와 함께 궁문을 걸어서 나오게 하여 강화도로 축출했다. 비가 오는 가운데 호종하는 신료 하나 없이 역말을 탄 초라한 행색이었다.

최충헌은 미리 계획한 대로 평량공 민을 맞이하여 대관전에서 즉위식을 거행하고 그 아들을 태자로 삼았다. 이 왕이 고려 20대 왕 신종神宗이다. 신종은 형을 축출하고 왕이 되었으니 그 마음이 편할 리 없었으리라.

두 번째 쿠데타의 성공

1197년 9월 23일, 최충헌은 추밀원으로 돌아와 각 부대의 지휘관들을 모두 구정에 집결토록 명령하고, 새로운 국왕에게 문무관리의 하례를 받도록 했다. 하례가 끝난 후 국왕은 구정에 집결한 지휘관들을 위로하고 모두 집으로 돌려보냈다. 이날 최충헌은 방금 하례를 받은 국왕께 아뢰어 내시 민식閔湜 등 문무관료 70여 명을 관직에서 축출했다.

그리고 이틀 후, 새로운 인사발령과 함께 최충헌 형제에게 다시 공신호가 내려졌다. 새로운 국왕이 즉위했으니 그 충성에 대한 대가도 다시 이루어져야 했을 것이다. 새로운 인사발령은 다음과 같다.

- 최충헌·상장군(정3품)
- 최충수·대장군(종3품)
- 박진재·형부시랑(정4품)

- 조영인·판이부사(종1품)
- 기홍수·참지정사(종2품)·판병부사(종1품)

최충헌은 국왕을 폐위시킨 후에야 비로소 무관 최고계급인 상장군에 올랐다. 동생 최충수는 쿠데타 직후 장군에서 대장군으로 다시 승진했다.

아울러 조영인과 기홍수奇洪壽를 이부와 병부의 수장으로 삼았다. 조영인은 첫 쿠데타 직후 이미 이부의 장관으로 발탁된 최충헌의 측근이었다. 이제 임시가 아닌 정식 이부의 판사가 되어 관직서열 1위가 되었다. 관직상의 서열 2위는 병부의 판사가 된 기홍수였다.

두 번째 쿠데타의 성공으로 최충헌 형제는 왕실을 압도할 수 있는 확실한 권력을 장악했다. 조영인이나 기홍수가 관직상의 서열 1, 2위를 차지했다고 해도 최충헌 형제의 권력을 상대할 수 없다는 것은 말할 필요가 없다.

1197년(신종 즉위년) 10월, 최충헌은 조통趙通이라는 자를 금나라로 보내 왕위 교체에 대한 승인을 요청했다. 소식을 접한 금에서는 이듬해 6월 사신을 보내와 왕위 교체 사정을 정확히 알기 위해서 전왕(명종)을 친히 만나보겠다고 고집했다. 다행히 조영인이 전왕이 너무 멀리 있다고 거짓으로 둘러대 무사히 넘길 수 있었다.

1198년(신종 원년) 7월 백여주白汝舟를 다시 금에 보내 책봉조서를 요청하여, 다음해 4월 마침내 금의 책봉조서를 받아냈다. 무신란 직후 왕위 교체 때에 비하면 별다른 어려움 없이 승인받은 셈이었다.

당시 금에서는 내부 사정이나 국제정세의 변화로 크게 신경 쓸 여유가 없었다. 금의 북쪽에서 몽골족이 일어나고 있었고, 내부에서는 거란족들이 반란을 일으키고 있었기 때문이다. 최충헌이 이후에도 마음대로 왕위 교체를 했던 것은 이런 국제적인 정세 변화도 작용했을 것이다.

전왕 명종은 창락궁에 유폐된 지 5년 만인 1202년(신종 5) 11월, 72세의 나이로 그곳에서 세상을 마쳤다. 형 의종을 이어 27년간이나 재위하지만, 국왕으로서의 위상도 세우지 못한 왕이었다. 하지만 이 정도는 약과였다. 이후의 국왕들은 최씨 정권에 의해 더욱 심한 왕권의 추락을 겪어야 했다.

마지막 쿠데타, 최충수 제거

최충수의 도전

대개의 쿠데타나 정변에서 정권을 잡은 직후 내부에서 먼저 위기가 닥친다. 그런 위기는 대부분 핵심 주도세력들이 성공에 따른 과실을 먼저 차지하려는 욕심에서 비롯된다.

동생 최충수가 그랬다. 국왕과 태자를 갈아치운 형제는 이제 확실하게 정권을 잡았다고 생각했다. 형제의 권력과 위세에 대적할 만한 인물은 없어 보였다. 그러나 형 최충헌이 아직 조심스러운 데 반해, 동생 최충수는 자신이 마음만 먹으면 뭐든지 할 수 있다고 믿었다. 정변 과정에서의 공로나 정변 후 차지한 권력에서 형을 능가하고 있었으니 당연한 생각이었는지도 모른다.

최충수가 가장 먼저 드러낸 욕심은 자신의 딸을 태자비로 만들고 싶다는 것이었다. 국왕과 태자를 교체한 지 한 달도 지나지 않은 1197년

(신종 즉위년) 10월이었다.

당시 태자는 종실의 딸을 맞아들여 이미 태자비가 있는 상태였다. 최충수는 이것도 별 장애로 여기지 않았다. 폐비시켜버리면 그만일 것으로 생각했다. 국왕까지 갈아치웠는데 태자비를 내쫓는 정도는 아무 일도 아니라고 생각했을 법하다.

고려 문벌귀족 사회에서 왕실과의 혼인은 문벌귀족들이 가장 열망하는 일이었다. 그중에서도 가장 선망하는 혼인은 딸을 왕이나 태자에게 바치는 것이었다. 단숨에 가문의 지위를 격상시키고, 정치권력과 경제적 부, 사회적 명예를 한꺼번에 얻을 수 있었기 때문이다. 왕실과의 혼인관계가 있었는지, 또한 왕실과의 혼인이 몇 번 있었는지에 따라 그 가문의 지위가 결정되었고, 정치·사회적 위상도 따라왔다.

무신란이 일어나 왕실의 권위가 추락하고, 문벌귀족들도 수없이 죽고 숙청당했지만, 그러한 혼인의 의미와 전통은 전혀 훼손되지 않았다. 모든 가문이 여전히 왕실과의 혼인을 소망했고, 권력을 장악한 무인들도 그러한 사회적 전통에서 전혀 자유롭지 못했다. 특히 무인집권자들은 어느 누구보다도 왕실과 혼인관계를 맺기 위해 발버둥을 쳤다. 하지만 그에 대한 사회적 저항 또한 완강하기 그지없었다. 정권 장악은 허락해도 왕실과의 혼인만큼은 안 된다는 식이었다. 그럴수록 무인집권자들은 더 집요하게 나섰다. 마치 왕실과 혼인하기 위해 정권을 잡은 듯 보일 정도였다.

이의방이 그랬고 정중부도 그랬다. 이의방은 딸을 태자비로 앉히는 데는 성공했으나, 자신이 정중부에게 제거되면서 적신의 딸이라고 하여 폐출되고 말았다. 정중부의 아들 정균은 공주에게 장가들려다 관료들의 반대로 실패하고 말았던 것이다.

전임 집권자들은 모두 그런 전통의 벽을 넘어설 수 없었고 왕실과의 혼인도 성사시키지 못했다. 나아가서 정권의 붕괴로까지 이어지는 단서가 되기도 했다. 이제 다시 최충수가 그 벽에 도전하기 위해 나서고 있으니, 과연 어떻게 될지 귀추가 주목된다.

형제의 대립

최충수는 형 최충헌과 의견을 나누지도 않고 혼자 입궐하여 국왕에게 자신의 뜻을 전했다. 단순한 의사 전달을 넘어 협박에 가까운 일방적 통보나 다름없었다. 그들의 손에 의해 왕위에 오른 국왕이니 드러내놓고 반발할 수는 없었겠지만, 불편한 기색마저 숨길 수는 없었다. 최충수는 국왕의 안색을 무시해버리고 대궐에서 나와 사태의 추이를 지켜보았다.

며칠 후 최충수는 대궐을 다시 찾아 나인에게 태자비를 내보냈는지 물었다. 나인에게 물은 것이지만 태자비 축출을 기정사실화하고 국왕을 압박하기 위한 것이었다. 국왕에게는 선택의 여지가 없었다. 최충수의 강요에 맞설 만한 힘도 의지도 없었기 때문이다.

태자비는 하는 수 없이 궐 밖으로 쫓겨 나갔다. 국왕과 왕비 모든 궁중 사람들이 울면서 지켜보는 가운데, 한미한 옷차림으로 쫓겨 나가는 태자비를 그저 바라만 볼 뿐 다른 도리가 없었다. 그리고 최충수는 태자의 혼인날을 잡고 준비에 들어갔다.

형 최충헌은 이미 소문은 듣고 있었지만 태자비가 쫓겨난 후에야 실감하기 시작했다. 우선 자신과 아무런 사전 협의 없이 일을 추진했다는 것이 불쾌했다. 왕실에 딸을 납비하는 일은 여러 신료들의 반대에 부딪힐 것이고, 정권의 위험을 초래할 수도 있는 무모한 일이라는 생각은 그 다음에 들었다. 최충헌은 술을 들고 최충수의 집을 찾아갔다. 비록 동생이지만 그의 세력이 만만치 않았고, 만류하는 것도 쉽지 않을 것이라는 생각에 주저되었다. 서로 술이 취하자 최충헌은 사실을 확인한 다음 자신의 생각을 차분하게 이야기했다.

"지금 우리 형제의 권력이 한 나라를 기울이고 있으나 가계가 본래 미천하니 딸을 동궁에 들인다면 비난이 없겠는가. 더구나 이미 맺어진 태자비를 내보내는 것은 차마 인정이 아니다. 옛말에 '앞 수레가 넘어지면 뒤 수레를 경계한다'고 했는데, 지난번 이의방이 딸을 태자에게 시집보냈다가 주살되는 것을 보았음에도 그 실패를 따라 하는 일이 옳겠는가."

최충헌은 현실적으로 충분한 근거가 있는 합리적인 이유를 들어 동생을 설득했다. 하지만 그보다 더욱 중요한 이유는 동생이 자신보다 정치적으로 앞서가는 것을 묵과할 수 없다는 데 있었다. 만약 이 결혼이 성사된다면 동생이 자신보다 정치적으로 우위에 서리라는 것은 너무나 분명했다. 최충수는 형의 말을 듣고 난감했지만 수긍하지 않을 수도 없었다. 오랜 생각 끝에 딸을 태자비로 들이는 것을 포기하겠다고 약속했다.

그러나 형이 돌아간 뒤 다시 생각이 바뀌었다. 신료들이 아무리 거세게 반대한다 해도 추진한 일을 그만두기에는 아쉬움이 너무 컸다. 태자비까지 내쫓은 마당에 일을 되돌린다는 것도 마뜩치 않았다.

최충수가 이렇게 형의 뜻을 거스르고 마음을 바꿔먹은 데에는 주변에서 부추기는 사람들 탓도 컸다. 이들은 최충수 주변에 포진하고 있으면서 최충수를 추종하는 세력들인데, 형 최충헌의 세력보다 오히려 우위에 있었다. 최충수가 형을 무시하고 마음대로 할 수 있었던 것도 그런 힘의 배경이 있었기 때문이다.

최충수는 다시 일을 추진하기 시작했다. 공장工匠들을 불러 혼인에 필요한 물품을 다시 만들도록 했다. 형 최충헌이 어머니까지 동원하여 만류해보았지만, 듣기는커녕 어머니한테 행패도 서슴지 않았다. 점차 시간이 흐르면서 최충헌은 말로 설득할 수 있는 일이 아니라는 생각을 굳혔다. 별 수 없이 물리적으로 막는 수밖에 없었다. 혼인 당일 날 군사를 동원하여 광화문을 막고 혼인행렬을 대궐 안으로 들여보내지 않겠다는 계획을 세웠다.

그 소문을 들은 최충수는 더욱 분기탱천했다. 군사력으로 치자면 형보다 못할 것이 없다고 판단한 최충수는 이 기회에 형의 손발을 모두 제거해버리겠다고 작정했다. 동생의 그러한 의도를 전해들은 최충헌은 오히려 위축되었다. 미세한 힘의 열세로 동생과의 군사적인 충돌까지는 차마 실행하기 어려웠기 때문이다.

최충헌은 측근 참모들을 불렀다. 박진재, 노석숭, 김약진 등 이의민 제거 당시 핵심 인물들이었다. 피할 수 없는 결단을 내리려면 반드시 이들의 동의를 구해야 했다. 이들의 지지를 얻지 못하고서는 동생을 제압할 수 없었기 때문이다.

최충헌은 동생의 행동이 반역이나 다름없다고 말하고 자신을 지지해달라고 간절히 호소했다. 박진재 등은 망설였다. 박진재에게 최충헌 형제는 외숙이었으니 멀고 가까움을 따질 수 없었다. 형 쪽을 따를 것인가, 아니면 동생 쪽을 따를 것인가, 어느 한 쪽을 선택하지 않을 수 없는 절박한 상황이었다. 잘못 선택했다가는 끝장이었다.

이때 박진재가 형 최충헌 쪽을 택하여 싸우겠다고 나섰다. 최충헌이 동생의 행동을 반역이라고 규정하여 설득한 것이 주효했다. 김약진과 노석숭은 확실한 대답은 없었지만 두 형제의 대립을 못마땅해하는 눈치였다. 다만 문제를 야기시킨 동생 최충수 쪽을 조금 더 비난하는 정도였다. 최충헌으로서는 자신에 대한 확실한 지지는 아니더라도 동생 최충수에게 붙지 못하게 한 것만도 큰 소득이었다. 최충헌은 그 정도의 반응도 다행이라 여기면서 두 사람에 대한 확실한 설득은 박진재에게 맡기고 행동 개시에 들어갔다.

최충수 제거

혼인 전날, 한밤중에 최충헌은 무리 1천여 명을 이끌고 광화문 앞에 이르렀다. 최충헌은 성문을 지키고 있던 군졸들에게, 최충수가 반역을 도모하려고 군사를 일으켰다고 소리쳐 말하고 국왕께도 아뢰게 했다. 전갈을 받은 국왕은 성문을 열게 하고 최충헌의 군사를 맞아들였다.

최충헌은 국왕의 명령으로 무기고를 열고 친위군까지 출동시켜 대비케 했다. 정규군의 지휘관들도 앞 다투어 몰려들었다. 어떠한 정변에서도 항상 국왕을 먼저 장악하고 왕명을 받는 쪽이 우위에 선다는 것을 최충헌은 알고 있었다. 최충헌이 정규군의 지원과 국왕의 지지까지 확보하게 된 것은 최충수에게는 뜻밖의 낭패였다. 게다가 자신이 반역으로 몰릴 수 있다는 것을 미처 예상하지 못한 그는 당혹스러웠다. 형제간의 물리적 힘만으로 승패가 결정될 문제가 아니었던 것이다.

최충수는 고심 끝에 마음을 바꿔 형에게 항복하기로 결심했다. 어머니를 모시고 형의 군대가 주둔하고 있는 대궐 구정으로 들어가 용서를 빌려고 한 것이다. 국왕을 수중에 넣은 형과 군사적으로 대결하는 것은 불리할 수밖에 없었고, 형과 힘으로 맞서는 것은 승패를 떠나 현실적으로 전혀 득이 될 게 없다는 생각 때문이었다.

최충수는 측근 무장들에게는 각자 도망하여 피신하도록 했다. 하지만 이들은 최충수의 결정에 반발하고 나섰다. 장군 오숙비吳叔庇, 준존심俊存深, 박정부朴挺夫 등의 무장들이었다. 이들의 반발은 당연했다. 주군인 최충수야 항복하더라도 살아남을 길이 있겠지만, 자신들은 최충헌에게 보복을 당하여 살아남기 힘들 것이기 때문이었다. 어차피 돌아올 수 없는 강을 건넌 것이다.

측근 무장들의 반발에 부딪힌 최충수는 할 수 없이 형의 군대와 맞서 싸울 것을 다시 허락해야 했다. 이리저리 급히 군사를 불러모아 십자로에 진영을 차렸다. 십자로는 개경의 가장 번화한 중심가였다.

도성 안에는 두 개의 간선도로가 있었다. 하나는 동문인 숭인문과 서문인 선의문을 연결하는 동서대로이고, 또 하나는 남문인 회빈문과 북문인 북성문을 잇는 남북대로이다. 이 두 간선도로가 교차하는 곳이 십자로로, 시가전을 치를 경우 반드시 차지해야 하는 요충지였다. 도성의 중심인 이곳을 장악해야 도성도 장악할 수 있었던 것이다. 군사를 동원하여 십자로에 진영을 차렸을 때 벌써 예정한 혼인날의 새벽 동이 트고 있었다.

최충수가 동원한 군대도 1천여 명에 달해 양적으로는 형의 군대와 충분히 맞설 만했다. 이때 양측의 군사 수가 1천여 명에 달했다는 사서의 기록은 놀랍다. 최충수는 군사들에게, 상대를 죽인 자는 죽은 자의 계급을 주겠다고 호언까지 했다. 그도 이제 불가피한 외길 선택을 할 수밖에 없었던 것이다.

그런데 십자로에서 광화문을 향하여 올라가던 최충수의 군대는 웬

일인지 사기가 떨어졌다. 광화문을 사이에 두고 형과 동생의 군대가 안과 밖에서 대치했지만 동생의 군대는 시간이 흐를수록 흩어져갔다. 형의 군대에 국가의 정규군이 가세하고 있다는 점이 중요한 원인이었다. 정규군이 특별히 강하지는 않았으나 왕명을 받고 움직이는 국가의 군대라는 보이지 않는 위력 때문이었다. 정규군에 저항하는 것은 곧 왕명에 저항하는 반역이었던 것이다.

광화문을 나와 내려오는 최충헌의 군대에 밀리던 최충수의 군대는 흥국사 남쪽까지 후퇴하여 여기서 전투가 벌어졌다. 벌써 많은 군사들이 흩어져 눈에 보이게 수가 줄어 있었다. 최충헌의 군대는 박진재, 김약진, 노석숭 등이 정면과 좌우로 갈라져 세 방향에서 협공하면서, 무기고에서 꺼내온 대각노大角弩까지 동원하여 비 오듯 화살을 쏟아부었다.

최충수의 군대는 성문의 문짝까지 떼어내 방패로 삼아보았지만 역부족이었다. 최충수의 군대는 점차 흩어져 도저히 전세를 만회할 수 없는 오합지졸이 되어버렸다. 사기가 떨어진 최충수의 군사들은 형의 군대에 몰래 투항해버리거나 인근 민가로 숨어버리기도 했다. 형제간의 권력싸움에 괜히 목숨을 바칠 이유가 없다고 간파한 때문이었다.

최충수는 오숙비, 준존심, 박정부 등 측근 무장들과 함께 보정문으로 달아났다. 임진강 이남으로 가 후일을 다시 기약하기 위해서였다. 개경을 빠져나온 최충수는 장단현을 거쳐 임진강을 건너서 파평현(파주)에 있는 금강사에 이르렀다. 여기까지 따라 온 군사는 1백여 명도 되지 않았다. 도망쳐 보아야 최충헌의 손에 살아남기 힘든 자들이었다.

그런데 여기까지 최충헌의 군대가 추격해올 줄은 몰랐을 것이다. 뒤쫓아온 형의 군사들에게 최충수는 그 자리에서 주살당하고 말았다. 그의 머리는 바로 개경으로 보내졌다. 최충헌은 동생을 죽이기 싫어 사로

■ 개경의 내부 구조

잡아올 것을 명했지만 그의 군사들은 주살해버렸다. 죽일 수밖에 없었던 핑계는 얼마든지 만들 수 있었을 것이다. 동생을 살려보겠다는 최충헌의 생각은 애초부터 무리였다. 최충수를 살려두면 두고두고 화근이 될 수 있음을 모를 리 없는 측근 무장들이 결코 수용할 리가 없었다.

동생의 잘린 머리를 보고 최충헌은 어떤 생각을 했을까. 어쩌면 가슴은 착잡했지만 머리는 개운했을지도 모른다. 피를 나눈 형제이자 쿠데타를 승리로 이끈 가장 가까운 동지였지만, 정치적 라이벌이라는 것 또한 숨길 수 없는 일이기 때문이다.

홀로 선 최충헌

최충수가 죽고 그의 측근 무장들은 모두 제거되었지만 이름 없는 일반 무사들은 대부분 최충헌의 휘하로 흡수 합병되었다. 주군을 찾아 흘러다니는 이들 무사들의 살아가는 방편이 그러했다. 이제 최충헌의 사병집단은 거의 두 배로 불어나 2천 명에 육박했다. 여기에 대적할 자 누가 있었겠는가.

말할 필요도 없이 이들 사병집단은 최충헌 정권을 유지시켜주는 가장 중요한 기반이었고, 자식에게 권력을 세습시켜줄 수 있는 힘의 원천이었다. 최충헌이 이런 거대한 사병집단을 효과적으로 통제하고 관리하기 위해 만든 것이 도방都房이다. 어떤 곳에도 얽매이지 않은 유동적인 무사들은 모두 이 도방으로 흘러들어왔다. 심지어 국가의 상비군마저도 이 도방을 기웃거리게 된다. 도방에 대해서는 장을 달리하여 좀 더 자세히 살필 것이다.

새로운 왕 신종이 즉위하고 최충수 세력을 제거한 그해(1197) 12월

정기 인사에서, 최충헌은 국왕 폐위에 협조했거나 동생과의 싸움에서 자신의 손을 들어준, 그리고 앞으로 정권유지에 필요한 인물들을 차분하게 선별하여 새로운 인사발령을 냈다. 대부분 천민들이 득세하던 이의민 정권에서 소외당한, 가문 좋은 출신들이었다.

특히 왕실의 외척인 정안 임씨 임원후任元厚의 아들 임유任濡와, 철원 최씨 최유청崔惟淸의 아들인 최당崔讜과 최선崔詵 등이 재상급으로 크게 중용되었다. 그리고 앞서의 조영인(횡천 조씨)과 기홍수(행주 기씨)를 관직 서열 1, 2위에 그대로 앉혔다. 모두 고려시대 제1급의 명문에 해당하는 가문 출신들이다.

이때 최충헌의 관직은 추밀원의 지주사(정3품)로서 재상급에도 미치지 못했다. 이의민 일족을 제거한 후 그의 관직 승진은 매우 더딘데, 이는 의문으로 남는다. 국왕을 갈아치우고, 정적인 동생까지 제거하여 홀로 선 권력자라면 최고의 관직에 오를 법도 한데 그렇지 않은 것이다. 관직 승진만으로는 만족할 수 없는 어떤 깊은 의미가 있었던 것일까. 웅덩이를 파놓으면 물은 고이기 마련이다. 최충헌은 이제 충분한 웅덩이를 파놓았던 것이다.

2 정난

靖難

靖難

최충헌이 권력을 장악한 후 가장 큰 저항세력은 전통 문신귀족도
무신도 아니었다. 엉뚱하게도 소외된 계층의 사람들이나 지방사회에서
먼저 저항이 일어났다. 이것은 물론 최충헌 정권에만 한정된 것이 아니고
그 이전과 이후의 무인정권 모두에 적용된다.
무인집권기는 그래서 변화를 원하는 격동의 시기였다.
최충헌 정권은 그 격동의 시기 한가운데서 그런 변화의
요구를 누르고 정난에도 성공한 것이다.

노비들의 동요, 신분해방운동

'왕후장상의 씨가 따로 있냐'

우리 역사에서 많은 농민·천민의 난이 있었지만 무인집권시대 만적萬積의 난만큼 극적인 사건도 없다. 주동자인 만적이 천민인 노비 중에서도 가장 천한 사노비였다는 점에서 우선 그렇다. 사노비는 사유재산으로 매매·상속의 대상이 되는 비인격적인 존재였다. 만적은 그런 사노비였다.

또한 만적이 여러 노비들을 선동하여 외친 캐치프레이즈, '왕후장상의 씨가 따로 있냐王侯將相寧有種'라는 말은 천민들의 신분해방을 상징하는 구호로 각인되었다. 철저한 신분제 사회에서, 가장 밑바닥 계층인 사노비들이, 비록 실패하기는 했지만 그런 천지개벽의 주장을 했다는 것이 얼마나 극적인가.

'왕후장상의 씨가 따로 있냐'라는 말은 이때 처음 나온 것이 아니라 그 역사가 매우 깊다. 중국 최초의 통일왕조인 진秦이 쇠퇴하고 진승·오광의 난이 일어났을 때 처음 나온 구호였다. 그 후 천민의 난이 일어날 때마다 입에 오르면서 마침내 신분해방을 상징하는 대표적인 구호가 된 것이다. 만적의 난에서도 신분해방의 구호로 다시 터져나온 것이다.

만적의 난을 서술한 《고려사》 최충헌 열전이나 《고려사절요》에는 '왕후장상의 씨가……'가 아니라, '장상將相의 씨가 따로 있냐'로 기록되어 있다. '왕후'를 빼버려 원래의 과격한 표현보다 조금 완화된 느낌이다. 이는 아마 조선 초에 이들 사서를 편찬할 때 사관이 의도적으로 개작한 것으로 생각된다. 아무리 과격해도 왕이나 제후의 씨만큼은 바꿀 수 없다고 본 때문일까. 여기에는 조선 왕조 창업 초기의 정치 분위기가 반영되었을 것이다.

아무튼 무신란이 일어난 후 개경의 노비들 사이에 이 말이 유행어처럼 널리 퍼져 있었던 것은 분명해 보인다. 이것은 무엇을 의미할까.

철저한 신분제 사회에서 '왕후장상의 씨가 따로 있냐'라는 말은 기존 체제에 대한 정면 도전이다. 그런데 그런 정면 도전은 무신란에 의해 이미 실행되었다. 무신란 자체가 신분제에 대한 저항으로 일어난 것은 아니었지만, 그 결과는 고려 전통의 신분제를 무력화시켜버렸다. 무신란이 성공하지 않았다면 관직 진출은 꿈도 꾸지 못할 평민 이하의 사람들이 왕조정부의 정식 관리로 나섰던 것이다.

이의민 정권에서는 그러한 현상이 특히 심했다. 왕·후·장·상에서 왕만 빼놓고는 천계가 진출하지 못한 곳이 없었다. 이의민 자신도 천민이 아니었던가. 그리고 왕이 될 꿈마저 꾸지 않았던가. 노비들이 이런 사회 흐름 속에서 자극받지 않을 수 없었다.

'왕후장상의 씨가 따로 있냐'라는 말은, 그래서 이의민 정권하에서 입에서 입으로 퍼지기 시작했다. 어쩌면 이 말은 기존 문신귀족들의 입에서 먼저 나왔을 가능성이 많다. 노비들이 이 말의 근원이나 출전을 알고 있을 턱이 없기 때문이다. 비온 뒤의 죽순처럼 올라오는 천계 출신의 정치·사회적 진출을 무기력하게 바라볼 수밖에 없었던 문신귀족들이 자신들의 처지를 자조적으로 뱉은 말이 아니었을까 싶다.

그래서 '왕후장상의 씨가 따로 있냐'라는 말은 당시의 사회풍조를 대변하는 유행어였다. 신분의 고하를 막론하고 그랬을 것이다. 신분이 높은 자들은 자조적으로, 신분이 낮은 자들은 고무적으로 말이다. 특히 최하층 노비들에게 그 말은 입에 담는 것만으로도 흥분하기에 족했다.

노비들의 동요

노비들이라고 세상 돌아가는 일을 모를 리 없었다. 천민인 이의민이 집권할 때에는 노비 자신들이 정권을 잡은 것처럼 대리만족도 느꼈을 것이다. 이의민을 비롯하여 그 정권에서 출세했던 평민 이하의 고위 관리들은 천민들에게 아무것도 보태준 것은 없었지만 괜히 들뜨게 만들었다.

이의민이라는 걸출한 천민은 항상 화제의 중심이었고 선망의 대상이었다. 이의민 정권에서도 노비들의 처지는 하나도 달라진 것이 없었지만, 예전과 같은 심한 학대는 많이 줄어든 것처럼 느껴졌다. 머지않아 노비들에게도 좋은 세상이 올 것만 같은 막연한 예감도 들었다. 그즈음 '왕후장상의 씨가 따로 있냐'라는 말이 소리 없이 퍼져나갔다.

그런데 최충헌의 집권은 그러한 노비들의 설렘에 찬물을 끼얹는 사건이었다. 최충헌이 노비들을 특별히 탄압한 것도 아니고 노비들에게 어떤 조치를 내린 것도 아니지만 왠지 불안하게 만들었다. 이의민 정권이 무너졌다는 사실 자체가 노비들을 낙심하게 했고 최충헌 정권을 우호적으로 볼 수 없게 했다. 그러한 집단적인 감정이 점차 확산되면서 노비사회가 동요하기 시작했다.

게다가 무신란이 성공한 후 노비들은 자신들이 하찮은 존재만은 아니라는 사실을 이미 자각하고 있었다. 집권자뿐 아니라 핵심 권력자들은 모두 가동을 거느리고 사병으로 활용했다. 그 수는 권력자마다 차이가 있었지만, 그들 대부분이 개인의 사노비였다는 점에서는 공통된다. 이들이 바로 사서에 언급된 '가동'으로서 권력자들의 무력적 기반이었던 것이다.

가동들은 평소 권력자의 신변 호위나, 유사시 정권 쟁탈전에서 자주 동원되었다. 요즘 말로 해서 공권력보다는 사적인 무력 기반이 요긴한 시대였던 것이다. 노비들은 그 점을 누구보다도 먼저 깨닫고 있었다.

사정이 그러니 힘깨나 쓰는 노비들이 권력자의 총애나 비호를 받는 것도 당연했다. 이런 노비들은 주인의 권력을 자신의 권력처럼 생각하여 자신들의 달라진 위상을 마음껏 누리게 되었다. 이제 노비라고 다 같은 노비가 아니었다. 권력자의 노비들은 새로운 세상을 만난 듯했고, 비록 노비이긴 하나 큰 불만 없이 살 만한 시대였다고 할 수 있다.

그러나 모든 노비들이 그런 것은 아니었다. 살 만한 세상을 만난 노비들이란 일부 핵심 권력자의 노비에만 해당되는 것이었다. 대다수의 노비들은 이전과 조금도 다를 바 없었다. 매매와 상속의 대상으로서 인간 이하의 대접을 받고, 밤낮없이 노동에 혹사당하는 것은 변함이 없었다.

권력자의 노비들에 비하면 이들 평범한 노비들의 삶은 그 이전에 비해 더욱 비참해 보였다. 항상 그렇듯이 불만은 자신의 가장 친근한 주변과 비교하는 데서부터 생겨난다. 애초 비교 대상이 될 수 없다면 열악한 처지를 감수하고 포기하기 때문에 오히려 문제가 없다. 같은 노비계층에서 사회적 지위의 격차가 점차 커지면서 문제가 되기 시작했다.

만적은 그런 불만을 지닌 노비 중의 하나였다. 만적이 최충헌의 사노비였다는 이야기도 있는데 역사 기록에서는 확인되지 않는다. 만적은 최충헌의 사노비가 아니었을 것으로 본다. 그가 최고권력자 최충헌의 사노비였다면 살 만한 세상을 만났으니 반란을 일으킬 이유가 없기 때문이다.

설사 만적이 최충헌의 사노비였다고 할지라도, 그는 최충헌의 노비들 중에서 권력을 누리지 못하는 소외된 노비였을 것이다. 만적의 난에 동참한 노비들은 모두 노비계층의 격심한 신분 상승에 편승하지 못하고 예전과 같이 노동에 혹사당하는 노비들이었다. 그들은 무신란 이전과 조금도 다름없이 비참한 삶을 살아가는 자들이었다.

만적의 난

최충헌이 권력을 장악한 지 2년쯤 지난 1198년(신종 원년) 5월, 사노비인 만적, 미조이味助伊, 연복延福, 성복成福, 소삼小三, 효삼孝三 등 여섯 명은 개경의 북산에서 나무를 하고 있었다. 5월 한여름에 무슨 나무를 하고 있었는지는 모르겠지만, 많은 공노비와 사노비들이 모여 있었다.

만적은 여러 노비들을 불러모아 놓고 이렇게 소리쳤다.

"경인년 계사년 이후로 높은 벼슬은 천한 노비에서 많이 나왔다. 장군이나 정승이 어찌 씨가 따로 있으랴. 때가 오면 누구나 할 수 있는 것이다. 우리들만 채찍 밑에서 곤욕을 당하며 살아야겠느냐."

경인년(1170)은 무신란이 일어난 해이고, 계사년(1173)은 김보당의 난이 일어난 해이다. 이 두 해는 가장 많은 문신들이 학살을 당했던 해였다. 만적은 무신들이 난을 일으켜 정권을 잡은 것처럼 자신들도 그렇게 할 수 있다고 선동한 것이다. 만적이 이렇게 뛰어난 선동 능력을 갖고 있었던 것을 보면, 혹시 그의 선조 대에 모반에 참여했다가 노비로 전락하지 않았을까 하는 생각도 든다.

여러 노비들의 호응에 고무된 만적은 황색 종이 수천 장을 오려 '丁' 자를 만들어 거사 당일의 표지로 삼기로 약속했다. 유사시 동지임을 확인하려는 수단이었다. 그리고 다음과 같이 결의했다.

- 갑인일에 흥국사에 모두 모인다.
- 구정으로 쳐들어가 먼저 최충헌을 죽인다.
- 각자 자신의 주인도 찾아 죽인다.
- 노비문서는 모두 불사른다.

그런데 약속한 날 흥국사에 모인 노비들은 수백 명도 되지 않았다. 노비들이 모여 봉기하면 대궐 내의 천민들도 모두 내응해줄 것으로 믿었지만 대궐 안의 천민들은 움직이지 않았고, 애초 북산에서 모의할 때보다 그 수가 크게 늘어나지도 않았다.

예상 외로 모인 노비가 얼마 되지 않자 만적 등 주모자들은 나흘 후 다시 보제사에 모이기로 약속하고 일단 해산했다. 절대 발설해서는 안 된다는 엄명을 내리고.

그런데 율학박사(종8품) 한충유韓忠愈의 가노였던 순정順貞이라는 노비가 주인에게 이를 누설하고 말았다. 순정의 주인 한충유는 최충헌에게 이를 밀고한 공으로 승진을 하고, 그 가노 순정은 은 80냥의 상금과 함께 면천되었다.

밀고를 받은 최충헌은 바로 군사를 풀어 수백 명의 노비들을 잡아들이고, 그중 만적 등 1백여 명은 산 채로 강물에 수장시켜버렸다. 출생부터 육신을 담보로 잡혀있는 노비들이라 그랬는지 문초도 생략한 것이었다. 그리고 나머지 무리들은 죄를 묻지 않고 놓아주었다. 부화뇌동한 노비를 모두 죽일 수는 없기도 했지만, 정권에 대한 큰 위협세력으로는 보지 않은 탓이었다.

만적의 난은 그렇게 어이없이 끝났다. 그들의 신분만큼이나 단순하고 소박한 난이었다. 만적의 난은 순수한 노비들의 힘만으로 신분해방과 정권 탈취를 외친 유일한 난이었다. 일회적이기는 했지만, 노비들이 이렇게 정치 사회 전면에 등장한 것은 그 시대가 격동기였음을 말해주는 것이다.

노비와 사병私兵

1203년(신종 6) 4월에는 가동들이 개경 동쪽 교외에서 나무를 하다가 전투 연습을 하고 있었다. 가동들은 사노비를 말하는데, 사노비들이 왜 전투 연습을 하게 되었는지 궁금한 문제가 아닐 수 없다.

노비들이 산에서 전투 연습을 했다는 소식을 접한 최충헌은 5년 전 만적의 난이 떠올라 깜짝 놀랐다. 다시 나타난 노비들의 집단행동은 정권에 대한 충분한 위협이 되었다. 즉시 군대를 파견하여 체포하려

했지만 모두 도망치고 50여 명만 생포했다. 생포된 자들은 모두 산 채로 강물에 수장되고 말았다.

노비들이 대오를 갖추어 전투 연습을 했다는 것은 무엇을 의미할까. 군사적 자질을 갖춘 노비들이 득세하다 보니 노비들에게도 육체노동보다는 군사로서의 자질이 더 필요했다는 뜻일 것이다. 군사적 자질만 뛰어나면 하루아침에 노비도 신세를 바꿀 수 있었기 때문이다.

무인들 간의 정권 교체가 계속되면서 노동력만을 제공하는 전통적인 노비관이 바뀌고 있었다. 노비들 스스로도 그랬고, 노비를 소유하고 있는 주인도 마찬가지였다. 노비들은 자신의 처지를 일신할 새로운 변신이 필요했을 것이고, 그 주인들은 노비들에게 군사적인 봉사를 요구했을 법하다. 사적인 군사력이 요긴했던 시대였으니 당연한 일이었다.

누구보다도 권력자들이 그것을 필요로 하고 있었다. 국가 공권력에만 의지해서는 생명과 재산을 충분히 보장받을 수 없었기 때문이다. 이제 노비들에게 요구되는 자질은 성실한 노동력 제공이 아니라 군사로서의 전투력이었다. 권력자의 노비일수록 그랬지만 권력자의 노비가 아니라 할지라도 관심은 그쪽에만 쏠려 있었다.

나무를 하던 중 전투 연습을 했다는 노비들은 주인들의 요구 때문이라기보다는 그들 스스로 변신할 기회를 찾기 위한 노력이었다. 전투력이 뛰어나고 신체 조건이 좋은 노비들은 권력자의 사병으로 스카우트되는 경우가 많았기 때문이다. 그리만 된다면 노비들은 하루아침에 신세를 바꿀 수 있었다.

무인들에 의한 정권 교체가 되풀이되고 사회가 혼란할수록 사적인 무력의 확보는 더욱 중요한 일이었다. 권력자의 사병으로 전환되기 가장 손쉬운 대상이 바로 사노비들이었고, 누구보다도 사노비 스스로 그것을 먼저 깨닫고 있었던 것이다.

우리 역사에서 노비의 기원은 고조선의 〈8조금법〉에까지 거슬러 올라간다. '도둑질한 자는 노비로 삼는다'는 기록에서 그 당시 벌써 노비제도가 있었음을 알 수 있다. 그러한 노비제도가 우리 역사에서 공식적으로 폐지된 것은 1894년 갑오개혁 때였다. 노비의 역사가 매우 길었음을 알 수 있는데, 우리 역사의 독특한 면이 아닐 수 없다.

그러한 긴 역사 속에서 노비는 노동력과 함께 군사력을 제공하는 사병으로도 끊임없이 이용되곤 했다. 즉 역사적으로 노비는 노동력과 군사력 양면성을 지닌 존재였다. 그것을 잘 보여주는 것이 고려 초 지방 호족들이 거느린 노비들이었다. 당시 지방 호족들의 군사력은 전적으로 노비에 의존했다. 노비의 많고 적음에 따라 호족들의 군사력도 결정되었다. 호족들이 거느린 노비가 곧 그들의 사병이었던 것이다.

후삼국시대의 전란기에 호족들이 거느렸던 사병집단은, 후삼국이 통일되고 평화가 지속되면서 노비로 전환되어 은닉되었다. 이처럼 호족들의 사병집단이 된 노비를 해방시키기 위한 조치가 유명한 광종 때의 노비안검법이었다. 노비안검법은 정확히 표현하면 노비로 은닉된 사병들을 찾아내어 혁파하기 위한 것이었다.

즉, 권력자의 노비와 사병은 상호 호환성을 지닌 존재였다고 할 수 있다. 전란이나 내전기에는 사병이 되고 평온이 찾아오면 노비로 전환되는 것이다. 무인집권기는 그 노비들이 사병으로 다시 전환되는 시기였다. 특히 무인들 간의 정권 교체가 빈번했던 이의민 정권까지가 그랬다.

노비들로서는 노동력만을 제공하는 노비로 남는 것보다는, 군사력을 제공하는 사병으로 전환되는 것이 자신들의 신분상승을 위해 더 좋은 기회였다. 그런데 최충헌이 정권을 장악한 후에는 무인정권이 안정을 찾으면서 그런 기회가 쉽게 오지 않았다. 이에 사병으로 전환되는 데 편승하지 못하고 뒤처진 노비들이 동요했던 것이다. 만적의 난이나 노비들이 전투 연습을 했다는 앞서의 기록은 그것을 보여주는 것이었다.

신라부흥운동

김사미·효심의 난의 잔여세력

무인집권시대 각 지방에서는 다양한 신분의 사람들이 일으킨 크고 작은 반란이나 소요가 끊임없이 이어졌다. 마치 지방이 각 지역별로 혹은 신분 계층별로 세포분열하는 듯한 인상을 받는다.

여기서 각각의 난의 원인이나 배경, 참여한 자들의 성격이나 정체 등을 해명하기는 어렵다. 기록도 매우 소략하다. 다만 정치·사회적 맥락을 대강 짚어보면 다음과 같이 정리할 수 있다.

하나. 무인정권 이전부터 진행된 군역제의 문란은 국가의 군대에서 군인들을 유리시키고, 직역이 없는 떠돌이 무사층을 양산했다. 그래서 지방에서 일어난 반란이나 소요에는 전직 군인, 혹은 군인의 후예들이 많든 적든 꼭 참여하고 있었다. 이렇게 떠도는 무사층을 어떻게 관리·통제하느냐가 무인집권자의 숙제였고 정권의 성패를 좌우했다. 어떤 집권자든지 막론하고.

둘. 무인집권기는 크게 보아 중앙집권화가 강화되어가는 과도기로서, 고려 전기에 비해 지방사회에 대한 통제력이 강화되고 있었다. 적어도 지방관 파견만 놓고 보면 그렇다. 그래서 지방사회의 질서가 재편되고 있었다. 특히 최충헌 집권기에 지방에 대한 통제가 더욱 강화되었는데, 그 과정에서 중앙과 지방, 그리고 각 지역 간, 신분·계층 간에 새로운 이해관계에 따른 갈등과 대립이 커지고 있었다.

셋. 그러면서도 지방에서는 중앙의 무인정권을 인정하지 않고, 반감을 드러내는 경우도 많았다. 이는 중앙에서 파견된 지방관에 대한 저항으로 먼저 나타났다. 이런 움직임의 중심에는 무신란을 피해 낙향한 전직 관리나 지방 토착세력들이 있었다. 이들의 저항은 정치·사회적 기강의 문란으로 나타났고, 최충헌 집권기는 그것을 만회하기 위해 전반적으로 강압 통치가 이루어진 시기였다.

위 사항을 설득력 있게 전개시키려면 충분한 논증과 보완 설명을 해야겠지만, 그럴 만한 여력은 없다. 하지만 무인집권기 지방사회의 동요를 이해하는 데 소박하기는 하지만 도움이 될 것이다. 이제 이야기할 신라부흥운동도 위 세 가지 사항과 무관하지 않다.

신라부흥운동은 옛 신라를 다시 세우겠다는 것이었으니 당연히 경주를 중심으로 일어났다. 그것은 1권 이의민 정권에서 설명했듯이 김사미·효심의 난이 그 시초였다. 그런데 최충헌이 정권을 잡은 후 경주에서 다시 민란이 일어났다. 신라부흥운동은 이런 민란에서 출발했다.

1199년(신종 2) 2월, 명주(강릉)에서 도적이 일어나 삼척·울진을 함락시킨다. 김사미가 처형당한 1194년(명종 24) 2월 이후 뿔뿔이 흩어진 운문산 세력 중 일부가 동해안을 타고 북상하다가 강릉에서 관군에 저지당하여 인근 산간에 숨어 잠복해 있었는데, 이들이 5년 후 다시 등장한 것이다. 이들은 강릉에서 시작하여 삼척과 울진을 함락시키면서 남하하고 있었다.

비슷한 시기 경주에서도 다시 도적이 일어나고 있었다. 이들 역시 김사미·효심의 난에 참여했던 잔여세력으로 보인다. 이들은 남하하던 강릉의 도적과 연합하여 인근 주현을 노략질했다. 경주와 강릉의 도적이 연합했다는 것은 이들이 한 뿌리에서 나왔음을 말해주는 것이다.

이에 최충헌은 즉시 문무 양인으로 구성된 회유사를 강릉과 경주에 각각 급파했다. 무신과 함께 문신을 보낸 것은 이들을 일단 회유하기 위해서였다. 회유책이 성공했는지 몰라도 같은 해 3월, 경주 도적의 우두머리 김순金順과 강릉 도적의 우두머리 금초今草가 항복해왔다. 국왕은 이들에게 주식과 의복까지 내려주고 바로 고향으로 돌려보내는 아량을 베풀었다.

이들이 그렇게 쉽게 항복했다는 것도 이상하지만, 국왕이 아량을 베풀어 그대로 놓아주었다는 것도 얼른 납득이 안 된다. 어찌된 영문인지 김순이라는 자는 훗날 다시 도적의 두목으로 활약하니 더욱 이상한 일이었다. 어쨌든 김순과 금초의 항복으로 재봉기하려던 민란세력이 타격을 입었는지 이후 1년여 동안 별다른 움직임을 보이지 않는다. 우두머리의 갑작스런 투항으로 갈피를 잡지 못하고 있었던 듯하다.

그러다 갑자기 밀성(경남 밀양)의 관노 50여 명이 관청의 은그릇을 훔쳐 운문산 세력에게 달아나는 사건이 일어났다. 1200년(신종 3) 5월의 일이었다. 운문산과 밀양은 7년 전 김사미·효심의 난이 시작된 근거지였는데, 이때 다시 운문산이 그 근거지로 이용되고 있는 것이다. 그때의 잔여세력들이 재기를 위한 물적 기반을 확보하고 세력을 확대하는 등 전열을 재정비하고 있었음을 알 수 있다.

경주, 이의민의 잔여세력

최충헌 정권은 운문산의 움직임에 적극적으로 대처하지 못하고 있었다. 이는 같은 해, 1200년 8월 최충헌이 경주에 있는 이의민의 족당세력을 방환하는 조치를 내린 데서 알 수 있다. 이때 방환된 자들은 4년 전 경주에서 이의민 세력을 제거할 때 함께 연루되어 옥에 갇혔던 이의민 세력의 주변 인물쯤으로 보인다.

김사미·효심의 난의 잔여세력들이 다시 운문산을 중심으로 모여드는 이때, 최충헌은 무슨 까닭인지 오히려 경주에서 이의민의 잔여세력을 방환시켜준 것이다. 운문산 세력에 도움을 줄 수도 있는 조치를 내리고 있으니, 이를 어떻게 이해해야 할지 조금 난감하다.

이때 석방된 이들은 이의민과 관련이 있다고 의심받은 자들이었다. 이의민을 제거할 당시 최충헌은 조그만 꼬투리라도 있는 자들은 모조리 이의민 세력으로 몰아 옥에 가두었다. 옥에 갇힌 이들이 정작 이의민 세력으로 분류되었다면 처음부터 살아남기 힘들었을 것이다. 아마 최충헌은 경주를 완전히 장악하기 위해 이들을 일단 격리시켜놓고 사태 추이를 관망하고자 했을 것이다.

최충헌의 특명을 받고 이 일에 앞장선 자는 경주의 지방군 장교로 있던 별장(정7품) 최무崔茂라는 사람이었다.

이의민과 특별한 관련도 없는 이들이 억울하게 옥에 갇히자 이들과 연고가 있는 자들이나 친족들은 아우성이었고 최충헌에 대한 불만은 더욱 높아갔다. 운문산으로 모여드는 심상치 않은 움직임도 문제였다.

그래서 그대로 두면 오히려 화를 자초할 수도 있다고 판단하여 석방시켜준 것으로 보인다.

그런데 이들은 석방되자마자 최무에게 앙갚음을 했다. 경주 부유수(부시장) 방응교房應喬에게, 최무가 난을 도모하고 있다고 무고하여 잡아 가두게 한 것이다. 여기서 그치지 않고 이들은 경주의 하급관리들과 격렬한 싸움을 벌였다. 싸움은 서로를 죽고 죽이는 대규모 살상으로까지 이어졌다.

최충헌은 이의민을 제거한 후 경주에 머무르고 있으면서 이의민의 잔여세력으로 보이는 자들을 모조리 관직에서 축출하고 새로운 사람들로 교체했었다. 석방된 자들 중에는 그때 관직에서 쫓겨난 자들도 있었다. 그 싸움이 얼마나 격렬했던지 쌍방간에 수십 명이나 살상당하고, 당시 경주 방면을 순행 중이던 안찰사 전원균田元均도 이를 제어하지 못해 달아날 정도였다.

살인을 무릅쓴 격전은 이것으로 끝나지 않았다. 옥에 갇혀 있던 최무가 옥중에서 피살되었고, 최무를 따르는 자들이 그에 대한 복수 살인을 하고, 다시 또 이들이 피살되는 연쇄 살인 사건이 이어졌다. 상황이 이런데도 경주의 지방관은 손도 쓰지 못하고 있었다.

경주 지역의 지방 관리들 사이에서 벌어진 이런 소요는 최충헌이 경주를 장악해가는 과정에서 빚어진 마찰이었다. 경주에 대한 주도권을 놓고 최충헌과 이의민을 따르는 신구세력이 벌인 세력 다툼이라고 할수 있다.

최충헌은 1200년(신종 3) 12월, 경주 부유수로 있던 방응교를 파면하고 위돈겸魏敦謙으로 대체했다. 방응교를 파면한 것은 사태에 대한 문책의 의미도 있었지만 전후 사건에서 그가 구세력의 편에 섰던 탓이었다.

■옛 신라 지역의 동요

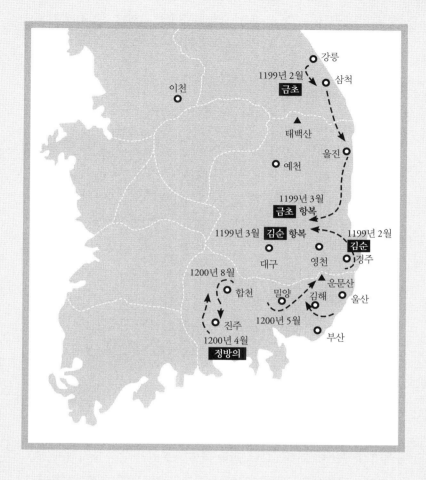

이때까지만 해도 최충헌은 경주 지역에 대해 강경한 토벌보다는 회유책으로 접근했다. 그것은 1200년 봄부터 경주뿐 아니라 진주와 합천·김해 등, 지금의 경남 지역 전역이 소요에 휩싸이고 있었기 때문이다.

진주의 노비 반란

1200년(신종 3) 4월, 경상도 진주에서는 공·사노비들이 고을 향리들을 타도하고 그 집을 모두 불살라버린 사건이 있었다. 남아 있는 기록이 미비하여 추측에 의존할 수밖에 없지만, 이 반란은 신분해방보다는 향리들의 탄압과 착취에 노비들이 집단적으로 저항한 것으로 보인다.

그런데 이 진주의 노비 반란은 난이 일어난 후, 그 고을의 창정倉正(향리직)으로 있던 정방의鄭方義가 배후에서 작용하면서 더 크게 확대되었다. 정방의는 노비들의 반란 때 표적이 되어 집을 소실당한 피해자였는데, 난의 주모자로 오해를 받아 옥에 갇히는 신세가 되어버렸다. 그가 아우 창대昌大의 도움으로 옥을 탈출한 후 노비 반란을 등에 업고 반란의 우두머리로 나선 것이다.

정방의 형제는 다시 불평분자들을 끌어모아 세력을 키우고 진주 고을을 휩쓸고 다녔다. 사서에는 이때 정방의의 무리들이 죽인 자가 6천 4백여 명이나 되었다고 한다. 이를 그대로 믿어야 할지 주저되지만 그 세력이 대단했음을 짐작할 수 있다. 분명하지는 않지만 불평분자라고 표현된 그의 세력에는 지방 군대에서 이탈한 전직 군인들이 다수 참여하고 있었을 것이다.

당시 진주목사 이순중李淳中은 두려워 일도 보지 못하고 관아에서 한 걸음도 나오지 못했다. 정방의는 이 목사를 협박하여 사무를 보게 했는데, 후에 중앙에서 내려온 안찰사가 오히려 목사 이순중을 유배시켜 버렸다.

여기에는 정방의가 은병銀瓶을 거두어 권력자에게 뇌물로 바쳤다는 기록이 있는 것으로 보아, 정방의와 중앙권력 사이에 어떤 정치적 연결을 짐작해볼 수 있다. 한 달 뒤 내려온 안무사 조통趙通도 정방의의 무리에게 압도당하여 속수무책으로 바라만 보고 있었다는 기록도, 정방의의 세력이 컸다는 의미보다는, 그가 중앙의 권력자와 연결되어 있었음을 시사한다.

정방의는 진주의 토착세력이었다. 그런데 이 진주는 집권자 최충헌의 외가가 있는 곳이다. 당시 최충헌은 이곳 진주를 자신의 경제 기반으로 삼기 위해 직속령으로 만들어가고 있었다. 이런 가운데 진주의 하층민들은 이전보다 더 심한 탄압과 착취를 받았고, 토착세력들 중에는 중앙의 권력실세와 줄이 닿게 된 것이다. 그런 인물 중의 하나가 정방의였다. 그런 정방의였기에 지방관도 함부로 할 수 없었던 것이다.

그런데 더욱 재미있는 것은, 정방의에게 피해를 입은 진주의 하층민들이 국가나 관청에 호소하지 않고 합주(경남 합천)의 광명계발光明計勃이라는 도적의 무리에 의탁하여, 정방의 세력과 군사적으로 대결하게 되었다는 점이다. 진주와 합천 양 지역 간에 전투가 벌어진 것이다.

'광명계발'은 그 이름에서 종교 지도자의 냄새가 물씬 풍기는데, 기록이 미비하여 자세하게 알 수는 없다. 하지만 합천 인근에 천민집단인 부곡이 많다는 점을 감안할 때, 그의 휘하에 역시 천민 이하 하층민들이 대거 참여했을 것이라는 점은 쉽게 추측할 수 있다.

1200년(신종 3) 8월 합천의 광명계발 세력은 무리를 이끌고 진주까지 쳐들어갔다. 그러나 이기지 못하고 후퇴하다가 본거지까지 공격당하여 거의 전멸하고 말았다. 이후 정방의 세력은 경남 지방을 휘젓고 다니다가 1201년(신종 4) 3월에 가서야 진주 사람들에 의해 정방의가 제거됨으로써 흩어지고 끝을 맺는다.

향리였던 정방의가 난의 주모자로 등장한 원인이나, 1년 가까이 세력을 유지할 수 있었던 배경, 그 피해자들이 합천의 도적들에게 의탁한 것, 그래서 양 지역 간에 전투까지 벌어진 것 등, 이 사건에는 쉽게 풀 수 없는 의문투성이의 문제들이 많다. 그중 가장 의문인 것은, 진주의 정방의나 합주의 광명계발이 이끄는 무리들이 서로 전쟁을 연상케 하는 싸움을 했다는 것인데, 이들의 정체는 도대체 무엇이었을까 하는 점이다.

또한 진주와 합천의 싸움 직후, 경남 김해에서 '잡족인雜族人'이라고 불리는 이상한 무리들이 모의하여 지방 호족들을 죽이는 사건이 또 일어났다. 이 잡족인의 난은 지방 수령과 호족들의 반격을 받아 바로 진압되었지만 역시 그 정체는 알 수 없다.

아마 이들 잡족인은 외지에서 김해 지방으로 흘러들어온 유이민 집단이 아닌가 싶다. 혹시 최충헌에 의해 경주에서 강제로 김해 지방에 이주당한 이의민의 잔여세력일지도 모르겠다는 생각이 들지만 확실한 증거는 없다.

경주 토벌계획

최충헌이 운문산의 움직임이나 경주의 소요에 대해 적극적인 토벌을 감행하지 못한 데는, 앞서 설명한 것과 같이 1200년경에 있었던 진주, 합천, 김해 등지에서 연달아 반란이 일어난 때문이었다.

그런데 경주에서 관리들 간의 소요가 있은 후 약 2년 동안 경주나 운문산에서는 별다른 움직임이 없었다. 하지만 최충헌은 경주가 이대로 잠잠해지리라고는 결코 믿지 않았다. 대책을 강구하지 않을 수 없었던 것이다.

1202년(신종 5) 8월, 최충헌은 3품 이상의 문무관리 모두 자신의 사저에 모이게 하여 경주 문제를 논의하도록 했다. 모든 관리들의 의견을 한데 모으는 게 중요했기 때문이다. 이 무렵 최충헌은 국가의 중대사를 자신의 사저에서 결정했다. 그의 권력이 이미 누구도 넘볼 수 없는 정상에 올랐다는 뜻이다.

여기서 대부분의 관리들은 강공책보다는 온건한 회유책을 주장했다. 그래서 회유를 위한 선유사를 우선 파견한다는 결론이 내려졌다. 최충헌 자신은 강경한 진압을 원했지만, 이를 위해서는 어차피 여러 관리들의 의견을 일단 따르는 것도 나쁘지 않다고 판단한 것이다. 이때 선유사로 파견된 자가 문신 송효성宋孝成과 박인석朴仁碩이었다. 이들 선유사가 경주의 민란세력을 어떻게 회유했는지는 기록에 나타나 있지 않다. 하지만 강경 진압의 명분을 찾으려는 회유가 성공할 리 없었다.

운문산 세력은 1202년(신종 5) 10월, 마침내 움직이기 시작했다. 운문산 세력을 움직이게 한 것은 '별초군別抄軍'이라 불리는 경주의 지방 군인들이었다. 별초군은 경주의 지방 군인들 중에서 선발된 군인을 말하는데, 그 시작은 이의민이 경주로 낙향하여 경대승의 위협에 대처하기 위해 무예나 신체적 조건이 뛰어난 자를 가려 뽑으면서부터였다. 그러니까 이의민의 추종세력이 경주 지방 소요의 중심에 있다는 것을 말해주는 것이다.

경주의 별초군이 운문산 세력을 끌어들이게 된 계기는 영주(경북 영천)에 대해 원한을 갖고 보복을 하기 위한 것이었다. 그들이 왜 영주에 원한을 갖게 되었는지에 대해서는 사서에 아무런 언급이 없다. 아마 최충헌이 경주의 이의민 세력을 소탕할 때 영주가 크게 협조한 때문이 아니었을까 생각된다.

서울에서 경주로 들어오는 길목에 위치하고 있는 영주는 본래 동경(경주)에 소속된 속군이었다. 그러다가 1172년(명종 2)에야 감무監務(임시적인 지방관)가 파견되었으니, 경주와는 비교할 수 없는 작은 군현이었다. 그러다 언제인가 독립된 주현으로 승격했는데, 아마 최충헌이 집권한 후 내린 조치로 보인다. 이러한 사실은 경주의 별초군이 영주에 품고 있던 원한을 이해하는 데 도움을 준다.

경주 별초군은 운문산 세력과 함께 대구의 부인사와 동화사의 승도들까지 끌어들여 영주를 공격했다. 경주 별초군의 영향력이 운문산뿐만 아니라 더 멀리 지금의 대구 지역에까지 미치고 있었음을 알 수 있다. 하지만 영주의 완강한 저항으로 경주 별초군은 오히려 패하여 도주하고 말았다. 경주 별초군의 공격에 맞선 영주 사람들은 이극인李克仁이 지휘하는 그 지역의 토착세력이었다.

경주 별초군이 영주를 공격했다는 소식을 들은 최충헌은 여러 재상과 장군들을 소집하여 대책을 강구하도록 했다. 이번에는 대관전에서 국왕까지 참석한 자리였다. 경주 지역의 반기를 자신에 대한 저항만이 아니라 고려 왕조에 대한 반역으로 몰아가기 위한 중신회의였다. 다른 대책이 있을 수 없었다. 경주를 즉시 토벌해야 한다는 결정이 내려졌다.

신라 재건 표방

토벌이 결정된 지 한 달 후, 1202년(신종 5) 11월 경주에서도 본격적인 방어계획을 세우고 행동에 들어갔다. 우선 여러 지역에 흩어져 있는 민란세력을 하나로 통합하고 지속시켜나가려면 그 중심인물이 있어야 했다. 그런 인물로 거론된 자가 석성주石成柱였다.

석성주는 1197년(명종 27) 9월 최충헌이 명종을 폐위하려 할 때, 국왕 폐위를 반대하다가 여러 무장들과 함께 영남 지방으로 유배당한 경주 출신 인물이다. 당시 석성주는 장군(정4품)의 계급이었는데, 명종 폐위에 반대했던 것으로 보아 이의민의 세력으로 분류될 수 있다. 그는 언제인가 다시 고부로 옮겨 계속 유배 중에 있었다. 경주의 민란세력은 이런 석성주를 난의 중심인물로 삼고 새로운 왕으로 추대할 것까지 결정했다.

이렇게 무리하게 일을 도모한 것은, 경주를 중심으로 여러 지역에 흩어져 있고 성향도 다양한 민란세력을 하나로 결집시켜 최충헌의 토벌에 효과적으로 대응하기 위해서였다. 그러므로 새로운 왕조의 창업을 실제 목표로 했다고 보기는 어렵다.

이어 경주에서는 별초군의 장교 배원우裵元祐를 석성주의 유배지인 고부로 파견했다. 자신들의 결정을 알리고 본인의 의사를 직접 타진하기 위한 조치였다. 배원우는 석성주를 만나 다음과 같이 제의했다.

"고려의 왕업은 거의 끝났으니, 이제 옛 신라가 다시 일어날 것이오. 공을 왕으로 삼아 사평도로써 그 경계를 삼으려고 하는데 어떻소?"

사평도沙平渡는 지금의 남한강 유역으로, 이들이 국경선까지 생각해 두었다는 점에서 계획이 매우 구체적이었음을 알 수 있다. 그런데 이 역시 실현 가능성은 별로 없어, 옛 신라의 영역을 막연하게 언급한 것에 불과했다고 보인다. 하지만 새로운 왕을 추대했다는 것은 실현 여부를 떠나 반역임에 분명한 것이다. 여기에는 최충헌 정권이 경주의 움직임을 반역으로 규정하여 강력한 토벌책을 들고 나온 데 보다 직접적인 원인이 있었다. 즉 절박한 자위 수단이었다고 할 수 있다.

그런데 석성주는 민란세력의 기대에 부응하지 않았다. 뿐만 아니라 배원우를 고부군수에게 밀고하여 잡아들이게 하고, 고부군수는 안찰사로 하여금 중앙으로 압송케 하여 바로 참수시켜버렸다. 뜻밖의 사태였다.

석성주가 그런 제의를 무시하고 밀고까지 한 이유는 알 수 없다. 아마 실현 가능성이 없다고 판단하고, 공로를 세워 개인적인 영달을 노린 때문이 아닌가 싶다. 어쨌든 경주의 민란세력에게는 낭패가 아닐 수 없었다. 신라부흥운동은 시작부터 벽에 부딪히게 되었다. 하지만 최충헌은 애초의 계획대로 토벌을 실천에 옮기고 있었다.

진압군과 반군

이미 조직된 토벌대를 막 출발시키려는데 경주 방면을 순행 중이던 안찰사 지자심池資深의 보고가 올라왔다. 경주의 민란세력이 항복을 요청하니 군사를 보내올 필요가 없다는 것이었다. 최충헌은 이 보고를 묵살했다.

왕으로 추대하려던 석성주의 밀고로 배원우가 참수당했다는 소식은 경주의 민란세력을 혼란에 빠뜨렸다. 이미 반역의 길은 피할 수 없게 되었지만 그렇다고 대책도 없이 신라의 재건을 외칠 수만도 없었다.

안찰사 지자심의 보고는 진퇴양난의 기로에 선 민란세력이 잠시 갈피를 잡지 못하고 있었음을 보여준다.

이즈음 경주에서는 민란세력의 새로운 지도자로 이의비李義庇와 발좌勃左가 나서서 전열을 가다듬고 있었다. 참수당한 배원우와 마찬가지로 두 사람 모두 경주 별초군의 장교였는데, 특히 이의비는 이의민의 친족이었다. 신라부흥운동을 주도한 핵심세력은 과거 이의민이 양성한 경주의 별초군이었고, 그 경주의 별초군은 이제 최충헌 정권에 정면으로 맞서고 있는 것이다.

그리고 경주에서 일어났다가 바로 항복했던 김순도 이때 다시 민란세력에 참여했다. 김순은 이의민이 양성했던 경주의 세력과는 무관한 자로 보인다. 김순이 다시 참여한 것은 신라부흥운동이 범경주계의 민란세력들을 하나로 규합하는 데 큰 효과가 있었음을 보여준다.

안찰사의 보고를 묵살한 최충헌은, 1202년(신종 5) 12월 지체 없이 토벌대를 파견했다. 대장군(종3품)으로 있는 김척후金陟侯·최광의崔匡義·강순의康純義를 중군·좌군·우군의 3군 사령관으로 삼고, 각 군의 부장까지 문신으로 임명하여 딸려 보냈다.

최충헌은 아들 최우崔瑀, 조카 박진재와 함께 수백 명의 호위병까지 대동하고 성루에 올라 이들을 환송했다. 환송이라기보다는 무력시위가 더 큰 목적이었다. 대규모의 군대 이동이 이들 부자에게는 또 다른 위협이 될 수 있기 때문이다.

한편 경주의 반군세력은 이 소식을 듣고 경주뿐 아니라 부근의 여러 지역에 흩어져 있는 민란세력을 다시 규합하고 있었다. 운문산, 초전(밀양), 울진 등지에 산재해 있는 민란세력이 그 대상이었다. 초전은 운문산과 함께 김사미·효심의 난 당시의 본거지로서 그때의 여세가 남아 있었다. 울진은 1199년(신종 2) 2월 금초가 이끄는 강릉의 도적이 남하하면서 삼척에 이어 함락했던 곳인데, 금초가 항복한 후 세력이 쇠퇴하긴 했지만 역시 잔여세력이 남아 있는 곳이었다.

운문산이나 초전, 울진의 민란세력은 모두 옛날의 김사미·효심의 난 때의 잔여세력들이었다. 이들도 신라부흥운동에 기꺼이 참여했던 것이다. 결국 최충헌 정권이 경주에 잔존하고 있는 이의민 세력에 대한 토벌을 선언한 것이 신라부흥운동을 촉발시킨 직접적인 원인이 되었다. 그리고 신라부흥운동을 표방한 것은 경주를 중심으로 한 부근의 모든 민란세력을 하나로 결집하는 데 결정적인 역할을 한 것이다.

민란세력을 총 망라한 신라부흥운동 세력은 토벌군의 3군에 대응하기 위해 모두 3군으로 조직하여 전열을 재정비했다. 3군은 이의비와 발좌 등이 지휘하는 경주 별초군 중심의 중군, 강릉에서 일어나 삼척·울진으로 남하했던 우군, 운문산과 초전의 좌군으로 구성되었다. 우군의 우두머리는 아지阿之라는 새로운 인물이었고, 좌군의 우두머리는 항복했다가 다시 참여한 김순이었다.

중군은 경주를 중심으로, 우군은 동해안을 따라 다시 북상하고, 좌군은 운문산을 거점으로 하여 방어와 공격 체제를 구축했다. 그 핵심 세력은 물론 경주를 중심으로 하는 중군이었다.

이들은 경주 인근 주현을 달래기도 하고 협박하기도 하면서 신라부흥운동에 동참할 것을 촉구했다. 하지만 그것은 마음대로 쉽게 움직여주지 않았다. 인근의 주현들이 남하하는 토벌군에 맞서 민란세력에 호응하는 것은 쉬운 일이 아니었던 것이다.

김척후의 소환

그런데 토벌군과 반군이 조우하면서 이상한 일이 발생했다. 토벌군의 중군을 이끌고 있는 김척후의 군대가 민란세력과의 전투를 기피하려는 경향을 보인 것이다. 사서에는 군사들이 피곤하여 그랬다고 하는데 아무래도 석연치 않은 일이다.

토벌군의 소극적인 태도 때문이었는지 1203년(신종 6) 1월 반군의 일부는 북상하여 기양현(경북 예천)까지 쳐들어갔다. 김척후가 이끄는 토벌군의 중군이 반군의 북상을 저지하려 했지만 패배를 거듭하면서 진로를 차단하지 못했다. 기양현까지 북상한 반군은 아지가 이끄는 우군이었다.

토벌군은 김척후의 중군을 대신하여 좌군을 이끄는 최광의가 나서 전열을 가다듬고 기양현을 최후의 저지선으로 삼았다. 여기서 첫 대규모 전투가 벌어졌는데, 토벌군의 좌군을 지휘하는 최광의에 의해 반군은 대패당했다. 아지는 많은 사상자와 포로를 남겨두고 태백산으로 후퇴했다.

같은 해 2월 기계현(경북 포항시)에서도 대규모 전투가 벌어졌다. 이때 반군에서는 이의비와 발좌가 이끄는 중군이 나섰다. 여기서도 반군은 토벌군에게 크게 패하고 말았다. 1천여 명이 사망하고 250여 명이 포로로 잡혔으며, 우두머리 발좌는 살아남은 소수 무리를 이끌고 운문산으로 피신했다. 그리고 이의비는 경주로 다시 돌아왔다. 이 전투를 승리로 이끈 토벌군은 김척후의 중군이 아니라 강순의가 이끄는 우군의 일부였다.

김척후가 이끄는 토벌군의 중군은 이미 토벌군으로서의 기능을 다하지 못하고 있었다. 최충헌은 김척후를 소환하여 파면시키고 정언진丁彦眞을 보내 대신하게 했다. 기계현에서의 전투가 있은 직후의 일이다.

김척후는 이보다 10년 전 김사미·효심의 난이 일어났을 때도 난의 토벌에 참여했던 인물이다. 그때는 토벌군 사령관 전존걸全存傑의 부장으로 참여했는데, 이상하게도 전존걸 역시 전의를 상실하고 제대로 싸우지 못했고 문책을 두려워한 나머지 자살해버렸다(1권 이의민 정권 참조).

이에 대한 의문을 풀기에는 사서에 아무런 언급도 없어 추측에 의존할 수밖에 없다. 당시 전존걸이 전의를 상실한 이유는, 이의민의 아들로 전존걸의 부장이었던 이지순李至純이 민란세력과 내통하고 있었기 때문이었다. 그렇다면 김척후가 전의를 상실한 이유도 그때의 사건과 관련이 있지 않을까.

당시 이지순과 함께 전존걸의 부장으로 참여했던 김척후는 이지순과 통하는 인물이었고, 내통까지는 아니라도, 민란세력과 비슷한 성향이었을 가능성이 많다. 그것은 이의민이 양성한 세력이라는 공통점이 아닐까 싶다.

김척후가 파면 소환당한 후 이제 토벌군의 중군은 정언진에게 넘어갔다. 정언진은 토벌군의 지휘를 맡자마자 경주로 쳐들어갔다. 경주는 신라부흥운동의 중심지로서 민란세력에게 상징적인 곳이었기 때문이다. 기계현에서 패한 후 경주로 도망간 이의비를 뒤쫓기 위한 것이기도 했다.

토벌군의 경주 입성

이의비는 경주에 돌아오자마자 아들과 함께 몰래 성황사에 들어가 기

■ 신라부흥운동 관련 지도

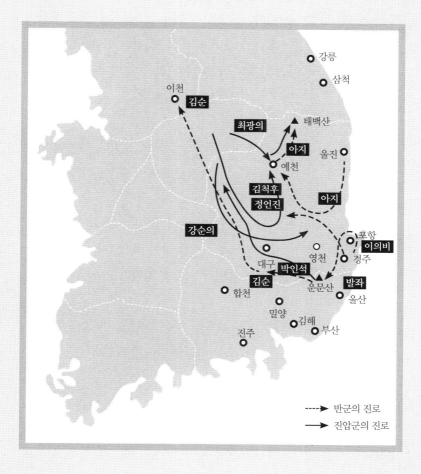

도를 올렸다. 민란세력의 앞길이 여의치 않자 미신에 의지해 보겠다는 심산이었다. 성황사는 아마 옛 왕도 경주의 토착신앙을 모신 곳으로 신라의 전통과 관련이 있는 듯싶다. 그래서 옛 신라의 부흥을 기치로 내건 민란세력으로서는 단순히 미신에 의지한 것이 아니라, 경주의 민심을 규합하기 위한 새로운 시도였다고 생각된다.

이의비를 비롯한 민란세력의 주체들은, 옛 신라의 부흥을 외치고 나오면 영남의 거의 모든 지역이 호응해줄 것으로 믿었다. 하지만 영남 일대는 고사하고 경주 인근의 민심마저 우호적이지만은 않았다. 기계현에서의 패배도 다른 이유 때문이 아니었다. 경주의 부속 군현인 기계현마저도 신라부흥운동에 참여하지 않고 있었다. 그에 대한 보복으로 이곳을 노략질하다가 토벌군에 참패를 당한 것이었다.

그런데 이의비는 성황사에 들어가 기도를 하다가 어느 무당으로부터 뜻밖의 반가운 소리를 들었다.

"장군이 군사를 일으켜 장차 신라를 다시 회복한다는 말을 듣고 우리들은 기뻐하고 있었습니다. 오늘 이렇게 만나게 되었으니 술 한잔을 올리겠습니다."

심리적으로 위축돼 있던 이의비가 이 말을 듣고 어찌 반갑지 않았겠는가. 무당을 따라간 이의비는 술에 만취해 포로로 잡히고 말았다. 사서에서는 이를 정언진이 파놓은 함정이었다고 기록하고 있다. 경주의 민심이 민란세력에 반발하고 있었음을 보여주는 단적인 사건으로 이해하는 것이 어쩌면 더 옳겠다. 토벌군에 쫓겨 궁지에 몰리게 된 이의비가 민가에 숨었다가 촌민의 밀고로 사로잡혔다고 보아도 상관없을 것이다. 1203년(신종 6) 4월의 일이다.

이후 정언진은 별 어려움 없이 경주를 장악해나갔다. 경주에 주둔하고 있는 민란세력이 대단치 않은 탓도 있었지만, 우두머리가 사로잡히면서 전의를 상실한 탓이 더 컸다. 경주가 토벌군에 진압되었다는 소식은 운문산으로 피신해 있던 또 다른 우두머리 발좌와 김순에게도 전해졌다.

1203년 7월, 정언진은 측근 부장을 운문산으로 보내 발좌에게 항복을 권유했다. 운문산 역시 그 잔여세력이 미미했을 뿐 아니라 남아 있는 무리마저 분열되어 있었다. 발좌는 마지막까지 홀로 저항하다 참수당하고, 김순은 어디론가 미리 피신해 은거해버렸다.

민란세력 중 이제 남은 무리는 기양현(경북 예천)에서 토벌군에 패배하고 태백산에 은거해 있는 아지의 세력뿐이었다. 그런데 이들 역시 그 세력이 대단치 않았다. 기양현에서 퇴패하면서 대부분 도망치거나 흩어지고 태백산에 은거한 자들은 소수에 불과했다. 1203년 8월, 토벌군의 좌군을 지휘하고 있던 최광의는 태백산을 공격하여 아지를 사로잡는 데 성공했다. 이때 일부 무리들은 토벌군과 싸우다가 부근 사찰로 피신했다. 이들은 같은 해 9월 영주의 부석사, 청송의 쌍암사 등에서 승도들을 선동하여 다시 난을 일으키려다 최광의의 토벌군에게 모두 사로잡혀 심한 문초를 당하고 귀양 보내졌다.

1204년(신종 7) 1월, 최충헌은 토벌군의 좌군과 우군을 지휘하고 있던 최광의와 강순의를 우선 귀환하도록 하고, 사령관 이하 모든 군사들에게까지 차등 있게 포상을 했다. 그리고 중군의 정언진은 아직 여기 저기 은거해 있는 잔여세력의 준동을 염려하여 잔류시켰다.

정언진은 같은 해 3월에야 귀환했다. 하지만 안심이 되지 않았던지, 최충헌은 중군의 판관判官으로 있던 박인석朴仁碩을 안찰사로 삼아 군사 2백을 주어 경주 지역에 주둔하도록 했다. 그리고 같은 해 5월 박인석이 김순과 그 무리를 사로잡아 민란세력의 마지막 우두머리를 제거함으로써 신라부흥운동은 막을 내린다. 신라 재건을 표방한 지 1년 반 만의 일이다.

경주의 쇠퇴

1204년 6월 경주는, 3경의 하나인 동경에서 경주로 강등당하고, 동경 관내에 있던 주·군과 향·부곡은 모두 안동과 상주에 예속되었다. 그 대신 민란세력을 진압하는 데 크게 협조한 안동을 대도호부大都護府로 승격시켰다.

경주를 강등시킨 것은 여러 관료들의 반대를 무릅쓴 전격적인 조치였다. 참람하게 신라의 재건을 외치고 반역을 꾀한 때문이라고 명분을 달았지만 실은 최충헌 정권에 저항한 대가였음을 모르는 사람이 없었다. 신라부흥운동과 그 실패로 이후 경주는 쇠퇴의 길을 걷는다.

체제에 저항하는 모든 세력이 그렇듯이 그것이 성공하는 비결은 다수를 확보하여 지지를 얻는 길밖에 없다. 그러려면 명분과 실리로서 다수를 설득할 수 있어야 하고, 그 명분과 실리에 부합되는 상징적이고 확실한 중심인물이 서야 한다.

명분은 사람의 마음을 움직이는 선동적인 구호 같은 것이고, 실리는 사람들의 머리를 쏠리게 하는 현실적인 이해타산과 같은 것이다. 명분은 시작 단계에서 힘을 발휘하고, 실리는 마무리 단계에서 대단히 중요하다. 명분은 좋은데 실리가 없으면 용두사미가 되고, 명분은 없이 실리로만 접근하면 분열되기 십상이다.

신라부흥운동은 명분은 좋았는데 실리에서 실패한 대표적인 민란이라고 볼 수 있겠다. 경주 지역의 민란세력을 규합하려는 구호로써 '신라부흥'은 명분은 화려했지만 호응은 너무나 미미했다. 호응이 의외로 적었던 이유는 이미 최충헌에 의해 경주 인근의 각 지방이 장악되어 있었기 때문이다. 반군에 참여한 세력들은 옛날 이의민의 잔여세력에 지나지 않았고, 게다가 그 중심인물마저 확실하지 않았던 것이다.

결국, 신라부흥운동은 최충헌 정권에 저항하기 위한 한 방법에 불과한 것이었다고 볼수 있다.

이규보가 증언한 고려 정통성의 위기

반란 진압에 참여한 이규보

신라부흥운동을 새롭게 살펴보는 방법으로 이규보李奎報라는 인물을 통하는 길이 있다. 이규보는 이 시대에 관심이 없는 사람이라도 어느 정도 익숙한 인물일 것이다. 그는 바로 《동명왕편東明王篇》이라는 영웅 서사시를 쓴 인물이니까.

  그런데 이런 이규보가 신라부흥운동을 진압하는 데 적극 참여했다는 사실을 아는 사람은 별로 많지 않을 것이다. 고려 왕조를 대표하는 대문호였던 그가 어울리지 않게 민란의 진압에 참여했다는 사실은 흥미롭기까지 하다. 그가 《동명왕편》이라는 장편 서사시를 쓴 의도도 신라부흥운동과 무관치 않으니, 어쩌면 그의 인생역정에서 신라부흥운동은 그의 역사관을 표출하는 데 중요한 부분이라 여겨진다.

  이규보는 동명왕(주몽)을 고구려의 시조로서 신성한 군왕이라고 천

명하고, 그에 대한 신기神奇한 기록도 진실이라고 믿었다. 여기에는 고려 왕조가 고구려의 전통을 계승한 역사적 정통국가라는 역사의식이 굳건하게 자리 잡고 있었다. 이규보가 《동명왕편》을 집필하게 된 이유도 그런 역사의식을 드러내기 위한 목적에서였다. 그러면 당시 그는 왜 그러한 역사의식을 갖게 되었을까, 라는 의문이 자연스레 따라온다.

이규보가 이 장편 서사시를 쓴 것은, 26세 때인 1193년(명종 23) 무렵이었다. 과거에 급제한 지 3년이 지났지만 아직 관직을 얻지 못하고 개경에서 가까운 천마산에 우거하고 있었다. 그런데 1193년은 바로 김사미·효심의 난이 일어난 해이고, 이의민이 집권하던 때이다. 이때 이규보는 고구려의 시조 동명왕을 찬양하는 영웅시를 쓰고, 고구려를 계승한 고려 왕조의 정통성을 강조했던 것이다.

여기에는 김사미·효심의 난이 고려 왕조의 정통성을 흔들고 있다는 위기의식이 작용했다. 김사미·효심의 난은 집권자 이의민과 암암리에 연계된 민란이었고, 이의민은 옛 신라의 재건과 신라 왕을 은연중 마음에 품고 있었다(이에 대해서는 1권 이의민 정권 참조). 이규보는 이를 고려 왕조의 정통성에 대한 위협으로 보았던 것이다.

어쩌면 이규보뿐만 아니라 당시 여러 문인들이 이의민 정권에서 그런 생각을 품었을 가능성이 많다. 최충헌의 이의민 타도는 그런 점에서도 일단 일부 문인들의 지지를 받았을 법하다. 이러한 문인들의 지지를 확보하기 위해서도 최충헌 정권은 고려 왕조를 수호하는 데 정권의 정당성을 두어야 했다.

최충헌 정권이 들어서면서 일어난 신라부흥운동은 고려 왕조의 정통성에 대한 위기감이 현실로 나타난 것이었다. 정권의 기반을 다져야 할 최충헌으로서는 한편 호기였는지도 모른다. 고려 왕조를 수호한다는 대의명분을 내걸고 정권의 정당성을 널리 선전할 수 있었기 때문이다.

이규보는 그것에 반갑게 호응한 대표적인 지식인이었다. 그는 난의 소식을 듣고 시 한 수를 남겼다.

뭇 개들이 시끄럽게 짖는 소리를 들으니,	自聞群犬吠高聲
갑옷과 칼이 이유 없이 한낮에 우는구나.	匣劍無端白日鳴
대궐 아래에 끌고올 선비가 있는데도,	闕下牽來應有士
관가에서는 어찌 갓끈 하나를 아낄까.	官家何惜一長纓

무슨 의미인지 긴 설명이 필요 없을 정도로 그 의도가 분명한데, 자신과 같은 인재를 등용치 않고 묻혀두고 있는 현실을 개탄한 것이다. 이런 의분을 토로한 그가 신라부흥운동을 잠자코 보고 있을 수만은 없었을 것이다.

전란지에서 보내온 편지 하나

이규보가 신라부흥운동의 진압에 참여한 것은 그의 나이 35세 때인 1202년(신종 5) 12월부터, 1204년(신종 7) 3월까지이다. 1202년 12월 최충헌의 주도로 3군으로 조직된 토벌군이 경주로 파견될 때, 토벌군에 딸려 보낼 수제관修製官을 과거 급제자 중에서 관직이 없는 자로 선발했다. 수제관은 토벌군 내의 문서 작성이나 수발, 보관을 담당한 행정 요원 쯤으로 생각된다.

그런데 수제관의 요건을 갖춘 해당자 대부분이 종군을 기피했다. 이때 전주의 사록 겸 장서기(7품)를 그만두고 관직이 없이 지내던 이규보가 '내 비록 겁이 많지만 국난을 보고 피하는 것은 대장부가 아니다'라고 하며 자진 종군했다.

이규보가 소속된 토벌군은 3군 중에서 김척후가 이끄는 중군으로 경주 근교에 군막을 치고 주둔했다. 그런데 앞서 언급한 대로 어찌된 일인지 중군을 이끄는 김척후는 갈수록 전의를 상실하고 있었다. 이즈음 이규보가 토벌군 사령관에게 보내는 서간문 한 편이 그의 문집에 전한다.

○월 ○일. 병마록사 겸 수제관 이규보는 삼가 병마도통사 각하께 글을 올립니다. 소생은 관직이 낮고 중요하지 못했던 까닭으로 항상 할 말이 있어도 더듬거리며 말을 하지 못했습니다. 그러나 참으로 올바른 일이 있다면 반드시 말을 해야만 시행할 수 있으니 어찌 말을 참으며 입 밖에 내지 않겠습니까. …… 이제 듣자오니 헌양獻陽 싸움에서 끝까지 싸우다 죽은 관군이 많다고 알고 있습니다. 해골이 들판에 널려 있지만 아무도 이를 거두어주는 사람이 없으니, 간소한 제사야 말할 나위 있겠습니까. …… 엎드려 바라옵건대, 원수와 부사 두 분께서는 한번 결단을 내리셔서 군중에 명령하십시오. 그 유골은 피아를 구별하기 어려울 것이니 관군과 적을 가리지 말고 모두 함께 묻어주십시오. 예기禮記 월령月令편에 이르기를 "2월에 골육을 묻는다" 했습니다. 이제 바로 그 절후가 되었으니 뼈를 묻는 것이 이치에 맞을 것입니다. 하물며 나라를 위해 죽은 사람들인데 말할 나위 있겠습니까……《이상국집》 27, 〈정동군막상도통상서부사시랑서〉;《고려

명현집》1, 287쪽).

본래의 내용을 다치지 않은 범위에서 필자가 약간의 가필을 했는데, 전란의 참상을 단편적이나마 엿볼 수 있을 것이다.

이 편지를 쓴 시점은, 2월이라는 표현과 이규보가 토벌군에 종군했던 기간으로 봐서, 1203년(신종 6년) 2월 아니면 1204년 2월이다. 그런데 관군이 많이 죽었다는 내용을 감안하면 1203년 2월이 맞을 것이다. 어쩌면 전사자가 많이 나온 것도 민란세력이 기양현(경북 예천)까지 북상하면서 벌어졌던 전투 때문이 아닌가 싶다. 편지 내용 중 '헌양'이라는 지명도 기양현 인근의 지명일 가능성이 많다.

그런데 1203년 2월은 토벌군 사령관이 파면당한 김척후에서 새로운 사령관 정언진으로 교체될 무렵이다. 이 서신이 교체되기 직전인지 그 직후인지는 얼른 판단이 서지 않는다. 아마 새로운 사령관으로 교체된 직후로 보는 것이 합리적일 듯하며, 그렇다면 이 편지는 새로운 사령관 정언진에게 보낸 것으로 생각된다. 아울러 토벌군과 민란세력이 팽팽하게 대치하고 있는 상황도 어렴풋이 엿볼 수 있다.

편지, 둘

이규보가 보냅니다. …… 관군이 금월 모일에 동경(경주)을 떠나 운문산으로 들어가 주둔하였소. 초적이 조금 수그러들고 군막에는 별일이 없어, 소나무 아래 새로 돋은 버섯을 캐서 불에 구워 먹으니 그 맛이 아주 좋았소. 나는 본래 서생으로 군사에는 익숙지 못하였으나 우연히 핍박을 당하여 종군하게 되니 처음에 다리가 몹시 떨렸습니다. 차츰 군대 안의 일에 익숙해지고 활 쏘고 말 달리는 솜씨도 조금씩 나아가고 있소. 그러나 만약에 이를 문사들에게 알린다면 한바탕 웃음거리가 될 것이니 삼가해주오. …… 좋은 인연이 되려고 다시 서신을 보내주니 심히 다행이오. 돌아가는 심부름꾼이 바쁘게 서두르니 내 마음을 다 전하지 못하겠소. 오로지 각각 자중자애하기를 빌며 머리 숙여 감사드리오(《이상국집》27, 〈답전박양우생자경사치문수서〉; 《고려명현집》1, 289쪽).

이 편지는 개경에 있는 전씨와 박씨라는 두 벗이 보내준 서신에 대한 답장이다. 재미있는 것은, 이규보가 분명히 자진 종군했음에도 핍박을 받아 강제로 종군하게 되었다고 한 점이다. 왜 그랬을까?

문인으로서 토벌군에 종군한다는 사실을 부끄럽게 생각한 탓일 텐데, 속마음을 들키고 싶지 않았던 것일까. 자존심이 강하고 출세 지향적이었던 그로서는 문인집단에서 따돌림당하는 것이 싫었을 것이다. 그러니 그런 자신에게 서신을 보내준 서울의 두 벗이 얼마나 고마웠겠는가.

이 편지의 시점은 새로 부임한 정언진이 경주를 장악하고 운문산에 은거한 발좌의 세력을 진압한 직후, 그러니까 1203년 7~8월 무렵에 쓰인 것으로 보인다. 토벌군 본부를 경주 부근에서 운문산으로 옮겼음도 알 수 있다. 버섯을 구워 먹었다는 표현에서 군막생활의 긴장감에서 잠시 벗어난 망중한을 잘 보여주는데, 토벌군이 이제 확실하게 승세를 잡았음도 더불어 느껴볼 수 있다.

계속되는 편지

○월 ○일 이규보가 올립니다. …… 군중에서 각하의 비호를 입은
지가 거의 3년에 이르도록 대체로 작은 병조차 없었습니다. 운문산
의 군막에 있을 때 병들었던 군사는 죽었으나 저는 죽음을 면했습니
다. 군사들이 돌아오고 얼마 안 있어 혜음원에 이르러 갑자기 중병
을 얻었고, 서울로 돌아왔을 때는 너무나 어지러워서 집에 돌아와서
도 어디인지 알지 못할 정도였습니다. …… 이제 병이 조금 나았고,
각하의 돌아오실 날도 얼마 남지 않았다고 생각됩니다. 요사이 듣자
오니 각하께서 몸소 갑옷을 입고 창을 잡아 적과 싸워 40여 명을 사
로잡았다니, 제가 기뻐서 손뼉을 쳤습니다. …… 이제 대군이 바야
흐로 돌아오매 천자께서 각하를 뒤에 머무르게 하여 모든 군권을 위
임하셨으니 도적은 곧 멸망할 것입니다. …… 오직 국가를 위하여
자중하시고 섭생을 정밀하게 살피시어 저의 축복하는 바람에 부합
하시기를 바라옵니다(《이상국집》 27, 〈군환후기병마유후박랑중인석수서〉;
《고려명현집》 1, 289쪽).

이 편지는 이규보가 병이 들어 서울에 돌아온 직후 1204년(신종 7) 3
월, 군막에 남아 있는 박인석朴仁碩에게 올린 것이다.

박인석은 중군의 판관判官으로 종군했던 문신이다. 그러니까 중군
의 사령관 정언진의 부관 정도에 해당된다. 민란세력이 거의 진압된
1204년 1월 토벌군의 좌군과 우군이 귀환하고, 이어서 같은 해 3월
중군까지 귀환하면서 그를 안찰사로 삼아 군사 2백과 함께 뒤에 남게
했던 것이다. 이 박인석에 의해서 신라부흥운동에 대한 진압은 종료

된다.

제가 지난번에 각하께서 이름난 도적 40여 명을 사로잡아 천자에게 보고하셨다는 말씀을 듣고, 얼마 후에 축하하는 편지를 써서 확실한 인편에 부쳤습니다. 저는 이 소식을 듣고 제가 이긴 듯 기뻤습니다. 하지만 그 편지가 들어갔는지를 아직 알지 못하고 있었는데, 서신을 받은 후에 자세함을 알게 되었고 또한 조카 박몽주朴夢周로부터 전란의 상황을 하나하나 알게 되었습니다. 이천梨川보다도 험한 곳이 없고 도적 중에는 김순金順보다도 날쌘 놈이 없다고 했습니다. 김순이 그곳에 웅거하게 되면 비록 만군이라도 감히 당해내지 못할 것으로 생각했습니다. 그런 그를 사로잡았다는 것은 각하의 문무를 겸비한 지략의 탁월하심이 아니겠습니까.

바야흐로 기뻐 마지않을 때 각하의 관직 승진의 소식을 들으니 귀가정이 더욱 기쁘고 경사스럽겠습니다. 다만 동쪽을 향하여 재배하고 멀리서 축하할 따름이옵니다. ……(《이상국집》 27, 〈답박랑중인석수서〉;《고려명현집》 1, 290쪽).

이 편지 역시 박인석에게 보낸 것이다. 김순이 사로잡힌 것은 1204년(신종 7) 5월이니, 그 직후에 쓴 것임에 틀림없다. 그리고 김순이 사로잡힌 곳이 이천이었다는 것도, 관찬 사서에는 나타나 있지 않은 새로운 사실이다. 다만 그 이천이 지금의 어디인지는 불확실하다.

만약 그 이천이 지금의 경기도 이천이라면 더욱 중요한 사실도 밝혀볼 수 있다. 1203년(신종 6) 7월 정언진이 운문산을 진압할 때 발좌는 저항하다가 죽고, 김순은 어디론가 피신했었다. 그런데 그 김순이 10개월 후 경기도 이천에서 잡혔다면 무엇을 의미할까.

김순은 운문산이 진압되자 잔여세력을 이끌고 계속 북상했던 모양이다. 그가 지금의 경기도 남부까지 북상했다면 그 목표는 개경일 가능성이 많다. 김순은 영남 지방에서의 신라부흥운동이 큰 호응을 얻지 못하고 점차 궤멸당하자 최후의 수단을 강구하려 했던 듯하다.

그러나 이것은 무모한 일이었다. 우선 미미한 잔여세력을 보강할 새로운 세력을 규합하는 일이 절실했다. 그래서 북상하면서 농민들을 규합해 보았지만 전혀 이루어지지 않은 듯하다. 개경을 공격하기 위한 북상이라기보다는 피신을 위한 도주에 가까운 것이었다. 박인석은 그런 김순을 목표로 잔류했던 것이고, 김순은 계속 추적당하다 결국 이천에서 사로잡히고 말았던 것이다.

최충헌 정권과 고려의 정통성 문제

무신도 아닌 문인 이규보가 신라부흥운동이라는 반란의 진압에 자진 참여했다는 사실은 여러 가지로 생각해볼 대목이 많다. 최충헌 정권에 철저히 봉사한 문인이라는 점을 감안하면, 이런 기회를 통해 관직이라도 하나 얻으려는 그의 다급한 사정으로 이해할 수도 있다. 하지만 그런 단순한 생각만으로 생명이 위태로운 전란에까지 참여했다는 것은 쉽게 수긍이 가지 않는다.

이규보는 신라부흥운동을 고려의 역사적 정통성에 대한 위협으로 확실하게 판단하고 종군한 것이 분명하다. 단순히 출세를 위해서가 아니라 나름대로 철저한 역사관이나 시국관에서 나온 행동이라는 뜻이다. 앞서 언급한 그의 서사시 《동명왕편》은 그런 역사관의 표출이었다.

그런데 조금 미심쩍은 것은 이 서사시가 신라부흥운동이 일어나기 전, 이의민 집권기 때 벌써 쓰였다는 점이다.

그렇다면 고려 왕조가 고구려의 역사적 정통을 계승했다는 그의 역사관은 이미 이의민 집권기 때 싹트고 있었다는 말이 된다. 이를 바꿔 말하면 이의민 집권기는 고려 왕조의 고구려 계승의식이 흔들리고 있었다는 뜻이다. 그러면 또다시, 이의민 이전의 무인정권에서는 고구려 계승의식이 자리잡고 있었다는 말도 된다.

본래 고려 왕조는 고구려와 신라의 정통 계승의식이 병존하여 균형을 이루고 있었다. 그런데 몇 차례의 정치적 격변을 치르면서 균형이 흔들리게 된다.

1135년(인종 13) 묘청 난의 진압과 실패는 고구려 정통 계승의식에 큰 타격을 주었다. 그 결과 신라 정통 계승의식이 우위에 서고, 1145년(인종 23)에 편찬된 《삼국사기》는 그런 결과물이었다. 《삼국사기》가 삼국의 역사를 다루고 있으면서도 신라 위주의 사서가 된 것은 당연한 귀결이었다. 곧 《삼국사기》의 편찬은 고려 왕조가 신라의 정통을 계승했다는 일종의 역사적 선언과도 같았다.

그런데 1170년(의종 24)의 무신란은 고려 왕조의 신라 정통 계승에 큰 충격을 준 사건이었다. 무신란으로 폐위당한 의종이 다른 곳도 아닌 옛 신라의 왕도인 경주를 복위의 거점으로 삼았다는 것은, 옛 신라 지역의 협조를 기대하면서 아울러 신라의 정통 계승의 회복을 노린 정치적인 선택이었다.

하지만 그것은 실패로 끝나고 신라 정통 계승의식의 회복도 좌절된다. 경주에서 국왕이었던 의종이 무참히 시해당한 것은 그런 상징적인 사건이었다. 그렇다면 그 후의 무인정권은 대체로 고구려 정통 계승의식이 더 강했다고 볼 수 있다. 간단히 말해서 무신란은 고구려 정통 계 승이 다시 회복되는 계기가 된 사건이었다.

재미있는 것은, 다름 아닌 경주 출신 이의민이 의종을 시해한 장본 인이었다는 사실과, 그 이의민은 또한 국왕 시해범이라는 정치적 탄 압을 피하기 위해 경주에서 옛 신라의 정서를 이용했다는 점이다. 전 자는 신라 정통 계승의 좌절과 관련이 있고, 후자는 반대로 그것의 대 두와 관계가 깊다. 따라서 이의민 정권은 무인정권의 테두리 안에서는 고구려 정통 계승 속에 있었지만, 그의 개인적인 속성은 신라의 정통 계승을 표방하고 있었던 것이다.

이의민이 경주에서 일어난 김사미·효심의 난을 진압하면서도, 한편 으로는 그 반란세력과 내통한 것은 그런 혼선의 결과이기도 했다. 반 란을 진압한다는 것은 고구려 정통 계승의 발로였지만, 한편으로 그들 과 내통했던 것은 신라 정통 계승에 대한 친연성의 표출이었다. 한마 디로 이의민 정권은 고려 왕조의 역사적 정통성에 혼선을 초래했던 것 이다. 이 무렵 고려 왕조가 고구려의 역사적 정통을 계승했다고 천명 한 이규보의 《동명왕편》은 그래서 나왔다.

그런데 최충헌이 이의민을 제거하고 정권을 잡았다. 이의민을 제거 할 수 있었던 가장 큰 명분은 국왕 시해범이라는 사실과, 왕을 꿈꾸고 신라를 재건하려고 했다는 것이었다. 그러면서도 그는 또한 앞선 무신 란이나 무인정권을 부정했다. 이의민의 제거만 놓고 보면 신라 정통 계승의식을 좌절시킨 것이었지만, 무신란을 부정했다는 것은 고구려 정통 계승의식에 대한 부정의 의미도 함께 담고 있었다.

그래서 최충헌 정권 역시 고려 왕조의 역사적 정통성 문제에 혼란을 가져올 소지가 많았던 것이다. 그런 가운데 일어난 신라부흥운동은 신라의 정통을 다시 회복하자는 것이었다.

당연히 신라부흥운동의 성공적인 진압은 다시 고구려 정통 계승의 회복이라고 볼 수 있다. 그렇다면 최충헌 집권기의 고려 왕조는 고구려 정통 계승의식이 강했다고 말할 수 있다. 그런데 이렇게 단순하게 정리가 끝나면 고려 왕조의 정통성 문제에 더 이상 혼란이 일어나지 않았을 것이다.

뒤에 이야기하겠지만, 신라부흥운동이 일어난 지 10여 년 후에 평양을 중심으로 고구려부흥운동이 일어났다가 진압된다. 게다가 대몽항쟁 시기에는 전남의 담양 나주를 중심으로 백제부흥운동까지 일어난다. 즉 옛 삼국의 부흥운동이 최씨 정권하에서 모두 일어난 것이다. 삼국이 통일된 지 5백여 년이 지났고, 후삼국이 통일된 지도 250여 년이 지났는데, 옛 삼국을 다시 재건하겠다는 운동이 모두 최씨 정권하에서 시차를 두고 각각 일어난 것이다.

이것은 최씨 정권의 역사적 성격을 규명하는 데 중요한 문제이다. 고구려나 백제부흥운동도 신라부흥운동과 같은 연장선상에 있는 것으로, 최씨 정권에 대한 저항의 한 수단이었음은 분명하다. 이것은 최씨 정권의 정당성을 부정하는 것이었지만, 나아가서는 고려 왕조의 역사적 정통성이 위기에 봉착했다는 증거이기도 했다.

결국 최씨 정권하에서 일어난 삼국부흥운동은 고려 왕조의 역사적 정통성이 흔들리고 있었다는 것을 의미한다. 그 원인은 최씨 정권이 고려 왕실을 허수아비처럼 무력하게 만든 데에 직접적인 원인이 있었다.

남북한의 정통성 문제

고려의 역사적 정통성 문제와 관련하여 현재 우리의 통일 문제도 잠시 생각해볼 필요가 있다. 가령, 현재 남한과 북한이 통일된다면, 그 통일된 나라의 역사적 정통성 문제가 대두될 수 있다. 즉 통일된 후의 나라가 남한의 역사적 정통을 계승했느냐, 북한의 정통을 계승했느냐 하는 문제이다. 어떤 방법으로 통일을 하고 어떻게 통일정부를 구성하느냐에 주로 달려 있는 문제이긴 하나 이 문제에서 남북한 간의 타협이나 양보는 쉽지 않을 것이다.

이 문제는 통일된 조국의 역사적 지향과도 직결된다. 이질적인 사회 체제로 반세기 이상을 지내온 상태에서 통일된 국가로서의 민족적인 합의를 이끌어낸다는 것은 통일 그 자체보다 더 어렵고 중요한 일일 것이다. 그러나 통일 후 진정한 민족적 통합을 위해서는 반드시 넘어야 할 산이다. 그러한 어려운 과제를 조금이라도 덜기 위해서도 남북한 사이의 교류와 협력은 지속되어야만 한다.

그리고 통일된 조국의 정통성 문제는 현재의 남한과 북한 중에서 어느 쪽이 과거 우리 역사의 정통을 계승했느냐는 문제와도 깊은 관련이 있다. 이것은 일제강점기 독립투쟁의 정통을 남한이 계승했느냐 북한이 계승했느냐 하는 문제와 직접 맞닿아 있고, 나아가서는 우리가 일제 식민지로 전락하기 직전 대한제국의 역사적 정통을 어느 쪽이 계승했느냐의 문제와도 결코 무관치 않다. 더욱 거슬러 올라가서 생각해보면, 조선 왕조의 역사적인 정통을 이은 것은 남한이냐 북한이냐의 문제일 수도 있다. 이는 남북한 서로간에 더욱 양보하기 힘든 문제일 것이다.

이렇듯 통일과 관련된 남한과 북한의 역사적 정통성 문제는 우리 민족의 과거나 현재뿐 아니라 미래의 문제가 걸린 대단히 중대한 사안이다. 어쩌면 통일을 이루어가는 과정에서, 그리고 통일된 후에도 진정한 민족 통합이 되기까지, 상당히 오랜 기간 우리 민족을 괴롭힐 가능성이 많다.

3 등극

登極

登極

최충헌은 국왕을 임명하기도 하고 파면하기도 했다.
그가 누린 권력을 어떻게 표현해야 할지 난감한 문제가 아닐 수 없다.
국왕은 분명 아니었으므로 '즉위'라는 말은 적절치 않고, 형식적이나마 그 위에
국왕이 존속했으니 '등극'이라는 말도 적합하지 않다.
하지만 그는 틀림없이 권력의 정상에 위치하고 있었다.
국왕은 허수아비였고 그는 무관의 제왕이었다.

권력의 독점, 봉후입부

최후의 정적, 박진재

최충헌은 세 번의 쿠데타를 통해 권력을 장악해갔다. 무력을 동원한 쿠데타가 성공할 때마다 그의 권력은 확대되고 공고해졌다.

첫 번째 쿠데타로 전 정권을 붕괴시키고 권력을 장악했다면, 두 번째 쿠데타로는 국왕을 폐위시키고 고려 왕실을 장악했으며, 마지막 세 번째 쿠데타를 통해서는 최충헌이 홀로 권력을 독점하게 되었다. 이후에도 최충헌 정권에 대한 크고 작은 도전이 끊임없이 일어났지만 최충헌 정권에 큰 위협이 되지 못했다. 다만 쿠데타의 가장 큰 동지였던 조카 박진재는 위협적이었다.

최충헌이 세 차례의 쿠데타를 통해 홀로 권력을 장악하기까지, 항상 최충헌의 편에 서서 죽음을 무릅쓴 인물이 박진재·노석숭·김약진, 세 사람이었다.

그런데 이 중 노석숭은 최충수를 제거한 이후 사서에 나타나지 않으며, 김약진은 상장군까지 승진했지만 역시 크게 두각을 나타내지 못했다. 아마 최충헌의 세력에 흡수 동화되어 안주한 결과가 아닐까 싶다. 그러나 조카 박진재는 달랐다.

박진재는 첫 번째 쿠데타 직후 별장(정7품)으로 특채되고, 두 번째 쿠데타 성공 후에는 형부시랑(정4품)으로 특진되었다. 1년여 만에 몇 단계를 승진한 것이니 쿠데타의 주체가 아니고서는 맛볼 수 없는 과실이었다. 하지만 세 번째 쿠데타를 성공시킨 후 그에게 주어진 계급은 겨우 장군(정4품)이었다. 이마저 그가 무반직으로의 전환을 요구하여 어렵사리 얻어낸 것이었다. 목숨을 내놓고 봉사해온 그로서는 불만을 갖지 않을 수 없었다.

박진재는 이 당시 벌써 수백 명의 사병을 거느리고 있었다. 거듭되는 쿠데타의 성공으로 그의 휘하에도 사병집단이 형성된 것이다. 규모는 최충헌의 사병집단에 미치지 못했겠지만, 독자적인 무력집단을 소유하고 있다는 것은 최충헌에게 위협적인 일이 아닐 수 없었다.

1199년(신종 2) 8월, 이런 박진재에게 중요한 사건이 하나 터졌다. 사건의 중심에는 이의민 정권에서 지추밀원사(종2품)까지 오른 김영존金永存이라는 인물이 있었다. 재상급에까지 오를 만큼 이의민 정권에 봉사한 그를 최충헌은 평장사(정2품)로 다시 승진시켜 퇴직케 했다.

이 김영존에게 김준거金俊琚와 김준광金俊光이라는 두 아들이 있었는데 이들의 성향이 불분명했다. 최충헌은 이들을 의심하여 황주목사와 상주목사로 좌천시켜버렸다. 그런데 황주목사로 간 김준거가 이에 불만을 품고 무사들을 모집하여 동생 김준광과 함께 반란을 모의했다.

이때 신기군(기마부대)의 지휘관으로 있던 이적중李勣中이라는 자가 그 소식을 접하고 비밀스럽게 김준거를 불러 자진해서 내응할 것을 약속했다. 이적중은 박진재와 가장 가까운 인물로, 박진재의 사병집단을 지휘하는 핵심 인물이었다. 이적중이 내응한다는 것은 곧 그 사병집단을 동원하겠다는 뜻이었다.

김준거는 황주(황해도)에서 양성한 무리들을 이끌고 몰래 서울로 잠입해 들어와 이적중과 약속한 날을 기다리고 있었다. 그런데 박진재가 자기 주변에서 일어나는 수상한 움직임을 알아채고 이적중과 사병들이 움직이지 못하도록 제지하고 있었다. 그사이 김준거의 장인이라는 자가 이 모의를 최충헌에게 고변하고 말았다.

최충헌은 즉시 사병을 보내 김준거 형제를 주살하고, 참여한 무리들은 죽이거나 유배를 보냈으며 혹은 적몰하여 노비로 삼았다. 이적중은 홀로 도망하여 외진 곳에 숨어 있다가 며칠 후 잡혀 주살되었다. 박진재 역시 그의 사병이 동원될 예정이었으니 안심할 수 없었지만, 그의 제지로 이적중이 행동에 옮기지 못했다 하여 불문에 붙였다. 쿠데타의 동지인 박진재에게까지 일을 확대시켜봐야 이로울 것이 없다는 판단이었겠지만, 이 사건 이후 박진재는 최충헌의 감시 대상에서 벗어날 수 없었다. 최충헌이 자신의 사병집단을 '도방'이라 하여 좀 더 조직적이고 체계적으로 확대 개편한 것도 이 무렵이었다.

최충헌과 박진재, 두 사람의 관계가 앞으로 원만치 못하리라는 것은 충분히 예상할 수 있을 것이다. 이 문제는 조금 뒤에 다시 언급하기로 하고, 우선 최충헌이 권력을 장악해가는 과정을 좀 더 구체적으로 살펴보기로 하자.

수상직에 오른 최충헌

1199년(신종 2) 6월, 최충헌은 최당崔讜을 비롯한 고위 문신관료 20여 명을 강제로 퇴직시켰다. 치사致仕(지금의 정년) 형식을 띠었지만, 이들이 통상 치사에 해당하는 70세에는 이르지 못했다는 점에서, 대부분 본인들의 의사에 반한 전격적인 해임이나 다름없었다.

최당은 앞서 언급한 대로 철원 최씨 최유청의 아들로 신종이 즉위한 직후 1197년 12월 중서시랑평장사(정2품)에 발탁된 인물이다. 최충헌 정권이 들어서면서 재상급에까지 올랐다가 이때 물러난 것이다. 당시 65세로 연로한 나이 때문이기도 했지만 더 이상 이용가치가 없어 해임당한 이유도 분명 있었다.

그의 아우 최선崔詵은 형과 같은 때에 지추밀원사(종2품)에 발탁되어, 형이 사퇴한 뒤에도 계속 최충헌 정권에 봉사했다. 아우 최선도 재상급에 오르고 관직 서열 1위까지 차지했지만 권력의 이너서클Inner Circle에는 접근하지 못했다. 그 역시 정년을 못 채우고 물러났다.

최충헌이 최당을 비롯한 문신 고위관료 20여 명을 퇴직시킨 것은 자신보다 나이가 많고 고위직에 있는 원로 문신들이 거추장스럽게 여겨져 축출한 것이었다. 이때 최충헌은 51세의 나이로 추밀원의 지주사(정3품)로서 병부의 상서(정3품)와 이부의 지사(종3품)를 겸하고 있었다.

최충헌은 홀로 권력을 장악한 후에도 고속 승진을 하지 않았다. 이상하리만치 평범하고 완만한 승진절차를 밟아나갔다. 반면 자신보다 고위직에 있는 원로 문신들을 스스로 물러나게 하는 방법을 썼는데, 물러나게 할 때는 반드시 다시 승진시키거나 허직일망정 정1품의 명예직을 수여하여 반발을 누그러뜨렸다. 문신귀족 중심의 전통 관료사회 질서를 온존시키면서도 자신의 정치적 위상을 확립해가는 노련한 방법을 썼던 것이다.

1201년(신종 4) 12월의 인사발령에서 최충헌보다 관직 서열에서 앞서 있는 인물은 다음과 같다.

- 최 선—문하시랑 동중서문하평장사(정2품) 판이부사(종1품)
- 기홍수—문하시랑 동중서문하평장사(정2품) 판병부사(종1품)
- 임 유—문하시랑평장사(정2품)
- 김 준—중서시랑평장사(정2품)
- 차약송—참지정사(종2품)
- 최충헌—추밀원사(종2품) 이·병부상서(정3품) 어사대부(정3품)

앞서 간략히 언급했던 최선·기홍수·임유는 명문 출신으로서 신종이 즉위한 직후 재상급으로 발탁된 인물이다. 김준金晙과 차약송車若松 역시 무반치고는 비교적 좋은 가문 출신이었다. 특히 김준은 경대승의 아버지 경진의 사위로서, 그 손녀가 최충헌의 아들(최구)과 결혼했다.

문무관리의 인사를 담당하는 이부吏部와 병부兵部의 판사判事였던 최선과 기홍수는 물론이고 이들 모두는 최충헌의 인사권에 전혀 개입하지 못했다. 조금 심하게 표현해서 이들 원로 문신들은 최충헌의 인사권 행사를 합리화시켜주는 장식품에 불과했던 것이다.

앞서 최당을 비롯한 20여 명의 고위 문신관료들이 퇴직한 것이나, 1201년(신종 4) 정월 관직 서열 1위의 조영인이 퇴직한 것도 그러한 무력함의 결과였다. 타의에 의해 해임되거나 자의로 사퇴하거나 그 차이는 별 의미가 없다. 중요한 것은 모두 관직에 걸맞은 권한을 전혀 행사하지 못했다는 점이다.

최충헌은 1205년(희종 원년) 12월 문하시중(수상직)을 차지하여 마침내 관직 서열 1위에 올랐다. 수상직에 오르기 전 이미 1인자로서 권력을 행사해오고 있긴 했지만 나름대로 의미도 컸다. 쿠데타를 성공시켜 권력을 장악했지만, 다른 관료들과 다름없이 한 발 두 발 참을성 있게 기다린 결과이기 때문이다. 이때 그의 나이도 적절한 57세로, 어느 누구도 그의 수상직을 비난할 자 없었다. 그런데 조금 이상한 것은 최충헌이, 관직 서열 1위의 사람이 겸직하게 되어 있는 이부의 판사를 기홍수에게 양보한 점이다.

고려시대 중앙 행정기구의 중심인 6부의 서열은 이부—병부—호부—형부—예부—공부의 순이었다. 그 장관인 판사는 재상급(2품 이상) 이상의 관료들이 관직 서열에 따라 순차적으로 겸직했다. 관직 서열 1위인 수상이 이부의 판사를, 아상이 다음의 병부의 판사를 겸직하는 식이다. 수상인 문하시중이 공석일 때는 다음 서열인 아상이 관직 서열 1위로서 이부의 판사를 겸직한다.

그러니까 최충헌은 수상으로서 당연히 이부의 판사를 겸직해야 하는데 이를 기홍수에게 넘긴 것이다. 쉽게 말하자면 관직 서열 1위가 두 사람이 된 꼴이다. 이것은 이부의 판사가 맡고 있는 문관인사의 권한을 기홍수에게 양보하기 위한 것은 물론 아니었다. 바보가 아니라면, 이부의 판사를 넘겨받은 기홍수가 문관 인사를 자신이 관장하겠다고 나서지는 않았을 것이다.

최충헌이 기홍수를 배려한 것은 퇴직시키기 위해서였다. 실제 이 직후 기홍수는 바로 벼슬을 그만둔다. 최충헌과 동갑인 기홍수는 본래 글을 좋아하는 문반 가문 출신이었으나 장년이 되어서 무반으로 변신했다. 말단 관리에서 무반으로 변신한 최충헌과 비슷한 역정을 거쳤다고 볼 수 있다. 벼슬을 그만둔 후 기홍수는 거문고와 책을 벗 삼다가 1209년(희종 5) 9월에 죽는다. 권력의 무상함을 스스로 위로받기 위해 그렇게 달랬으리라.

인사권 장악

이후 최충헌은 원로 문신들을 제치고 문무관리의 모든 인사 문제를 총괄하여 혼자 독점해나갔다. 국왕의 재가를 받으러 대궐에 들어갈 때는 반드시 사병들로 하여금 호위케 했고, 인사안에 대한 국왕의 재가는 형식적인 절차에 불과했다. 국왕은 최충헌의 인사안에 이의를 달지 못했다.

최충헌보다 관직 서열상 우위에 있거나, 문무관리의 인사권을 쥐고 있는 이부와 병부의 수장도 최충헌의 인사권을 간섭하지 못했다. 그런데 최충헌이 양부(이부와 병부)의 인사권을 홀로 독점하다 보니, 두 관부를 왕래하면서 인사행정을 관장하는 불편함이 여간 크지 않았다.

1202년(신종 5) 3월, 그래서 동원한 방법이 자신의 사저를 정청으로 활용하는 것이었다. 최충헌이 사저에서 인사안을 작성하면 그것이 그대로 국왕에 의해 반포된 것이다. 이후부터 최충헌의 사저는 권력의 심장부로 자리 잡는다. 대궐은 국왕의 사저로 전락하고, 최충헌의 사저가 국가 관청처럼 이용되어 중요한 정책이나 판단은 이곳에서 이루어졌다. 당연히 관리들의 출입이 잦아지고 여러 사람들의 눈과 귀가 그곳으로 쏠렸다. 그중 인사 문제가 가장 중요했다.

여기에는 반드시 자신의 뜻을 한 치 착오 없이 따라줄 수족 같은 인물이 필요했다. 두 관부를 왕래해야 하고, 때로는 자신을 대신하여 국왕에게 인사안을 올려야 하기 때문이다.

노관盧琯이라는 자가 이 역할을 맡았다. 최충헌의 외척으로서 시정잡배 출신인 노관은 눈치가 빠르고 교활하여 상대의 마음을 귀신처럼 읽어내는 재주가 있었다. 그러니 최충헌의 마음을 읽을 수 있는 둘도 없는 최측근이라고 할 수 있다. 최충헌은 그에게 이부의 원외랑(정6품)을 주어 수족처럼 활용한다. 노관의 기세가 갈수록 성해지면서 뇌물에 의한 인사부정도 당연히 뒤따랐다.

최충헌은 불과 몇 년 만에 노관을 안서도호부사(4품)라는 외직을 주어 지방으로 내보냈다. 그동안의 노고에 대한 보상이라는 구실을 달았지만, 인사 부정에 대한 좌천임을 본인이 모를 리 없었다.

노관이 퇴출된 후, 이를 대신한 자는 금의琴儀라는 인물이다. 금의는 과거에 급제하여 상당한 학식과 문장력까지 겸비한 자로, 노관에 비해 오랫동안 최충헌의 최측근으로 활동했다. 금의는 과거시험의 고시관과 재상까지 역임한 것으로 보아 이용만 당하고 퇴출된 것 같지는 않다. 전임자를 거울 삼아 나름대로 자제력을 발휘한 덕분일 것이다. 금의는 최씨 정권을 이해하는 데 중요한 인물이므로 뒤에서 좀 더 자세히 살펴보도록 하겠다.

최충헌이 인사권을 독점하면서 새로운 현상도 나타났다. 인사발령 시기가 일정치 않고 아무 때나 이루어졌다.

고려시대의 정기적인 정사 반포(인사발령)는 매년 두 차례에 걸쳐 단행되었다. 정식 반포는 대정大政이라 하여 12월에 이루어지고, 임시 반포는 권무정權務政이라 하여 6월에 이루어졌다. 이때 외에는 결원이 생기더라도 인사발령을 낼 수 없었다.

그런데 최충헌은 이런 정기적인 인사 시기를 무시해버렸다. 아무 때나 필요에 따라 인사를 단행했으며, 당연히 임면이나 승진도 자기 마음대로였다. 뇌물이나 측근의 청탁에 의한 인사, 사적인 감정에 의한 인사 등 문란상을 피할 수 없었다. 국가관직을 개인의 사유물처럼 나누어주고 거두어들이고 했던 것이다. 국왕도 그렇게 하지는 못했는데 말이다.

인사권은 권력 행사의 요체이다. 사람들을 불러모아 충성과 복종을 유도하고, 명령과 지시계통을 확립시켜 인사권자의 목표를 이루게 하는 힘이다. 뿐만 아니라 때로는 반대세력을 공격하거나 그로부터 방어하는 데까지 인사권은 필수적이다.

이처럼 권력 행사에서 인사권이 중요하기 때문에 인사권자가 사적인 이해관계로부터 완벽하게 자유롭기는 거의 불가능하다. 그래서 예나 지금이나 권력의 분립과 균형을 이루는 데 인사권자에 대한 견제가 가장 중요한 일이다. 국왕도 예외가 아니어서 대간의 관리들에게 국왕의 인사권을 견제하는 서경권署經權을 주었다.

그런데 강력한 통치자일수록 인사권에 대한 견제를 회피하려고 했다. 달리 표현하면 인사권을 독점할수록 강력한 통치를 할 수 있다는 뜻이 되는 것이다. 최충헌은 대간의 관리를 비롯한 누구로부터도 인사권을 견제받지 않았으며 전통적인 인사행정 제도를 무시하고 인사권을 사적으로 독점해나갔던 것이다.

숙청, 예외 없는 쿠데타 동지

1201년(신종 4) 9월, 익명의 방문榜文 하나가 광화문에 나붙었다. 방문의 내용은 장군 박진재가 외숙 최충헌을 제거하리라는 것이었다. 최충헌 정권에 불만을 가진 누군가가 두 사람의 미묘한 관계를 이용하여 음해하려는 것이었겠지만, 최충헌이나 박진재 두 사람 모두 불길한 예감을 떨쳐버릴 수 없었다.

특히 박진재는 속마음을 들킨 것 같아 섬뜩했다. 최충헌에 대한 불만이야 많았다. 아직도 자신을 장군의 계급에 그대로 두고 홀대하는 것이나, 최충헌 본인의 사병집단은 우대하여 크게 양성하면서도 자신의 사병집단을 위험시하여 천대하는 것이 무엇보다도 큰 불만이었다. 사실 박진재 자신보다는 그가 거느리고 있는 사병집단의 불만이 더 쌓여갔다.

하지만 거사를 하여 최충헌 세력과 대결한다는 것은 무모한 일이었다. 그런 생각을 전혀 해보지 않은 것은 아니지만, 힘의 열세가 너무나 명백했다. 잘못 처신했다가는 오히려 더 큰 화를 자초할 수 있었다. 앞서 반란과 연계된 이적중을 사전에 제지한 것은 그 때문이었다.

최충헌의 입장에서도 박진재는 골치 아픈 존재였다. 무력으로 당장 제압해버리기에는 구실이 없었고, 그냥 놔두고 보기에는 안심이 되지 않았다. 1203년(신종 6) 12월, 최충헌은 박진재를 상서우승(종3품)으로 승진시켜주고 사태 추이를 지켜보기로 했다. 상서우승은 별 권한이 없는 한직이었다. 그 후 어느 때인가 박진재는 다시 대장군(종3품)으로 자리를 옮긴다. 회유하기 위한 조치였을 수도 있다.

그러던 중 1204년(희종 즉위년) 7월, 현역 장군 이광실李光實을 중심으로 하여 임시 관직에 있는 하급관리 30여 명이 가담한 최충헌 제거 음모 사건이 터졌다. 사전에 누설되어 별 문제 없이 진압되었지만, 그 충격은 컸다.

이 사건의 중심인물인 이광실은 최충헌이 말단 관리 시절부터 알고 지낸 절친한 친구였다. 최충헌이 쿠데타를 성공시킨 후 하급장교로 특채하여 장군계급에 이르고 있었다. 하지만 이광실은 쿠데타에 나름대로 협조했는데도 진급이 더딘 게 불만이었다. 이 사건으로 이광실은 겨우 죽음을 면하고 섬으로 유배당했다.

최충헌이나 박진재 모두 이번 사건의 의미를 자기 식으로 되새기게 되었다. 최충헌은 '믿을 사람이 아무도 없다'는 식으로, 박진재는 '충성을 해봐야 결국은 제거당한다'라는 심정으로 말이다. 박진재는 자신에게 은밀하게 다가오고 있는 검은 그림자를 느꼈을 것이다.

박진재는 술로 세월을 보냈다. 술에 취하면 최충헌의 허물을 들어 욕하면서 최충헌만 없앤다면 자신이 국정을 바로잡을 수 있다고 장담했다. 술에서 깨면 후회가 되었지만, 이런 일이 계속 반복되면서 최충헌에 대한 비난과 호언장담은 갈수록 위험수위를 넘었다. 심지어는 최충헌이 장차 왕이 되려고 한다는 유언비어까지 퍼뜨렸다. 사실 그의 말이 유언비어만은 아니었을 수도 있다. 그는 자신의 사병들에게 조금만 기다리면 반드시 영화를 누릴 날이 올 것이라는 허언도 늘어놓았다. 스스로 올가미에 걸려든 꼴이 되고 만 것이다.

1207년(희종 3) 5월 어느 날 최충헌이 박진재를 자기 집으로 조용히 불렀다. 박진재는 자신이 퍼뜨린 말이 있어 긴장되었지만, 응하지 않을 수도 없었다. 불응하려면 일전불사를 각오해야 하는데, 그러기에는 미처 아무런 준비도 하지 못한 상태였다. 차라리 용서를 빌리라 마음먹고 최충헌의 사저에 들어섰다.

"네가 무엇 때문에 나를 해치려 하느냐?"

최충헌의 말이 채 끝나기도 전에 좌우에서 장사들이 달려들어 결박시켜버렸다. 그 자리에서 박진재는 아킬레스건을 절단당하고, 곧바로 백령도로 유배되고 만다. 몇 달 후 박진재는 백령도에서 병사했고, 박진재의 사병들 중 위험한 자들은 모두 섬으로 추방당했다. 그리고 나머지는 다시 주인 없는 무사로서 떠돌거나 일부는 최충헌의 사병집단에 흡수되었다. 무사들이 살아가는 방법은 그것밖에 없었으니 말이다.

박진재를 제거할 무렵 최충헌에게는 이미 3천여 명이 넘는 사병집단이 있었다. 그를 대적할 자 누가 있었겠는가. 최충헌의 권력은 이미 국왕을 압도하고 있었다. 조금이라도 거슬리는 관리들은 문무, 지위 고하를 막론하고 주륙당했다. 모두 다 입을 다물고 바라볼 뿐이었다.

봉후입부

1205년(희종 원년) 12월의 공신 책정에서 최충헌에게 문하시중과 함께 진강군 개국후[晉康郡開國候]라는 작위가 내려지고 식읍 3천 호戶가 주어졌다.

식읍食邑은 군현단위로 하사되는 일정한 지역에 대해 조세·공물의 징수나 부역의 징발권을 갖는 것으로, 서양 중세의 영주에게 내려진 봉토封土와 비슷한 개념이다. 중국 주周나라 때 있었던 봉건제도가 해체된 후 그 형식만 남아 전해오던 것이 당唐·송宋에 이르러 정비된 것이다. 식읍제도는 봉건제도의 한 잔재라고 볼 수 있다.

식읍제도는 고려가 송의 관제를 받아들이면서 함께 수용한 것이었다. 고려 왕조에서는 의례적으로 왕족이나 특별한 공로가 있는 신하들에게 작위를 주고 식읍을 하사했다. 고려 국왕의 명예와 권위를 높이기 위해 중국 황제체제의 면모를 따른 것이라 보인다.

고려시대 식읍에 대해서는 연구가 미진하여 정확한 실상이 드러나 있지 않다. 식읍으로 주어진 지역에 대해서도 그것이 이름뿐이라는 견해와, 실제로 조세나 공물 징수와 같은 권리가 피봉자에게 주어졌을 것이라는 견해가 맞서 있다. 역사 기록에서도 두 가지 양상이 공존한다. 최충헌의 경우는 실제로 그런 권한이 작용했다는 것을, 아들 최우와 관계된 기록에서 확인할 수 있다.

다만 최충헌에게 주어진 식읍에서 3천 호라는 숫자는 별 의미가 없으며, 더 중요한 것은 진강, 즉 진주(경남)가 식읍으로 주어졌다는 점이다. 진주는 최충헌의 외가가 있는 곳으로, 식읍이 주어지기 이전부터 최충헌이 개인적으로 점유하여 지배권을 행사해오던 지역이었다. 진주가 최충헌에게 식읍으로 주어졌다는 것은 이 지역이 최충헌 정권, 그리고 그 이후 자손들에까지 중요한 경제 기반이었음을 알려준다.

최충헌이 후작에 책봉된 지 1개월 후, 국왕 희종은 최충헌을 위한 입부立府 조서를 반포했다. 후작 책봉에 따르는 후속 조치로서 관부를 설치하는 것인데, 이름하여 봉후입부封候立府라고 한다.

그리고 2개월 후인 1206년(희종 2) 3월에는 최충헌을 진강후晉康候로 다시 책봉하고, 그 관부를 흥녕부興寧府라 하여 소속 행정관리까지 배치했으며, 나아가서 흥덕궁을 그 관부의 청사로 사용하도록 했다.

봉후입부의 책명이 반포된 이날, 최충헌은 남산리에 있는 자신의 사저에서 국왕의 명을 받았다. 대궐에 입궐하여 국왕의 명을 받은 것이 아니었다. 국왕의 명을 가지고 온 책명사와 집사는 최충헌으로부터 백금, 비단, 말馬 등 분에 넘치는 선물을 받고 그 사저에서 유숙했다.

그날 밤 최충헌의 사저에서는 종실의 여러 왕족을 초대하여 화려하고 성대한 잔치가 베풀어졌다. 유사 이래 신하의 집에서 그런 잔치가 열린 적이 없었다고 하니, 권력이 정상에 올랐음을 스스로 확인하는 잔치였던 것이다. 그 후 최충헌은 대궐을 드나들 때 편복을 입고 일산日傘을 쓰고 다녔다. 3천여 명의 사병집단이 호위했음도 물론이다. 이를 어찌 신하라 할 수 있겠는가.

최충헌은 후에 다시 중서령(종1품)과 함께 진강공晉康公을 두 차례나 제의받았다. 진강후에서 진강공으로, 즉 후작에서 공작으로 승격을 제의받은 것이다. 하지만 '공'은 5등작(공·후·백·자·남)의 첫째이고 중서령은 관의 극치라 하여 사양한다. 신하로서 차지할 수 있는 최고의 자리였지만 실질적으로 모든 것을 갖춘 그가 여기까지 욕심을 낼 필요는 없다고 판단한 것일까.

권력을 쫓는 부

상업활동과 축재

최충헌은 이재활동에도 관심이 많았다. 1205년(희종 원년) 8월에는 이런 일이 있었다. 송나라 상선이 예성강의 벽란도를 출발하려는데, 밀무역을 감독하는 어사대 관리가 송의 상인들을 잡아 심하게 매질을 했다.

이 상인들이 상행위와 관련된 금법을 어긴 때문이었는데, 이 일에는 최충헌이 암암리에 관련되어 있었다. 당연히 그 어사대 관리는 최충헌에 의해 파면되고 말았다. 이 사건을 통해 최충헌이 밀무역을 사주했음을 알 수 있다.

당시 고려는 금과 사대관계를 맺고 있었지만 이는 형식적인 것이었고, 실질적으로는 계속 송의 문화를 흠모하고 송 상인을 통한 무역도 계속되고 있었다. 송과의 무역은 특히 최충헌 정권에 들어와 더욱 성행했다.

고려는 송(南宋)과의 무역에서 북방항로를 이용하지 못하고 남방항로를 주로 이용했다. 북방항로는 예성강 하구의 벽란도를 출발하여 서해를 횡단, 산동반도의 덩저우[登州]에 이르는 길과, 벽란도에서 서해안을 거슬러 북상하여 요동반도를 지나 발해만에서 산동반도에 이르는 길이 있었다. 이 두 갈래의 북방항로는 금이 강성해지면서 위험하게 되어 별로 이용하지 못했다.

남방항로는 벽란도에서 서해안을 따라 계속 남하하여 흑산도 부근에서 양자강 하구의 명주[明州]에 이르는 길이다. 남방항로는 특히 송상이 고려에 왕래할 때 금의 감시를 피하기 위해 많이 이용했다. 최충헌 정권은 이 남방항로를 이용하여 송과의 밀무역에 열중했고, 송상에게 특별한 배려를 아끼지 않았다. 부를 축적하는 수단으로, 혹은 사치품에 대한 욕구를 충족하기 위해 송과의 무역에 열심이었던 것 같다.

최충헌은 1208년(희종 4) 7월에 대시大市를 대대적으로 확장하기도 했다. 본래 있던 낡은 행랑을 헐고, 광화문에서 십자로에 이르기까지 좌우편에 무려 1,008동의 행랑을 다시 지었다. 이곳이 개경의 가장 번화한 중심가였다. 이것을 시전市廛 상업이라고 하는데, 상인들은 행랑을 임대받은 대가로 국가나 관청의 수요품을 조달했다.

최충헌이 시전상업을 활성화시키기 위해 대시의 행랑을 크게 확장한 사실은 눈여겨볼 대목이다. 앞서 송나라 상인의 밀무역과 연관지어 볼 때, 그가 무역이나 시전상업을 통해 상업활동에도 깊은 관심을 가졌음을 알 수 있다. 송과의 무역이나 시전상업을 사사로운 자신의 축재 수단으로 활용했다는 얘기다.

최충헌이 축재수단으로 이용했던 화폐는 당시 널리 유통되던 은병銀瓶이었다. 은병은 일종의 은화로 1101년(숙종 6)에 처음 만들어졌다.

은 한 근으로 우리나라 반도 모양의 지형을 입체적인 병bottle의 형태로 만들어 겉에 표인標印을 찍은 은병은, 주둥이가 넓어 활구闊口라 칭하기도 했다. 실물이 전하지 않아 짐작일 뿐이지만 성인 주먹만 한 크기의 병 모양이 아니었나 싶다.

이 은병은 교환가치가 매우 높았다. 시기에 따라 달랐으나 쌀 10섬石에서 때로는 최고 50섬에도 이르렀다. 공민왕 때 어떤 기록에 의하면 포布 1백여 필에 해당되었다고도 한다. 이처럼 교환가치가 높았다면 일상적인 교환수단으로는 적절치 못했을 것인데, 웬일인지 무인집권기에 은의 유통과 함께 그 사용이 활발해진 점이 주목된다.

은병은 애초에 중국과의 무역에서 결재수단으로 만들어진 듯싶다. 우리나라 지형을 본떴다는 것도 심상치 않은데, 국내용보다는 국외용이었을 것으로 생각된다. 교환가치가 크다 보니 최충헌과 같은 권력자들에게는 뇌물이나 축재수단으로도 적격이었을 것이다.

부의 집중

최충헌은 집권 기간 동안 여러 차례 공신에 책정되었다. 공신 책정은 그의 쿠데타를 정당화시켜주고, 정권을 합리화시켜주는 구실을 했다.

그런데 공신 책정의 보다 중요한 의미는 왕조정부로부터 막대한 토지가 하사된다는 점이다. 공신 책정 때 최충헌에게 얼마만큼의 토지가 하사되었는지 알려주는 정확한 기록은 남아 있지 않지만, 국왕을 능가하는 권력을 지녔던 최충헌이니만큼 하사된 공신전도 남달리 많았을 것으로 보인다.

1205년(희종 원년) 정월에는 그에게 내장전內莊田(왕실 직속의 토지) 1백

결을 특별히 하사하기도 했는데, 이는 공신전과는 별도의 토지이다. 고려시대 1결結의 면적에 대해서는 연구자들의 의견이 일치를 보지 못하고 있다. 기준 척尺을 어떻게 보느냐에 따라 면적이 달라지기 때문이다. 최고 1만 7천여 평에서, 최소 6천여 평 정도이다. 최소 6천 평으로 환산해도 최충헌이 특별히 하사받은 1백 결의 토지는 60만 평이나 된다.

여기에 별도의 공신전과 불법·탈법으로 빼앗은 토지까지 감안하면 그가 도대체 어느 정도의 토지를 소유했는지 짐작조차 하기 어렵다. 특별히 하사받은 1백 결의 토지는 그가 소유한 전체 토지에 비하면 극히 미미한 것이었다.

또한 최충헌은 여러 곳에 자신의 사저를 두고 있었다. 우선 남산리에 위치한 본래 사저에는 모정茅亭까지 갖추어져 있어, 국왕 행차 때나 그를 추종하는 문무관리들을 위한 연회 장소로 이용되었다.

뿐만 아니라, 1210년(희종 6) 4월에는 활동리에 또 하나의 대저택을 지었다. 본래 있던 사저를 확대 증축한 것인데, 방해가 되는 부근의 인가 1백여 채를 헐고 대공사를 벌였다. 무리하게 공사를 벌였는지 나라 안에 불평이 많았고 이상한 유언비어까지 나돌았다. 몰래 동남동녀를 잡아다 오색 옷을 입혀 산 채로 집의 네 모퉁이에 묻는다는 유언비어였는데, 이 때문에 아이를 둔 집에서는 아이를 깊이 숨기거나 멀리 도피시키는 일까지 생겨났다. 심지어 아이를 잡아두었다가 그 부모로부터 막대한 뇌물을 받고 풀어주는 불량배까지 판을 쳤다 하니, 강압적인 공사에 대한 흉흉한 민심의 반영이었을 것이다.

이 활동리 저택은 그 길이가 수 리에 뻗어 있었고 그 규모나 화려함이 대궐에 버금갔다. 별채만 해도 수십 채가 넘었다. 이곳 역시 국왕이나 문무관리들이 자주 찾았고 그때마다 성대한 연회가 베풀어졌다. 최충헌의 사저가 있는 남산리나 활동리는 개경 도성 안의 지명으로 보이는데 정확한 위치를 확인하기는 어렵다.

그 외 죽판궁竹坂宮이라는 사저도 있었다. 죽판궁은 개경의 도성 밖에 위치하고 있었다. 거란과의 전쟁이 한창이던 1217년(고종 4) 4월, 송악은 왕기王氣가 다하여 국왕은 별궁으로 옮겨야 한다는 이상한 여론이 일자, 국왕이 이 죽판궁으로 거처를 옮기기도 했다. 죽판궁은 개경 교외에 있었던 최충헌의 별장쯤으로 보인다.

최충헌의 사저는 이것으로 그치지 않고 또 다른 곳에 별저가 세 곳이나 더 있었다. 이곳은 주로 금은진보나 전곡 등을 저장하는 최충헌의 사적 금고와 같은 기능을 했다. 그가 소유한 토지나 식읍에서 징수한 조세 공물은 물론, 뇌물로 받은 금은재화까지 모두 이곳에 저장되었다.

토지 등 막대한 부동산과 식읍, 여기서 매년 나오는 조세나 공물, 그리고 사적인 부고에 저장된 동산을 합하면 최충헌의 경제적 기반 역시 왕실의 부를 능가했다.

최충헌의 인척으로 바른말을 곧잘 하는 노인우盧仁祐라는 인물이 있었다. 그는 바른말을 하다가 최충헌의 비위를 거슬러 한때 지방으로 좌천되는 쓴맛을 보기도 한 사람이었다. 그가 지방관의 임기를 마치고 서울로 다시 돌아오자 최충헌이 그를 사저로 불렀다.

1211년(희종 7) 정월, 최충헌은 여러 측근이 있는 자리에서 노인우를 앞에 앉혀놓고 이런 제안을 했다.

"부고에 저장된 것을 제외하고 금은진보를 왕실에 바쳐 국용으로 전용하고자 하는데 어떠하냐?"

부의 축적이 너무 지나쳐 노인우로부터 외면을 당하던 터라 그의 속

마음을 떠보려는 것이었다. 측근 인물들은 모두 찬성했으나 노인우만은 반대하면서 다음과 같은 말을 던졌다.

"국용으로 전용하고서 또 백성들에게 거두어들이는 것보다는 차라리 그대로 두는 게 좋습니다."

노인우는 최충헌의 심중을 꿰뚫어보았던 것이다. 그는 이런 바른말을 하고서도 해를 입지 않았는데, 최충헌은 그가 내뱉는 쓴소리에 비위가 상하기는 했지만 그를 신뢰했던 모양이다. 정권을 유지하려면 이런 인물 하나쯤은 곁에 있어도 해롭지 않다고 판단했을 것이다.

이렇게 국가 재정은 최충헌의 사적인 금고에 의존할 정도였다. 그는 가끔 인심쓰듯 자신의 부고에 저장된 재화를 국가에 바쳐 국용에 충당하도록 했다. 국왕이나 문무관리들에게 연회를 베푸는 데도 활용되었음은 물론이다. 어느 해 단오날에는 문무관리 4품 이상을 사저에 초대하여 3일 동안이나 잔치를 계속한 적도 있었다. 마치 국왕처럼 말이다.

이러한 연회 비용도 만만치 않았을 터인데, 모두 최충헌 개인 부고에서 지출했다. 이런 희생적이고 자발적인 분배는 왕실이나 국가의 빈약한 재정과 대비되어, 그의 권력을 더욱 빛나게 했으리라.

권력과 부

여담이지만 권력과 부, 어느 것이 더 힘이 셀까. 우스갯소리로 지나치기에는 심각하면서도 쉽게 답을 찾기 어려운 문제이다. 권력으로 부를 얻을 수도 있고, 부로서 권력을 살 수도 있기 때문이다. 권력과 부를 추구하는 것은 인간의 본능에 가까운 것으로 역사의 보편성이라 할 수 있다. 인류 역사는 이 두 가지가 성립하면서 시작되었고, 양자가 밀고

당기면서 엎치락 뒤치락한 대하 드라마와도 같은 것이다.

역사적으로 원시사회부터 살펴보면 권력보다는 부의 발생이 먼저였다. 권력은 그 부를 분배하는 과정에서 부수적으로 따라온 것이 아닐까 싶다. 부는 축적보다는 분배 과정에서 힘을 발휘하기 때문이다. 지속성으로 따지더라도 권력보다는 부가 더 생명력이 강했다. 인류 역사의 출발은 권력보다는 부의 발생이 먼저였고 우위에 있었다고 하겠다.

그 후, 고대와 중세사회에서는 권력과 부의 관계가 크게 보아 상호 보완적이었고, 특정 계층이 이 두 가지를 독점했다고 보인다. 전근대사회에서는 아무래도 선후의 인과관계를 명쾌하게 구분하기 어려운 까닭이다. 고대사회는 국가권력의 발생으로 권력이 부보다 우위에 있었고, 중세는 국가권력이 상대적으로 약화되면서 부가 우위에 있었다고 보인다. 하지만 전근대사회는 대체로 권력과 부가 일치된 사회였다고 하겠다. 이 시대 두 가지를 동시에 누린 신분계급이 귀족층이었다.

그런데 근대에 들어오면서는 권력과 별개로 부의 축적이 가능하게 되었다. 자본주의의 발생이 바로 그것인데, 권력과 부가 일치하지 않기 시작했다. 권력을 외면하고 부의 축적만을 위해 노력할 수 있게 된 것이다. 시민계급이 출현한 것인데, 유사 이래 처음으로 권력과 부를 소유한 계층이 불일치하게 되었다.

이때부터 권력과 부의 적대관계가 새롭게 생겨난다. 권력은 부의 집중을 막으려고 하고, 부는 권력의 남용을 제한하려고 했다. 이는 귀족과 시민계급의 대립, 즉 시민혁명으로 나타났다. 이때 시민계급이 승리하면서 정치적으로는 자유민주주의가 발달하게 된다. 이것은 확실한 부의 승리였으며, 그래서 근대 산업혁명 이후부터 지금까지 권력보다는 부가 더 우위에 있다고 할 수 있다.

한편 부의 축적에서 소외되거나 실패한 계급은 성공한 계급과 대립하여 저항하는데, 노동자계급의 출현이 그것이다. 여기서 승리하여 나타난 것이 사회주의 국가로서, 일거에 권력을 장악하여 사적인 부의 축적을 아예 제도적으로 막아버렸다. 이것은 완벽한 권력의 승리였다.

인류 역사의 긴 흐름에서 보면 사회주의 국가의 출현은 아주 특별하고 기이한 현상이 아닐 수 없다. 권력을 누린 계급도 아니고 부를 축적한 계급도 아닌 사람들이 권력을 잡아 일시에 부를 제압한 것을 보면, 얼마나 극적인 사건인지 모른다. 어쩌면 이것은 권력의 승리라기보다는 인간 이성(의식)의 승리였다고 하는 편이 더 옳겠다.

만약 프롤레타리아 혁명이나 사회주의의 출현이 없었다면 인류 역사가 얼마나 무미건조했을까. 사회주의의 출현이 세계사의 보편적인 발전법칙은 아니라 해도 인류 역사를 역동적이고 다양하게 발전시키는 촉매 역할을 한 것은 분명하기 때문이다. 사회주의가 자본주의에 잠식되어버린 지금도 그런 역사적인 의미만은 살아 있다고 본다.

그런데 어떤 시대를 막론하고 부를 마냥 축적하여 집중하는 것만으로는 권력을 창출할 수 없다. 그것 못지않게 분배도 대단히 중요하다. 물론 분배를 하려면 축적과 소유가 선행되어야 하겠지만, 그 다음에는 반드시 적절하고 공정한 분배가 있어야 권력이 지속적으로 따라오고 유지된다. 권력이란 부를 분배하는 힘인지도 모른다. 원시사회에서부터 권력과 부의 관계가 그랬고 지금의 자본주의사회에서도 마찬가지이다. 적절히 베풀어야, 베풀 수 있는 지위(권력)를 유지할 수 있는 것이다.

최충헌은 권력을 잡은 후, 권력을 통해 부를 축적했다. 그에게는 부보다는 권력이 앞서 있었다. 그가 가끔씩 개인재산을 국용으로 충당토록 한 것은 부의 적절한 시혜를 통해서 권력을 유지하기 위한 생존전략에서 나왔을 것이다.

국왕 위의 통치자

선택되는 국왕

최충헌은 집권 기간 중 네 차례나 공신으로 책정되었다. 첫 번째는 1197년(명종 27) 2월 이의민 일족을 제거한 후, 두 번째는 같은 해 9월 명종을 폐위하고 신종을 즉위시킨 직후, 세 번째는 희종이 즉위한 후 1205년(희종 원년) 12월이었으며, 그리고 마지막은 1212년(강종 원년) 12월이다. 새로운 왕이 즉위할 때마다 어김없이 공신으로 책정된 것이다.

이것은 최충헌이 새로운 왕의 즉위 때마다 강력한 영향력을 행사했음을 말해준다. 최충헌은 명종明宗을 폐위하고 그의 동생 신종神宗 (1197.9~1204.1)을 왕으로 선택했다. 신종이 죽고 그 다음 왕위는 그의 아들인 희종熙宗(1204.1~1211.12)이 계승했다. 신종은 폐위된 것이 아니고 병사하여 자연스럽게 태자에게 전위된 것이나 어쨌든 이것도 최충헌의 선택이었다.

1204년(신종 7) 정월, 국왕 신종은 병환이 깊어지자 최충헌에게 태자(후의 희종)에게 양위할 것을 요청했다. 이날 최충헌은 바로 최선과 기홍수를 사저로 불러 은밀히 양위 문제를 의논했다. 여기서 후계자로 태자가 결정된 것이다.

희종이 왕위를 계승한 것은 그가 태자였기 때문이 아니라, 최충헌의 선택이 더 중요하게 작용했다는 얘기다. 태자 외에 다른 마땅한 대안이 없었기 때문에 불가피하게 내린 결정이었던 것이다. 그래서 그런지는 몰라도 최충헌은 이 국왕 희종을 달갑게 생각하지 않았고, 결국 최충헌에게 다시 폐위당하는 운명이 되고 만다.

희종의 폐위를 살피기에 앞서, 당시 국왕의 권위가 얼마나 추락했었는지 알려주는 재미있는 일화 하나 소개하고 넘어가자.

윤세유尹世儒라는 인물이 있었다. 그는 고려시대 일급 명문인 파평 윤씨로 윤관尹瓘의 손자였다. 그러니 가문에 대한 자부심도 남달리 컸을 텐데, 최충헌 정권하에서는 가문의 배경에 비해 별로 빛을 못보고 있었다. 그가 1209년(희종 5) 11월, 우어사(정6품)로 있을 때의 일이다. 국왕 희종이 연경궁으로 환궁하기 위해 이른 아침 그에게 좌어사 최부崔傅와 함께 최충헌의 사저로 들어올 것을 명했다. 좌·우어사는 전중시어사라고도 하는데 국왕의 행차 때마다 어김없이 따라다니는 관리이다.

이 무렵 국왕은 최우의 사저인 이판궁에 기거하고 있었다. 천문을 관측하는 태사太史의 관리가 하늘의 이상한 변화를 이유로 궁궐에 기거하는 것이 위험하다고 하여 최우의 사저로 이어한 것이 1208년(희종 4) 2월의 일이니, 두 해가 다 되도록 환궁하지 않고 있다가 이제야 나선 것이었다.

국왕이 이렇게 오랫동안 궁궐을 떠나 있는 것은 범상한 일이 아니니, 여기에는 반드시 그럴 만한 정치적 배경이나 동기가 있을 법한데 무리한 추측은 삼가겠다.

어쨌든 윤세유가 최부와 함께 최충헌의 사저로 달려가 기다리고 있는데 어찌된 일인지 국왕 희종은 행차할 생각을 하지 않았다. 윤세유는 행차 준비를 명받은 대기 상태여서 점심도 거르고 자리를 지켰다. 하지만 저녁 때가 다되어도 국왕의 행차 소식은 감감했다. 윤세유와 최부는 행차가 취소된 것으로 생각하고 최충헌의 사저를 나와버렸다. 두 사람은 배가 고팠던지 인근 주막으로 들어가 술까지 마셨다. 그런데 하필 이때 국왕이 행차했던 것이다.

국왕의 행차도 모르고 술을 마시던 두 사람은 부리나케 국왕의 어가 앞으로 달려갔다. 얼마나 취했던지 최부는 어가를 인도할 수 없었고, 윤세유는 국왕 앞에서 말투가 몹시 거칠었다. 두 사람에게 어가를 맡길 수 없어 급히 다른 사람을 시켜 국왕의 어가를 인도케 하고 환궁할 수 있었다.

이 일로 탄핵을 받아 최부는 안동도호부의 판관으로, 윤세유는 양주의 부사로 좌천되고 말았다. 보통 때 같으면 목숨을 부지하기도 힘들었을 텐데 너무나 가벼운 처벌이었다. 어가를 인도하는 관리가 국왕 행차를 맞기 위해 대기하고 있는 상태에서 술을 마시는 것은 도저히 있을 수 없는 일이었다. 국왕의 권위나 위엄이 땅에 떨어졌다는 증거였다. 그랬으니 국왕 측근 관리들마저 그렇게 해이해졌고, 그 처벌도 물러터진 것이었다.

그런데 그날 희종은 왜 환궁하지 못하고 저녁까지 최충헌의 집에서 대기하고 있었을까. 이 또한 궁금한 문제가 아닐 수 없다. 이 문제와는 관련이 없지만 국왕 희종은 결국 최충헌에 의해 폐위당하고 만다.

파면되는 희종

희종이 폐위당한 것은, 최충헌 제거 음모에 관련되어 있었기 때문이다.

1211년(희종 7) 12월 초, 최충헌은 여느 때와 마찬가지로 연말 정기인사 문제를 재가받기 위해 수창궁에 있는 국왕을 찾았다. 대궐을 출입할 때는 항상 그렇듯이 사병집단인 도방 무사들의 호위를 받았지만 이날은 측근 인물 몇몇과 호위 무사 10여 명만 수행했다. 항상 문제는 기다렸다는 듯이 이럴 때 터진다.

인사 문제는 예전부터 최충헌의 뜻대로 이루어졌지만, 형식적인 절차로 국왕의 재가를 받고 있었다. 이는 최충헌에게도 나쁠 것이 없었다. 형식적이나마 인사 절차를 지켜야 자신의 인사권 행사에 대한 권위를 확보할 수 있었기 때문이다.

최충헌은 무사들을 대궐 뜰에 도열시켜놓고, 측근 인물 서너 명과 함께 국왕의 편전으로 향했다. 편전 인근 방에서 자신이 왔음을 알리고 국왕이 나오기를 잠시 기다리고 있었다. 조금 후 환관이 나타나, 왕께서 주식을 내려주시니 따라오라고 했다. 최충헌은 별 의심 없이 환관을 따라 편전 깊숙히 들어갔다.

그 순간 승려 복장을 한 무사 10여 명이 갑자기 나타났다. 당황한 순간에도 호신술에 뛰어난 측근들이 최충헌을 뒤로하고 막아섰다. 그러나 동시에 덮쳐오는 날렵한 무사들을 상대하기에 역부족이었다. 우선 수적으로 열세였고 승려들의 무술도 평범치 않았다. 편전 깊숙한 곳에서 최충헌은 어찌할 바를 몰랐다. 환갑이 넘은 나이에 나서 싸우는 것은 너무나 위험했다. 최충헌은 재빨리 편전의 복도를 되짚어 도망치면서 외쳤다.

"주상께서는 신을 구해 주소서."

대답이 있을 리 만무했다. 국왕의 처소는 굳게 잠겨 있었다. 급한 마음에 옆의 지주사(정3품의 국왕 비서관) 방 장지 사이로 급히 몸을 숨겼다. 승려 하나가 어느새 쫓아와 몇 번이나 찾았으나 발견하지 못하고 가 버렸다. 그사이 편전에서의 소동이 밖에 알려졌는지, 상장군 김약진과 지주사 정숙첨鄭叔瞻이 안으로 뛰어들어왔다. 김약진은 최충헌과 쿠데타를 함께한 동지였고, 정숙첨은 최충헌의 아들 최우의 장인이다. 이 두 사람이 최충헌을 부축하여 안전한 곳에 모시고 밖에서의 대응을 기다렸다.

곧바로 사병집단인 도방의 지휘관으로 있는 신선주申宣冑와 기윤위奇允偉가 달려와 승도들과 격투를 벌였다. 벌써 도방 군사들이 대궐 밖에 모두 집결하고 있었다. 심상치 않은 변고가 일어났음을 모두 알고 있었지만, 최충헌의 생사를 알 길이 없었다. 그저 불안하게 대궐 안에서의 명령을 기다릴 뿐이었다.

어떤 자가 대궐 지붕 위로 올라가, 우리 주군은 아무 탈이 없다고 외쳤다. 이 말을 듣자마자 도방의 군사들은 대궐로 쳐들어가 승도들을 제거하고, 최충헌은 김약진의 부축을 받아 대궐 밖으로 빠져나올 수 있었다. 최충헌은 사색이 된 얼굴로 한숨을 몰아쉬며 그제야 안도했다. 저승의 문턱까지 갔다 되돌아온 꼴이었다.

사건이 진정된 후 최충헌은 측근인 상장군 정방보鄭邦輔를 시켜 환관을 비롯한 국왕 측근 인사들을 모두 잡아들여 인은관仁恩館에 가두고 국문하여, 이 사건에 조금이라도 관계된 자는 모두 자백하게 했다. 인은관은 최충헌이 이의민 일족을 제거할 당시 거사 본부로 이용되었던 곳이다.

가혹한 고문이 보름 이상 이어진 국문 기간 동안 모든 관리들은 공포에 떨며 숨을 죽였다. 이 사건의 주모자는 내시낭중 왕준명王濬明이었고, 참지정사 우승경于承慶, 추밀원사 사홍적史弘績, 장군 왕익王翊 등이 깊이 관계되어 있었다. 또한 왕실의 종친들도 연루되어 있었음이 드러났다. 이들이 어떤 이유에서 최충헌 제거 모의에 가담하게 되었는지는 드러나 있지 않다. 특히 우승경은 최충헌 정권에서 상당히 중용되어 재상급에까지 오른 인물이기에 더욱 아리송하다. 다만 이 사건에 왕실의 종친들이 연루된 것은 국왕이 직접 개입했다는 좋은 증거일 것이다.

그해 12월 말, 최충헌은 국왕 희종을 폐위시켜버렸다. 특별한 공론도 거치지 않은 전격적인 조치였다. 폐위될 명분이 충분하다고 판단했을 것이다. 국왕은 폐위된 후 바로 강화도로 유배되고, 얼마 후 자연도(영종도)로 다시 옮겨졌다. 태자 지祉는 인주(인천)로 축출했다.

아울러 관련 종친들은 강화 인근 섬으로 분산하여 쫓아내고 왕준명, 우승경, 사홍적, 왕익 등은 외지로 유배하여 사건을 급히 마무리지었다. 사건 주모자에 대한 처벌이 의외로 온건했고, 피해자도 그리 많지 않았던 것은 그럴 만한 까닭이 있었다.

희종이 폐위된 그날, 최충헌은 한남공 정漢南公貞을 맞이하여 강안전에서 즉위케 했다. 22대 왕 강종康宗이다. 강종은 앞서 최충헌이 명종을 폐위할 때, 함께 폐위당했던 명종의 태자이다. 이때 벌써 환갑이 다 된 강종은 1년 남짓 재위하다가 병으로 곧 죽고 만다.

희종을 폐위시키고 강종을 옹립한 최충헌은, 견제세력이 없을 정도로 완벽한 독재체제를 구축하는 데 성공한다. 강종 다음 왕위는 태자로서 그의 아들이었던 고종高宗이었다. 강종에서 고종으로의 왕위

계승은 최충헌이 유일하게 강제하지 않은 것이었다. 어쩌면 권력에 대한 자신감의 표출이었을 것이다.

최충헌과 국왕

최충헌은 가능하면 나이 많은 왕족 중에서 왕을 선택했다. 그래야만 왕위에 오래 있지 못하고 자연사로 인해 왕위 교체가 빈번하게 이루어지기 때문이다. 왕위 교체가 빈번하게 이루어지면 그 과정에서 영향력을 행사하기도 쉬워지고 아울러 국왕을 견제할 수 있을 것으로 판단한 때문이다.

그런데 문제는 태자였다. 태자는 다음 왕위계승권자로 정해졌음을 의미하는데, 태자로 왕위가 계속 이어지는 것은 최충헌의 의도와 맞지 않았다. 태자로서 왕위가 이어지면 왕통이 자연스럽게 확립되어 자신이 개입할 여지가 그만큼 줄어들기 때문이다.

최충헌의 그러한 의도에 맨 처음 방해가 되었던 인물이 명종과 그 태자(후의 강종)였다. 명종은 1197년 폐위될 당시 이미 67세의 고령으로 폐위되지 않더라도 오래 못갈 형편이었지만 그 태자는 문제가 되었다. 명종을 폐위시키지 않으면 태자가 자연스레 왕위를 계승할 것이기 때문이다. 그래서 국왕과 함께 태자까지 폐위시켜버리고 명종의 동생인 신종을 선택한 것이다. 여기에는 물론 명종이 반쿠데타에 연루되었다는 의혹도 중요한 명분으로 작용했다.

신종은 즉위할 당시 54세였다. 그리고 그의 아들(후의 희종)은 20세에 왕위계승권자인 태자로 책봉되었다. 그대로 방치하면 또 최충헌의 의도와는 다르게 왕위계승이 이루어질 수밖에 없었다.

갑자기 병환이 생긴 신종은 최충헌에게 죽기 전에 양위하겠다는 의사를 밝혔다. 아들인 태자에게 왕위를 잇도록 하겠다는 의지의 표현이었다. 최충헌은 당연히 양위에 반대했지만 굳이 양위를 하겠다는 신종의 고집을 꺾을 마땅한 방법이 없었다. 갑작스런 병환으로 다른 대책을 찾을 시간적 여유도 부족했다.

최선과 기홍수를 사저로 불러 양위 문제를 밀의한 것은 그 때문이었다. 최충헌은 가능하면 태자에게 왕위가 넘어가는 것을 막아보려 했지만, 뾰족한 수를 찾지 못하여, 결국 태자로의 왕위계승을 인정하게 된다. 1204년 1월, 이 태자가 왕위에 오르니 이때 희종의 나이 24세였다.

그러니까 신종에서 희종으로의 왕위계승은, 최충헌에게는 불가피한 선택이었다고 볼 수도 있다. 하지만 이 역시 최충헌의 의도에서 크게 벗어난 것이 아니었다. 그것은 희종이 즉위한 후 최충헌을 은문상국恩門相國이라 부르고 신하의 예로 대하지도 않았다는 기록에서 알 수 있다. 희종은 다른 국왕 못지않게 최충헌을 우대했는데, 이는 최충헌과의 미묘한 관계를 만회하기 위한 행동이었다고 생각된다.

그런데 더 큰 문제는 희종이 너무나 젊다는 것과, 그에게도 아들이 있다는 것이었다. 이 아들은 아직 어렸지만, 방관할 경우 후일 태자로 책봉되고 나아가 왕위까지 계승할 소지가 많았다. 최충헌으로서는 이 문제를 미연에 막지 않으면 안 되었다. 희종은 즉위한 그해 11월 원자지祉를 태자로 삼았다. 아직 8세의 어린 나이였지만, 하루 속히 왕통을 확실히 해두고 싶었다. 다만 최충헌의 반대로 책봉은 뒤로 미뤄졌다.

최충헌이 희종을 폐위시킬 생각을 한 것은 여기서 비롯되었다. 그는 우선 태자 책봉을 늦추고, 왕족 중에서 희종의 뒤를 계승할 사람을 물색했다. 가능하면 나이가 많을수록 좋았다. 여기에 선택된 인물이 바로 명종의 태자로 있다가 부왕이 폐위될 때 함께 쫓겨났던 태자 숙璹(강종)이었다.

최충헌은 1210년(희종 6) 12월, 강화도에 유배당해 있던 태자 숙을 급히 불러들였다. 부왕 명종이 죽었을 때 상사에도 참여하지 못하게 막아놓고, 이제 필요하니 불러들인 것이다. 이듬해 정월에는 한남공漢南公으로 책봉하여 왕족으로 복권시키고, 이름도 정貞으로 바꾸었다. 최충헌의 뜻에 따른 것임은 물론이다.

국왕 희종이 이런 정치 기류를 모를 리 없었다. 아직 31세밖에 안 된 희종은 위기의식을 느꼈을 것이다. 한남공 정을 갑자기 불러들인 것은 희종을 폐위시키기 위한 사전 정지작업이나 다름없었다. 희종이 최충헌을 제거할 생각을 가졌다면 이때부터였을 것이다.

희종은 우선 태자 책봉을 1211년(희종 7) 4월 서둘러 마쳤다. 태자 책봉을 확실하게 해두는 것도 최충헌의 음모에 대비하는 한 방법이라고 생각했음직하다. 최충헌은 물론 못마땅했을 것이다. 이후 최충헌과 국왕 희종의 갈등이 표면화되고, 같은 해 11월 최충헌 제거 사건으로 나타났다.

거사가 실패함으로써 희종은 전격적으로 폐위되었고, 최충헌은 애초 계획대로 한남공을 선택하여 즉위케 했으니 그가 바로 60세의 강종이다. 희종의 최충헌 제거계획은 오히려 최충헌에게 희종을 폐위시킬 수 있는 좋은 구실로 작용했다.

이 사건에 연루되어 유배 축출된 사람들은 최충헌 제거계획에 꼭 관련되어서가 아니라, 희종 폐위에 반대한 사람들로 보인다. 왕준명, 우승경 등 주모자들에 대한 처벌이 의외로 가벼웠던 것은 그 때문이었다.

왜, 왕이 되지 못했을까?

문신세력의 대표, 국왕

이쯤 되면 최충헌은 왜 스스로 왕위에 오르지 못했을까, 하는 의문이 자연스레 일어난다. 왕을 임명하고 파면할 정도의 권력이라면 그러고도 남았을 텐데 말이다. 이 문제의 답을 구하는 일은 간단치 않다. 아마 이 책을 모두 끝낸 다음에야 겨우 그 단서나마 찾을 수 있을지 모르겠다. 하지만 이 의문은 끝까지 놓치지 않을 것이다.

최충헌의 행동이나 말 속에서도 왕이 되고자 하는 의지는 전혀 엿보이지 않는다. 겉으로 드러내기에 어려운 이야기이기도 하지만, 여기에는 무언가 불가항력적인 사회 분위기가 있지 않았을까.

최충헌이 왕이 되려 한다는 것을 발설한 인물은 앞서의 박진재가 유일하다. 그 말이 사실에 근거한 것인지는 잘 모르겠지만, 그것은 최충헌을 공격하기 위한 말이었다. 그 말이 최충헌에게 치명적이라는 사실을 알았던 것이다. 바꿔 말해, 최충헌이 만약 왕위를 넘본다면, 그것만큼은 용인할 수 없다는 사람들이 많았다는 뜻이다.

최충헌은 국왕을 시해하는 일도 절대 금했다. 희종이 최충헌을 제거하려다 실패한 후, 김약진이 국왕 시해를 건의한 일이 있었다. 최충헌을 사지에서 구출한 직후, 대궐 밖에 도방 군사들을 도열시켜놓고, 김약진이 최충헌에게 이렇게 말했다.

"제가 군사를 거느리고 대궐에 들어가 남김없이 다 죽이고 '큰일'을 하고야 말겠습니다."

'큰일'은 국왕 시해를 의미한다. 그러자 최충헌이 말했다

"뒷세상에 또 다른 구실이 될까 두려운 일이다. 내가 추국할 것이니 너는 경솔히 행동하지 말라."

측근이 국왕 시해를 거론했는데도 최충헌은 신중했다. 자신을 제거하려던 사건에 국왕인 희종이 개입되어 있음이 분명한데도 말이다. 왜 그랬을까?

최충헌이 이의민을 타도할 때 내세운 명분이 국왕 시해범이라는 것이었다. 국왕 시해범을 제거한다는 것은, 당시 사람들이 그의 쿠데타를 용인한 가장 중요한 이유였다. 그 이면에는 최충헌도 그런 일을 저지르면 타도 대상이 될 수 있다는 뜻이 담겨 있다. 최충헌이 왕이 되지 못한 이유를 짚어나갈 때, 그가 국왕 시해에 대해 매우 신중했다는 것은 참고가 될 만하다. 왕위에 오르려 하는 것과, 국왕을 시해하는 것은 차원이 다른 일이겠지만, 국왕 신변에 중대한 변화를 가져온다는 점에서 비슷하지 않을까 생각된다. 어쩌면 전자가 더 '큰일'일 수 있다.

국왕 시해에 대한 사회적 반발을 버텨낼 수 없다면, 스스로 왕위에 오른 후의 사회적 저항은 더욱 감당하기 어려웠을 것이다. 힘없는 목

각인형과 같은 국왕이지만, 그 존재를 통째로 무시해버리기에는 아직 고려 왕실의 존속을 지지하는 기득권 세력이 많았다고 할 수 있다. 그 기득권 세력은 전통적인 문신귀족들이었다. 그 문신귀족이라는 정치세력을 대표하는 자가 국왕이었다. 그들이 움직여주지 않는 한 국왕을 시해하거나 스스로 왕위에 오르는 일은 무모했다. 오히려 국왕을 앞세워 문신귀족들을 통제하고 관리하는 쪽이 최충헌 자신의 권력을 유지하는 데는 더 유리했다.

최충헌이 왕위계승에 깊이 간여하고 영향력을 행사함으로써 얻으려 했던 것은 국왕을 견제하고 장악하는 것이었다. 그것은 국왕을 정치적 라이벌로 보았기 때문이다. 이 점은 국왕에 의존하고 기생하려 했던 이전의 4인 실력자들과는 다른 모습이었다. 그만큼 최충헌의 권력이 커져, 국왕 외에는 견제할 세력이 없었다는 뜻도 된다.

그러나 최충헌이 국왕을 항상 정치적 라이벌이나 견제 대상으로만 생각한 것은 아니다. 자신의 정권유지를 위한 중요한 방파제로 활용하기도 했다. 신라 재건의 기치를 내건 신라부흥운동과 같은 반란을 진압할 때는, 고려 왕실이나 국왕의 존재가 반란 진압의 중요한 근거이자 명분이 되었다.

최충헌은 스스로 왕위에 오름으로써 자신에 대한 저항이나 정권의 몰락을 초래하기보다는, 국왕이나 왕실의 권위를 이용하여 정권을 지속시키는 길을 택했다. 그것을 위해서 그는 왕실과의 혼인도 간절히 열망했다. 다음의 결혼관계에서 그 점을 살펴볼 수 있다.

최충헌의 결혼관계

최충헌은 세 명의 부인에게서 5남 1녀를 두었다.

첫째 부인인 송청宋淸의 딸과는 쿠데타 이전에 결혼했다. 송청은 권력자의 장인으로서 행세깨나 했을 법한데 사서에 전혀 언급이 없는 걸로 보아 최충헌이 권력을 잡기 전에 죽은 것으로 보인다. 다만 송청의 동생인 송홍렬宋洪烈이라는 자가 추밀원부사(정3품)에까지 오르고 최충헌을 빙자하여 농간을 부리기도 했다.

이 송씨 부인과의 사이에서 최우崔瑀, 최향崔珦과 딸 하나를 두었다. 후에 최충헌의 권력을 이어받은 맏이 최우는 정숙첨鄭叔瞻의 딸과 결혼했다. 이 혼인은 최충헌이 쿠데타를 일으키기 전에 있었다. 최우의 장인인 정숙첨은 권력의 핵심으로 활동하다가 최충헌의 눈 밖에 벗어나 유배당한다.

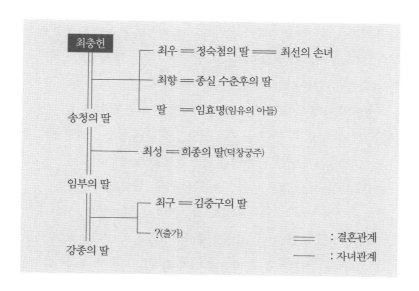

최우는 또한 최선의 손녀와도 결혼한다. 최선은 고려시대 명문인 철원 최씨 최유청의 아들이다. 이 철원 최씨와, 다음에 설명할 정안 임씨는 최충헌 정권에 협력한 중요한 문벌귀족 가문이다.

둘째인 최향은 종실 수춘후壽春候의 딸과 결혼했다. 이 혼인은 최충헌이 권력을 잡은 직후에 이루어진 것으로 보인다. 수춘후는 계보가 불확실한 왕족인데, 미미한 방계 왕족이나마 최충헌이 처음으로 왕실과의 혼인을 성사시킨 것이었다. 이 왕실과의 혼인으로 최향은 후에 보성백寶城伯에 봉해진다.

딸 하나는 임효명任孝明과 결혼했다. 이 혼인이 언제 이루어졌는지는 불확실하나, 임효명이 정안 임씨인 임유任濡의 아들이라는 점은 주시할 필요가 있다. 임유는 의종, 명종, 신종에게 외숙이 되는 인물로, 역시 고려시대 제1급 명문 출신으로서 중요한 외척세력이었다(외척 정안 임씨에 대해서는 1권 참조).

사돈인 임유는 최충헌 정권의 중요한 동조자로서, 특히 신종 다음의 왕인 희종을 폐위하고 강종을 옹립하는 데 최충헌을 적극 도왔던 인물이다. 그리고 사위인 임효명도 1202년(신종 5) 5월, 과거에 합격하자마자 최충헌이 내시에 소속시켜 총애를 아끼지 않는다.

최충헌의 둘째 부인은 역시 정안 임씨 임부任溥의 딸인데, 임부는 사돈인 임유의 바로 위 형이다. 외척 정안 임씨와 중첩된 혼인관계를 맺은 것이다. 그런데 이 임씨 부인은 본래 손홍윤孫洪胤의 처로서, 그녀가 최충헌의 부인이 된 경위와 관련하여 재미있는 일화가 전한다.

손홍윤은 아버지 손석孫碩과 함께 최충헌의 쿠데타에 저항하다가 부자가 한꺼번에 제거되었다. 이때 최충헌이 손홍윤의 처인 임씨가 미모가 뛰어나다는 소문을 듣고 아깝게 여겨 강제로 사통한 것이었다. 미모보다는 정안 임씨라는 문벌을 더 아깝게 여겼을 것이다. 명문의 자녀라면 정적의 부인도 불사하겠다는 것이었을까. 이 사건으로 그녀의 아버지 임부는 모든 관직을 버리고 산천을 주유하며 신선처럼 일생을 마쳤다.

이 임씨 부인과의 사이에서 난 아들이 최성崔珹이다. 최성은 1219년 (고종 6) 7월, 희종의 딸인 덕창궁주와 결혼한다. 그런데 희종은 앞서 언급한 대로, 최충헌에 의해 폐위당하여 강화도로 축출된 왕이었다. 최충헌은 이 결혼을 성사시키기 위해 희종을 1219년 3월 개경으로 모셔오고 그해 7월 희종의 딸을 며느리로 맞았다.

폐위된 왕의 딸을 며느리로 맞을 만큼 왕실과의 끈질긴 혼인 유혹을 뿌리치지 못했던 것이다. 최성은 이 결혼 후 영가백永嘉伯이라는 작호까지 받았다. 최성이 궁주와 혼인하는 날 여러 왕족과 문무 고위관리들이 모두 참석하여 성대하기가 이를 데 없었다. 최충헌이 죽기 2개월 전의 일로, 그의 자녀가 확실하게 종실의 반열에 오르는 것을 보여주는 혼인이었다.

최충헌의 셋째 부인은 강종의 딸이었다. 그녀는 적실 소생의 공주가 아니라 서녀庶女 소생의 왕녀였다. 이 결혼은 강종이 왕위에 오르기 전의 일로, 아마 명종의 태자로서 부왕과 함께 쫓겨난 이후의 일이 아닌가 한다. 이 역시 최충헌이 얼마나 왕실과의 혼인을 열망했는가를 보여주는 사례이다. 왕실의 자녀라면 적서나 폐위된 왕의 자녀도 가리지 않겠다는 것이었을까.

이 셋째 부인에게서 두 아들을 보았는데, 하나는 출가하여 그 후의 행적이 드러나지 않고, 다른 아들 최구崔球는 김중구金仲龜의 딸과 결혼한다. 김중구는 초기 최충헌 정권에 봉사했던 김준金畯의 아들이다.

최충헌 가계와 문벌귀족 가문과의 혼인은, 그 사회체제의 변화를 꾀하기보다는 그에 편승하여 권력을 유지하려는 보수성을 드러낸 것이었다. 앞선 무인집권자들은 우선 그것에 실패하여 몰락했다고 볼 수 있다. 이는 고려 문벌귀족사회 체제가 얼마나 완고하고 생명력이 강했는지를 말해주기도 한다. 더불어 최충헌이 결코 왕이 될 수 없었던 중요한 단서가 여기에 있다.

최충헌은 부인 한 명과 두 며느리를 왕실에서 구했다. 그중 희종의 딸이나 강종의 딸을 취한 것은 모두 폐위된 뒤의 일이었다. 왕실의 권위를 그렇게도 무시할 수 없었다면 스스로 왕이 되기는 더욱 어려웠을 것이다. 반면에 이러한 혼인관계는 장기집권에 중요한 기반이 되었다. 이것도 앞선 4인의 무인집권자들과는 확실히 다른 점이다. 문벌귀족 사회에서 쿠데타에 성공하려면 무력뿐 아니라 혼인관계도 잘 맺어야 했던 것이다.

요컨대 최충헌 자신이 고려 왕실을 철저하게 유린하고 무력화시켰지만 그 자신도 왕실의 권위만큼은 결코 무시할 수 없었다는 얘기이다. 이는 조선 왕조를 개창한 이성계가 고려 왕실과는 전혀 혼인관계를 맺지 않았던 사실과 잘 대조된다. 이성계 집권기의 고려 말 왕실은 이미 그 생명력이 다했지만, 최충헌 집권기의 고려 왕실은 허수아비와 같이 무력했을지언정 그 생명력은 아직 왕성했던 것이다. 최충헌 정권과 이후 그 자식으로 세습된 최씨 정권은 그런 문벌귀족사회에 안주하려 했다는 점에서 조금도 차이가 없었다.

거란의 침입과 몽골의 팽창

거란의 침입

12세기 말에서 13세기 초는 동북아시아의 국제질서가 재편되는 시기였다. 여진족이 세운 금(1122~1234)이 쇠망해가면서 내부에서 반란이 일어나고, 이 틈에 금의 지배하에 있던 거란족도 반란을 일으키고 있었다. 무엇보다도 큰 변화는 몽골족의 팽창과 건국이었다.

거란족이 고려에 침입한 것은 침략이 목적이 아니라, 당시 대륙에서 눈부시게 팽창하고 있는 몽골족에 쫓겨 도망쳐 들어온 것이었다. 그들의 맨 처음 침입은 1216년(고종 3) 8월, 압록강을 넘어 지금의 평북 일대를 휩쓴 것이었다. 사서에는 이때 거란족의 수가 수만 명, 혹은 5만 명이었다고 기록되어 있다. 부녀자나 민간인까지 포함한 것이겠지만 쫓겨온 군대치고는 만만치 않았다.

고려에서는 바로 3군을 조직하여 출동시켰으나, 여러 갈래로 밀고 내려오는 거란족을 저지하는 데 큰 효과를 보지 못했다. 이에 9월에 5군(중·전·후·좌·우군)으로 다시 확대 개편하여 저지에 나섰다. 여러 곳에서 지엽적인 승리는 거두었지만 역시 근본적으로 저지하는 데는 큰 효과를 보지 못했다.

1216년(고종 3) 10월에는, 참지정사 정숙첨을 원수, 추밀원부사 조충趙冲을 부원수로 하여 출정군의 최고지휘부를 다시 구성했다. 그리고 국가 상비군을 소집하고 마필을 징발하여 5군을 이들에 소속시켰다. 하지만 군사 수가 충분하지 못하여 다시 직업의 귀천이나 유무를 가리지 않고 종군할 만한 자는 모두 소집령을 내렸다. 여기에 사찰의 승도들까지 동원하여 그 수가 겨우 수만을 넘길 수 있었다. 일종의 전시동원체제의 출범이었다.

정숙첨은 최충헌과 사돈 간이고, 조충은 쿠데타 직후 최충헌에 의해 중용된 조영인의 아들이다. 최충헌이 그래도 안심하고 군대를 맡길 만한 자들이었다. 이들이 꼭 군사 전문가여서가 아니라, 불측한 변을 대비할 수 있다는 뜻이다.

거란족은 그해 11월 말, 얼어붙은 대동강을 넘어 서해도(황해도)까지 접근해왔다. 그동안 징발된 군사를 순천관 앞에 총집결시킨 정숙첨과 조충은 국왕으로부터 부월斧鉞을 받고 서해도를 향해 출발했다. 12월 초의 일이다. 부월은 원정군의 총사령관에게 국왕이 내리는 군통수권의 상징이다.

거란족은 1217년(고종 4) 3월 개경 부근까지 쳐들어와, 마침내 선의문(도성의 남서쪽 문)에까지 이르렀다. 이들은 본대가 아니었지만 당황한 최충헌은 자신의 사병들로 하여금 도성의 각 성문을 철저히 경비토록했다. 같은 해 4월에는 거란병 본대 5천여 명이 금교역(황해도 서흥)을 점령했다.

다시 5군을 재편성했지만 이 출정군은 지휘관들의 이견으로 5월이 되어도 출발을 못하고 있었다. 그사이 거란병 본대가 철원을 함락하자 5군의 일부 사령관을 교체하여 출발시켰지만, 거란병의 일부는 벌써 원주까지 들어와 횡천(강원 횡성)에 주둔했다. 원주에서는 고을 사람들의 힘으로 일단 거란병을 물리칠 수 있었지만, 결국 5월 말 점령당하고 만다. 7월에는 거란병이 진주(충북 진천)를 거쳐 충주까지 밀고 내려왔다.

이때 전군前軍을 이끌고 있는 김취려金就礪 장군이 거란병을 대패시킨다. 이름하여 박달재 싸움으로 최초의 승리다운 승리였다. 이 싸움 이후 거란병은 대관령을 넘어 명주(강릉)로 도주했고, 더 이상 남하하지 못하고 퇴각하게 된다.

고려는 퇴각하는 거란병을 추격하기 위해 1218년(고종 5) 7월, 출정군을 재편성했다. 조충을 서북면 원수로, 김취려를 병마사로 삼고 군대를 4군(전·후·좌·우군)으로 축소 조직하여 추격했다. 승기를 잡았다는 판단에서 출정군을 5군에서 4군으로 축소했지만 거란병을 완전히 물리치는 일은 간단하지 않았다.

이 출정군은 9월에야 정벌에 나서 점차 북상하면서 치고 올라갔고 서북면의 각 주진군들도 나름대로 작전을 펴면서 산발적으로 거란병을 물리쳐 나갔다. 북상 도주하는 거란병과 서북면에 흩어져 있던 거란병이 이곳저곳에서 산발적으로 출몰하는지라 일거에 소탕하기는 힘들었다.

다행히 겨울 추위가 닥쳐오면서 거란병은 점차 수세에 몰리고 있었다. 결국 이리 저리 쫓기던 이들은 마침내 강동성(평남 강동)으로 모여들었다. 이는 출정군의 치밀한 작전의 결과라기보다는 거란병의 어쩔 수 없는 선택이었지만, 어쨌든 그들이 한 곳으로 집결한 것은 구덩이에 스스로 들어간 꼴이었다. 이때가 1218년 11월경이다.

그런데 이때 중요한 사태가 일어난다. 몽골의 군사 1만과 동진東眞(여진의 분파)의 군사 2만이 거란병을 물리친다는 구실로, 맹주·순주·덕주(평북)를 치면서 강동성을 향해 남하하고 있던 것이다. 이들 연합부대는 남하하다가 큰 눈으로 길이 막혀버렸다. 이때 몽골 원수 합진哈眞이 조충의 군진으로 통역관을 보내 다음과 같은 서신을 전했다.

'거란병이 귀국에 도망쳐 숨은 지가 3년이나 되었는데도 능히 소탕하지 못하므로, 황제께서 군사를 보내어 치노니, 귀국에서는 군량을 도와 부족함이 없도록 하라. 우리 황제께서는 적을 멸한 후에 귀국과 형제의 약속을 맺으라 하셨다.'

출정군의 원수 조충이 독단으로 응답할 문제가 아니었다. 조충은 조정의 지시를 받고 쌀 1천 석을 보냈고, 군량을 보급받은 몽골 연합군은 나머지 거란병을 쳐 강동성으로 몰아넣었다. 자세한 전황은 조금 뒤에 언급하겠고 우선 결과만 이야기하면, 1219년(고종 6) 정월, 강동성에 마지막 웅거한 거란족을 고려·몽골·동진 3국 연합군이 격파하여 결국 항복 궤멸시킨 것이다. 그들이 침입한 지 2년 반 만의 일이었다.

그런데 거란족의 침입이 갖는 역사적 의미는 엉뚱한 데 있었다. 이 사건을 통해 폭발하듯 팽창하고 있던 몽골제국과 최초로 접촉하게 되었으니 이는 가히 역사적 충격이라 할 만한 사건이었다.

몽골의 팽창

몽골 부족이 인근 부족을 통합하여 세력 팽창을 시작한 것은 최충헌 정권이 성립한 무렵인 12세기 말이었다.

1196년 제일 먼저 타타르 부족[韃靼部]을 통합하고, 케레이트 부족[怯烈部]에 이어, 1204년 가장 강력했던 나이만 부족[乃蠻部]을 통합하여 몽골제국의 기반을 마련했다. 그리고 부족의 지도자 테무진[鐵木眞]이 1206년(희종 2년) 대칸으로 추대되어 초대 황제가 되니 그가 바로 칭기즈칸[成吉思干]이다. 중국 측 사서에는 1206년을 몽골제국(원) 태조 원년으로 잡고 있다.

몽골제국은 계속해서 1207년 북쪽의 오이라트족과 기르기스족을 통합한 후 본격적인 원정에 착수했다. 당시 몽골제국 주변에는 4개의 강력한 국가가 있었다. 북부 중국과 만주 일대를 차지하고 있으면서 동아시아의 패권을 쥐고 있던 여진족이 세운 금金, 그 여진족에 밀려 양자강 남쪽에 머무르고 있던 남송南宋, 금과 남송의 서쪽 지역을 차지하고 있던 탕구트족이 세운 서하西夏, 그리고 한반도의 고려高麗였다.

몽골제국은 1209년 제일 먼저 서하를 쳐서 복속시키고(서하를 완전 멸망시킨 것은 1227년) 1211년에 가장 강력한 금을 정벌하기 위해 원정을 나섰다. 이때 칭기즈칸은 네 아들을 동원하여 직접 친정에 나서서 수도인 북경을 포위하여 항복받고 1214년 철수했다. 이후 금이 남쪽의 변경汴京으로 천도하자 이에 자극받은 칭기즈칸은 다시 1215년 원정을 단행하여 황하 이북 땅을 차지했다(금을 완전 멸망시킨 것은 1234년).

칭기즈칸의 명성은 금을 제압하면서부터 알려지기 시작했다. 1211년에는 서쪽으로 알타이산맥, 남쪽으로 천산산맥에 이르는 서위구르 왕국(수도는 비시발리크)을 쳐서 복속시켰다. 위구르 왕국은 당시 서쪽에 있던 서요西遼의 속국이었는데, 나이만 부의 추장이 서요로 도망치자 칭기즈칸은 1218년에 서요를 쳐서 멸망시켰다.

몽골제국이 서요를 멸망시킨 1218년(고종 5)은 몽골의 군대가 고려에 처음으로 발을 들여놓은 해이기도 하다. 서요를 멸망시키고 수개월 후가 아닌가 싶다. 몽골제국은 이렇게 동시다발적으로 침략 전쟁을 단행했다. 놀라울 정도로 성공적인 정복활동이었다.

몽골제국의 전형적인 정복전쟁은 서요의 남서쪽에 있으면서 동방의 이슬람교 신앙의 수호자를 자처하고 있던 호라즘Khorazm 왕국에 대한 침략에서 드러났다. 호라즘 왕국은 서부 투르케스탄 전역과 이란, 아프가니스탄 지역을 차지하고 있던 대국이었으며, 수도인 사마르칸트는 동서 무역의 중심지이기도 했다. 처음에 몽골제국과 호라즘 왕국은 사절단을 교환하여 무역관계를 수립하는 등 비교적 우호적이었다.

그런데 1218년 칭기즈칸이 보낸 대상隊商 450명이 호라즘 왕국의 동쪽 국경도시 오트라르Otrar에서 몰살된 사건이 일어났다. 이어서 사건 해명을 요구하기 위해 보낸 몽골의 사자가 또 살해되는 일이 벌어졌다. 칭기즈칸의 복수심과 서방에 대한 정복 야욕은 이때부터 시작된다.

칭기즈칸은 우선 서요 정복을 서둘러 마치고 1219년 자신의 아들들과 20만 대군을 거느리고 호라즘 왕국 원정에 나섰다. 몽골제국의 온 국력을 쏟아부은 이 서방원정은 1225년 무렵 성공적으로 마무리되었다. 그 과정에서 저항하는 자들에 대한 무자비한 살육과 포로들을 앞세운 공성법, 도망하는 왕을 끝까지 쫓아가 참살하는 끈질긴 추격 등 몽골제국의 독특한 전쟁 방식이 잘 드러났다. 특히 잔인무도한 파괴, 약탈, 살육에 대한 소문이 퍼져 정복 지역은 물론 북아프리카나 유럽 여러 나라들도 공포에 떨게 만들었다.

　서방원정을 성공적으로 마치고 1225년 귀환한 칭기즈칸은, 원정에서 획득한 광대한 영토를 여러 아들들에게 분봉해주었고, 제국의 수도를 본토의 카라코룸Karakorum으로 정했다. 이 무렵 몽골제국의 세력은 서쪽으로는 중앙아시아와 남러시아까지, 동쪽으로는 금의 영역이던 북부 중국과 만주 일대까지 뻗쳤다. 그 세력이 이제 고려에까지 밀려오고 있었다.

　이후에도 몽골제국의 세계정복 야욕은 멈추지 않는다. 칭기즈칸의 손자 바투의 유럽 원정, 그리고 칭기즈칸의 가장 유능한 손자였던 쿠빌라이忽必烈(5대 황제 세조)의 남송 정복 때(1279)까지 정력적으로 계속된다. 쿠빌라이는 여기서 멈추지 않고 바다 건너 일본 원정까지 단행했다.

　세계 역사상 전무후무한 몽골제국의 세계정복 야욕을 놓고 많은 역사가들이 그 이유나 목적에 대해 고민할지도 모른다. 어쩌면 그것은 의외로 단순할 수 있다. 승리자나 정복자가 되기 위한 것, 그것이 아니었을까.

몽골과의 최초 접촉

고려에서 몽골의 실체를 최초로 알게 된 때는 강동성의 전투보다 몇 년 전이다. 1211년(희종 7) 5월, 금의 사신이 국왕의 생신을 하례하러 왔다가 귀국하는 길이었다. 그 사신을 전송하기 위해 고려 측에서 장군 김양기金良器와 수행원을 딸려 보냈다. 그런데 압록강을 넘어 금의 사신을 돌려보내고 막 돌아섰을 때 갑자기 국적 불명의 군사들이 에워쌌다. 김양기와 수행원 아홉 명은 대처하지도 못하고 모두 몽골 군사의 화살에 맞아 몰살당했다. 이후 금에서 이들의 시신을 수습하여 고려에 인도해주면서 몽골의 실체를 알려준 것이다.

그러니까 고려에서는 강동성에서 조우하기 전에 이미 몽골제국의 실체를 알고 있었다. 그들이 거란족을 물리친다는 이유로 고려에 들어와 군량을 요구해올 때 힘의 우열은 이미 명백했다. 미지의 제국에 대해 공포심을 갖고 있던 고려로서는 강동성의 거란족을 물리치기 위해 그들의 군사와 연합하는 것은 정말 내키지 않았다.

하지만 피할 수 없었다. 거란족을 강동성에 몰아넣고 몽골 측에서는 고려의 장수를 만나기를 요구했다. 연합작전을 펴기 위해서는 당연한 절차였지만 고려 측에서는 모두 나서기를 꺼려했다. 당시 고려 측 원수인 조충은 고민이 되었다. 이때 자진하여 나선 이가 김취려 장군이다. 김취려는 부장 한광연과 정예 군사 수백 명을 선발하여 몽골 원수의 진영을 찾았다.

한광연은 경주의 이의민 친족을 제거할 때 최충헌의 밀명을 받고 임무를 수행한 자였다. 이처럼 거란족을 물리치기 위한 정벌군에는 항상 최충헌의 심복이 들어가 있었다. 몽골과의 연합작전을 위한 회동에 한광연이 끼어든 것도 최충헌의 의도가 분명했다.

언양彥陽 김씨인 김취려는 본래 문반으로서 그의 아버지 대까지는 크게 현달하지 못했고 뛰어난 문벌 가문 출신도 아니었다. 하지만 무반의 길로 관직을 시작한 그는 키가 6척 5촌에 잿빛 수염이 하복부까지 내려가 있어 보기에도 웅위한 외모를 지니고 있었다.

당시 몽골 원수인 합진哈眞이라는 자도 그런 김취려를 처음 대하고 기이하게 여겼던 모양이다. 합진은 김취려를 옆자리에 앉게 하더니 갑자기 나이를 물어왔다. 김취려의 괴이한 외모에 끌린 탓인지 뜻밖의 친근한 첫 대면이었다. 당시 김취려는 환갑이 가까운 나이였다. 김취려의 나이를 듣고 합진이 이렇게 말했다.

"나는 오십이 못 되었소. 이미 같은 집안이 되었으니 그대는 형이고 나는 아우이오."

몽골에서는 이미 고려에 들어올 때 침략이나 복속보다는 우호적인 관계를 맺을 계획이었던 듯하다. 합진의 말 속에서 그렇게 느껴지는 것이다. 아직 중국 본토와 서방 정복이 진행 중이어서 쓸데없이 극동으로까지 전선을 확대할 필요는 없었을 것이다.

김취려는 연합작전을 위해 수차례 더 몽골의 군진을 왕래했다. 그럴 때마다 정말 형과 아우처럼 우의가 돈독했다. 회동을 마치고 돌아오는 김취려가 말을 탈 때는 합진이 부축해주기도 했다.

왕복이 잦아지고 서로 친근해진 다음 고려 측 원수 조충도 김취려와 더불어 몽골의 군진을 찾았다. 합진은 이때 다시 조충과 김취려 두 사람 중 누가 나이가 많은지 물어왔다. 김취려가 조충이 더 많다고 하자 합진은 조충에게 상석을 권했다. 하지만 실제로는 조충보다 김취려가 더 나이가 많았다. 조충은 이 강동성 전투 이듬해인 1220년 50세로 죽었으니 이때 정확히 49세였다. 김취려가 조충의 나이가 위라고 말한 것은 직속상관에 대한 예우였다.

이날 합진은 두 사람 사이에 자리를 잡고 앉아 잔치를 베풀었다. 몽골 풍습에 예리한 칼을 양손에 쥐고 춤을 추면서 생고기를 잘라 먹는 의식이 있는데, 주인과 손님이 서로 칼로써 주고받으며 교환했다. 이런 시범을 보이는 몽골 군사의 모습을 보고, 고려 측 군사들은 평소 용맹하다고 이름난 자들도 난색을 띠며 감히 나서지 못했다. 고려 측 군사들에게 공포심을 주기 위한 계산된 행동인지도 모를 일이다.

조충과 합진은 이 잔치에서 술시합까지 벌이며 그야말로 화기애애한 시간을 보냈다. 그리고 다음날 강동성을 함락할 구체적인 합동작전을 세우고 잔치를 마쳤다. 강동성 전투는 3국의 합동작전이었지만, 몽골이 주도권을 쥐고 고려가 여기에 수동적으로 응하는 형태였다. 작전은 강동성을 따라 그 둘레에 큰 도랑을 파는 것이었는데, 고려·몽골·동진 3국이 적당히 배분하여 임무를 맡았다. 공격할 때 도망하지 못하도록 막기 위한 것이었다.

이튿날 성 안의 거란족들이 하나 둘씩 투항해오기 시작했고, 세력이 무너지면서 거란족의 우두머리 왕자는 성 안에서 자살하고 말았다. 그러자 그 관속, 군졸, 부녀자 등 5만여 명이 모두 성문을 열고 나와 항복했다.

조충과 합진은 투항해오는 자들을 둘러보고, 그중 고위직에 있었던 1백여 명을 골라 그 자리에서 죽였다. 투항한 무리 중에서 고려의 포로를 포함하여 7백여 명은 조충에게 넘겨주고, 대부분의 거란족은 합진에 복속되었다. 조충은 넘겨받은 자들을 여러 주현에 나누어 놀고 있는 땅을 개간하여 먹고살게 했으니, 이를 거란장契丹場이라고 불렀다.

형제 약속

그런데 강동성을 함락한 그 자리에서 몽골 원수 합진이 조충에게 형제 관계의 약속을 요구했다. 물론 몽골이 형이 되고 고려는 동생의 나라가 되라는 것이었다. 군진을 왕래할 때 형 아우를 들먹인 것은 그런 양국관계를 미리 예고한 것이었다. 그러고는 바로 사신을 고려 국왕에게 보내어 형제관계를 통보했다.

며칠 후 개경에 들어온 포리대완浦里岱完이라는 사신은 그야말로 정복자의 태도를 보였다. 털옷을 입고 궁시를 그대로 차고 국왕을 대면하려는 그의 행동에 고려 관리들은 아연실색하지 않을 수 없었다. 국왕의 근신들이 항의하여 겨우 옷은 바꿔 입게 했으나 국왕에게 읍만하고 절도 하지 않았다.

그리고 1219년(고종 6) 2월 합진은 군사를 이끌고 고려에서 철수했다. 그러면서 그는 동진의 군사 40여 명을 의주에 머물게 하고, 그들에게 고려말을 익혀 자신이 다시 돌아오기를 기다리라고 했다. 어쩌면 이때 몽골은 형제약속을 맺음으로써 고려를 이미 복속시켰다고 판단했는지도 모른다. 그러나 고려로서는 폭발하듯 팽창하고 있는 몽골제국의 일면을 경험한 것에 불과했다.

양국의 형제관계 성립은 그처럼 갑작스럽게 이루어졌지만 매우 독특한 것이기도 했다. 본래 거란이나 여진 등 유목민족 국가는 인근 국가를 정복한 후 가족관계를 뜻하는 용어로서 국가 간의 복속관계를 표현하는 경우가 많았다. 즉 형제관계 외에도 조손祖孫·부자父子·백질伯姪·숙질叔姪 관계 등이 그것이다.

형제관계는 그중에서 가장 평등한 관계인데, 이것이 조금 이상하다. 몽골제국은 그 많은 나라를 정복하면서 형제관계나 부자관계 같은 관계를 맺은 적이 없다. 오로지 정복만이 있을 뿐이었다. 이런 사실을 감안할 때 고려와 형제관계를 맺은 것은 정말 의문이다.

중국 대륙에 금이나 남송 그리고 고려 북방의 동진 등이 아직 건재하고 있어 외교전략상 그런 것일 수도 있고, 혹은 의외로 몽골 측에서 고려를 강대국으로 여긴 때문일 수도 있다. 고려는 지레 겁을 먹고 몽골을 두렵게 바라보고 있었지만, 몽골은 그들대로 또한 고려를 어려운 상대로 생각했는지도 모를 일이다.

양국이 형제관계를 맺음으로써 고려는 세공歲貢, 즉 해마다 공물을 바쳐야 했다. 고려에게는 굴욕적이고 너무나 과중한 부담이었다. 때로는 회피하기도 하고 요구한 수량을 줄여 형식만 갖추기도 했지만 완전히 모른 척하기에는 어려운 일이었다. 그런 과정에서 세공을 요구하던 몽골 사신이 국경에서 피살되는 불상사가 일어나고, 1231년(고종 18) 그들은 대규모 군대를 몰고 쳐들어온다. 고려는 이후 30여 년 동안 끈질긴 항쟁을 벌였고, 또한 굴복한 후 80년 이상 이들의 정치적 간섭을 받게 된다. 우리 역사상 처음 있는 경험이었다.

여기서 한 가지 의문인 것은, 당시 고려가 몽골제국과의 외교교섭에 왜 좀 더 적극적으로 나서지 않았는가 하는 점이다. 이 무렵 고려는 금나라와 외교가 사실상 단절된 상태였다.

1211년(희종 7) 귀환하는 금의 사신을 수행하던 고려의 수행군사들이 몽골의 군사에게 몰살된 이후, 금에 파견하는 하정사賀正使(매년 정초에 파견하는 사절단)는 이미 중단된 상태였다. 금이 쇠퇴한 때문인데, 고려로서는 새로운 외교노선을 수립할 수 있는 좋은 기회였다. 물론 몽골제국과 적극적으로 외교관계를 맺는다 해도, 그들의 정복 야욕으로 보아 군사적 압력은 불가피했을지 모르지만, 수십 년 동안 겪어야 했던 전쟁의 참상은 조금 덜지 않았을까 싶다.

후에 몽골의 압력이 커지자, 고려는 다시 쇠망하고 있는 금에 외교적 접근을 시도한다. 금과 연합하여 몽골에 대항하려는 외교전략으로 생각되는데, 최씨 정권의 외교 능력이 미숙한 때문이었을까. 아니면 무인정권이라는 속성 때문이었을까. 무인정권은 대외관계에서도 경직성에서 벗어나기 힘든 것이 사실이다.

전란 중의 정권 수호

사병, 정권 수호

거란의 침입에서 몇 가지 되짚어볼 문제가 남아 있다. 이는 최충헌 정권의 성격을 이해하는 데 매우 중요하다. 우선 거란의 침입에 대해 최충헌 정권이 어떤 태도를 보였는가를 알아볼 필요가 있다.

최충헌은 거란의 침입을 보고받고도 국가는 부유하고 군사는 강하다며 자신했다. 자신이 엄청난 부와 강력한 사병집단을 보유하고 있어 그렇게 여겼을 것이다. 변방에서 급보가 올라와도 작은 일로써 조정을 놀라게 한다며, 보고한 자를 오히려 유배 보낼 정도였다.

그러나 고려의 상비군은 허약하고 왜소하기 짝이 없었다. 이는 군제의 문란 때문이기도 하지만, 직접적으로는 대규모 사병집단(도방) 양성이 주 원인이었다. 용맹하고 날쌘 국가 상비군들은, 대우도 좋고 승진이나 정치적 진출의 기회가 많은 최충헌의 사병집단으로 몰려들었다.

최충헌이 변방의 급보를 전한 자를 유배 보낸 것은 그럴만한 충분한 이유가 있었다. 변방의 급보는 대대적인 군사 동원을 불가피하게 하고, 이는 결국 자신이 거느린 사병집단에까지 영향을 줄 수 있기 때문이다. 자신의 사병만큼은 결코 전쟁에 동원하지 않겠다는 작정이었다.

그래서 전시동원체제 속에서도 최충헌의 사병집단은 예외였다. 이 무렵에는 최충헌의 아들 최우崔瑀도 사병을 거느리고 있었으므로, 용맹한 군사는 모두 이들 부자의 사병집단에 소속되어 있어 전시동원체제라고 해봐야, 징발된 군사의 태반은 늙고 허약한 사람들이었다. 그나마 돈 있는 자는 권력자에게 뇌물을 주고 빠져나오는 경우도 많았다.

반면 사병들 중에 출정군에 종군하기를 희망하는 자들이 생겨나기도 했는데, 최충헌은 이들을 먼 섬으로 유배 보내 얼굴도 내밀지 못하게 만들어버렸다. 최충헌이 전시동원체제 속에서 사병집단을 지켜내려고 얼마나 애썼는지 알 만하다. 심지어 출정군에 동원된 군사들을 은병으로 유혹하여 새로이 사병집단에 편입시키기도 했다.

한편 최충헌은 전쟁 중에도 자신의 정권을 철저하게 수호했다. 출정군이 출발할 때 최충헌 부자의 사병집단도 함께 도열하여 총집결했는데, 이는 출정군을 전송하기 위해서가 아니라, 실력을 과시하기 위해서였다. 자신들의 사병집단보다 많은 수의 군대가 한 곳에 집결하여 출정한다는 것은 위협적인 일이 아닐 수 없었을 것이다. 전란 기간 동안 수시로 사병들을 도열시켜 열병하고 시가행진을 하여 무력을 과시한 것도 그 때문이었다.

최충헌은 거란족의 침입을 위협으로 본 것이 아니라, 전시동원체제에 의해 일사불란한 지휘체계를 갖는 상비군을 더 위험시했다. 출정군의 조직을 자주 바꾸고, 지휘부를 자주 교체한 것도 그와 무관하지 않다. 이와 관련해서 최충헌이 가장 경계한 인물이 조충이다.

조충은 전란 기간 중 김취려와 함께 군공을 가장 많이 세운 사람인데도, 서너 차례나 군사령관과 내직을 반복해서 맡았다. 즉 출정하여 싸우고, 다시 소환되어 들어오기를 반복한 것이다. 그가 한때 패전하여 그 책임을 묻는 측면도 있지만, 최충헌의 경계심이 발동한 측면이 더 컸다.

그런 경계심을 보여주는 결정적인 사건이, 1219년(고종 6) 3월, 조충의 개선식을 최충헌이 못하게 막아버린 일이다. 조충이 강동성의 거란병을 마지막으로 물리치고, 서경(평양)에서 군사들에 대해 논공행상을 할 때도 최충헌은 빨리 돌아오기만을 재촉했다. 최충헌 자신이 논공행상을 주관하겠다는 이유에서였다. 출정한 장수들에 대한 환영연 역시 국왕이 아니라 최충헌이 사저인 죽판궁에서 베풀었다. 마치 거란족을 물리친 것이 자기 공로인 양. 더구나 그 비용은 모두 문무관리들에게 갹출해서 말이다.

최충헌 부자는 전란 중 자신들의 신변 호위도 더욱 철저히 했다. 여기에 동원된 자들이 심복인 장군 신선주, 기윤위, 최준문崔俊文 등이었다. 신선주와 기윤위는 앞서 최충헌이 국왕 희종에게 제거될 위기에 처했을 때 사지에서 구출해준 자들이다. 최준문은 최충헌의 가동 출신으로 역시 심복이었다.

거란족이 도성의 성문 아래까지 쳐들어와도, 이들은 나가 싸우기보다는 도성을 지키는 것에만 열중했다. 마치 거란족을 맞아 싸우고 격퇴시키는 일은 왕조정부가 할 일이고, 자신들은 정권만 지키겠다는 식으로 말이다.

이럴 때 편리하게 이용되는 것이 국왕이고 왕실이었다. 거란족을 성공적으로 물리친다면 좋은 일이고, 만약 실패하거나 어려운 상황이 닥치더라도 그 책임을 국왕이나 왕조정부에 돌릴 수 있었다.

승도들의 반기

거란의 침입에 대한 최충헌 정권의 태도에 불만을 품은 자는 당연히 많을 수밖에 없었다. 전란 중 제일 먼저 반기를 든 이들은 승도들이었다. 1217년(고종 4) 정월, 출정군에 동원되었던 승도들과 흥왕사를 비롯한 사찰의 승도 수백 명이 합세하여 최충헌을 제거하기로 마음먹었다. 이 전년 12월 강제로 징발되어 출정했다가, 거란병에게 몰리는 척하고 본대에서 이탈한 승도들이 중심을 이루고 있었다.

이들은 새벽에 선의문 밖에 도착했다. 선의문은 굳게 닫혀 있었다. 선의문뿐만 아니라 도성의 각 성문은 전란 기간 동안 철저히 관리되고 있었다. 최충헌의 심복 장수들이 하는 가장 중요한 일이 그것이었다. 거란병의 침입을 두려워해서가 아니라, 출정군의 회군과 반란을 두려워한 때문이었다.

승도들은 닫힌 성문을 열기 위해, "거란병이 몰려온다"고 외쳤다. 거란병이든 출정군의 반란이든 문이 열릴 리 만무했다. 승도들은 성문을 부수고 쳐들어가서, 먼저 가까이에 있는 김덕명金德明의 집을 찾아 헐어버렸다. 김덕명은 신선주, 기윤위, 최준문과 함께 최충헌의 심복이었다. 그가 최충헌에게 붙어 사찰을 침탈하고 승려를 협박한 대가였다.

승도들이 최충헌의 집으로 향하는데, 벌써 알고 순검군이 몰려오고 곧이어 최충헌의 사병들까지 출동하여 협공을 해왔다. 승도들로서는 도저히 감당할 수 없어 선의문까지 밀려나왔지만, 선의문이 굳게 닫혀

퇴로가 없었다. 이리 저리 흩어져 도망치다가 3백여 명의 승도들이 살해당했다.

그런데 주동자를 사로잡아 국문해보니 정숙첨이 연루되었다는 사실이 드러났다. 정숙첨은 당시 출정군의 총원수로서 전장에 나가 있어 쉽사리 소환하기가 곤란했다. 좀 더 진상을 파악해보기로 하고, 우선 도망친 승도들을 추적했다. 사병들을 출동시켜 붙잡은 즉시 바로 현장에서 참살하니 수백 명이 죽음을 당했다.

이때 얼마나 죽은 자가 많았던지, 흐르는 피가 냇물을 이루고 쌓인 시체가 산더미 같아, 사람들이 지나가지 못할 지경이었다. 사서에는 8백여 명이 죽음을 당했다고 기록하고 있다. 권력 수호를 위한 무자비한 살육을 극명하게 보여준 사건이었다.

이렇게 해서 반란은 진압했으나 정숙첨이 문제였다. 출정 중인 원수를 섣불리 소환했다가는 또 다른 변을 당할 수 있어 조심스러웠다. 최충헌은 먼저 도성에 남아 있는 상비군과 사병들을 소집하여 계엄령을 내렸다. 아울러 국가의 창고인 대창大倉을 열어 한 사람 당 닷새치 양식을 지급하고 비상근무에 들어갔다.

그리고 나서 급히 정숙첨을 전격 소환하여 불러들이고, 지문하성사(종2품)로 있던 정방보를 그에 대신했다. 정방보는 희종이 최충헌을 제거하려다 실패했을 때 그 수사의 총책임을 맡았던 최충헌의 측근이었다. 승도들의 반란을 진압한 지 불과 10여 일 후의 일로서 전격적인 조치였다.

정숙첨은 소환당해 개경에 들어온 직후 하동으로 유배 보내졌다. 죽음을 면키 어려운 도전이었지만, 사위 최우의 구원으로 이 정도에 그친 것이다.

정숙첨은 최우의 장인으로 부정축재가 심했다. 심지어 출정군의 원수를 맡으면서 군졸들의 뇌물까지 받아 군사들의 불평이 많았다. 최충헌도 여기까지는 모르는 척 넘길 수 있었지만 자신을 비난하는 것만큼은 묵인할 수 없었다. 정숙첨은 자신이 전장에 나가야 한다는 사실에 특히 불만이 많았다. 최충헌이 거란을 격퇴하는 일보다 정권 수호에만 힘을 쓰고 있었기 때문이다. 정숙첨은 원수로 출정해서도 군사들에게 자주 그런 비난을 늘어놓곤 했는데, 그것이 빌미가 된 것이다. 그가 승도들의 반란을 직접 주도했거나 배후에서 조종하지는 않았다. 붙잡힌 승도들이 두 사람의 틈새를 노리고, 평소 그가 늘어놓은 불평불만을 근거로 고자질해버린 것이다.

최충헌이 그를 전격 소환하여 유배 보낸 것은, 출정군의 다른 지휘관들에게 경고하는 뜻도 담겨 있었다. 최충헌 정권에 불만을 품은 자가 어찌 정숙첨뿐이었겠는가. 그러나 지휘관들의 불만이 만연한 가운데서도 흔들림 없이 전쟁에 임한 사람이 있었으니 바로 조충과 김취려 장군이다. 이들이 사지에 몸을 던지고 싸운 것은 최충헌 정권을 위해서가 아니라 고려 국왕에 대한 충성심 때문이었으니, 이것도 국왕의 존재가 가져다주는 이점이었다.

전쟁에 대한 반발

거란의 침입은 의외로 쉽게, 그리고 고려의 내륙 깊숙이 파고들었다. 이렇게 된 데에는 최충헌 정권에 불만을 품은 북계 지역(지금의 평안남북도)의 일부 주민들이, 지리에 어두운 거란족의 향도가 되었기 때문임을 지적하지 않을 수 없다. 자발적으로 나선 향도들은 양수척揚水尺이라는 천민들이었다. 양수척은 일종의 유랑민들로 사냥이나 버드나무 고리[柳器]를 만들어 생업으로 삼는 자들이다.

최충헌 정권이 들어서면서 본래 부역의 의무가 없는 이들에게 공물을 부과하여 이들의 불만이 커졌던 것이다. 거란족은 불만을 품고 있던 이들을 향도로 이용하여 산천의 요충지나 길의 멀고 가까움을 쉽게 파악하여 남진에 활용했다.

그런가 하면 출정 도중 도망치거나 겨울옷을 마련한다는 핑계로 낙향하여 돌아오지 않는 군사도 많았으며, 출정군에 동원되었다가 거란족에게 포로로 잡힌 자들이 첩자나 향도로 이용되기도 했다. 자기 안전만을 도모하는 최충헌 정권의 이기적인 태도에 배신감을 느낀 때문이었는데, 집단으로 정권에 반기를 든 경우도 있었다.

이 밖에 전주에서는 전시동원령에 소집되어 상경하던 군사들이, 다시 고향으로 되돌아가 난을 일으키고 지방 향리를 죽이는 사건도 있었다. 전장에 내몰리는 것에 대한 저항이었을 것이다. 이 소요로 전라도 지방에서 징발된 군사들의 출발이 지연되어, 전시동원령에 큰 차질을 빚기도 했다. 승도들이 반란을 일으킨 직후였다.

한편 진위현(경기 평택)에서는 지방 토호들이 무리를 모아, 현령의 병부 인장을 탈취하고 창고의 곡식을 굶주린 백성들에게 마음대로 나누어주는 사건이 있었다. 이들 역시 전시동원령에 반발했던 것으로 보인다. 이들은 주린 백성들을 불러 모아 자칭 의병이라 칭하면서, 종덕창(경기 화성)·하양창(충남 아산)을 습격하여 식량을 군사들에게 나누어주고 광주(경기) 인근까지 쳐들어갔다.

최충헌 정권은 광주와 수주(수원)의 지방군을 동원하여 진압하려 했으나 실패하고, 다시 충주·청주의 지방군까지 끌어들여 겨우 기세를 꺾을 수 있었다. 이들은 한때 경기 남부와 충남 북부 일대를 휩쓸어 '정국병마사'라 칭할 정도였다. 최충헌 정권에 대한 저항이 분명했다.

지방군에만 맡기기에는 그 기세가 만만치 않았던지, 최충헌은 심복 장군인 기윤위를 시켜 중앙군까지 파견하여 겨우 진압했다. 그의 심복들이 개경에 남아서 행한 또 다른 중요한 임무가 바로 이런 반란을 진압하는 것이었다.

진위현의 반란은 지방 토호들이 주동이 되었지만, 역시 거란과의 전쟁 과정에서 최충헌 정권이 보여준 이기적인 태도에 반기를 든 것이었다. 이들이 창고를 헐어 식량을 나누어준 것은 굶주린 백성을 끌어들이기 위해서였다. 진위현의 반란과 전주 군인들의 반란은 모두 1217년(고종 4) 정월에 일어났다. 거란과의 전쟁 기간 동안, "우리가 누구를 위해 목숨 걸고 외적과 싸워야 하는가" 하는 생각이 팽배했던 것이다.

그런가 하면 전란이 끝난 후 논공행상에 불만을 품고 난을 일으킨 경우도 있었다.

1219년(고종 6) 7월, 교위(정9품) 손영孫永 등 10여 명이 시정에서 술을 마시고, 거란과의 전투에서 공을 세웠어도 뇌물이 없어 승진을 못했다며 소란을 피웠다. 이 소식을 들은 최충헌은 즉시 사병들을 보내 이들을 잡아들이고, 아울러 이전부터 논공행상에 불만을 드러낸 1백여 명의 하급 장교들도 함께 잡아들여 모두 참수시켜버렸다. 전광석화와 같은 대응이었다.

고구려부흥운동

전란 중 일어난 최충헌 정권에 대한 저항에서 가장 주목할 만한 사건은, 서경(평양)의 고구려부흥운동이다.

1217년(고종 4) 5월 말 거란병들이 이미 원주까지 점령했을 무렵, 부족한 군사를 충원하기 위해 전국 각지에서 예비 병력을 징발했는데, 서경도 예외가 아니었다. 국왕은 서경병마사 최유공崔愈恭에게 조서를 내려 서경의 군민을 징발하여 5군에 소속시키고 출정군을 돕도록 했다. 거란병이 벌써 서경을 지나쳐 경기·강원도까지 밀고 내려왔으니, 서경을 지키는 것보다는 남하하는 거란병을 저지하는 것이 더 시급하다고 판단한 것이다. 이는 물론 최충헌의 결정이었다. 서경을 지키고 있던 군사들은 우선 이것이 불만이었다.

중요한 요충지인 서경을 지키고 있는 군대를 빼내라는 것은, 유사시에는 서경을 포기하겠다는 의도이니 그만큼 서경을 홀대하는 것이었다. 그러면서도 최충헌 부자가 거느린 수천 명의 사병은 고스란히 개경에 머물러 있으면서 정권 수호에만 신경을 쓰고 있었다. 자신들만 고향을 등지고 사지에 내몰렸으니 불만을 품지 않을 수 없었다. 그러한 조서를 내린 국왕이 얼마나 미웠겠는가, 그 배후의 최충헌 정권보다도.

국왕의 명으로 소집되어 출정군에 합류하기 위해 서경을 떠나야 했던 무인 중에 최광수崔光秀라는 자가 있었다. 그가 행군 도중 자신처럼 소집에 불만을 품은 군민을 모두 이끌고 서경으로 되돌아와버리자, 병마사 최유공은 어찌할 바를 모르고 당황했다. 병마사 최유공은 군민들을 징발하면서 뇌물을 받고 소집에서 면제해주는 일이 많았으며, 심지어는 뇌물을 받고 약속을 지키지 않는 일도 예사로 저질렀다. 최유공뿐 아니라 부하 관리들도 뒤질세라 부정에 편승했음은 물론이다.

서경으로 되돌아온 최광수와 군민들은 서경에 남아 있던 주민들까지 선동하여 농성에 들어갔다. 6월 초 보고를 받은 중앙정부에서 형부낭중(정5품) 김주정金周鼎을 파견하여 회유 무마하려 했지만 아무런 효과가 없었다. 회군한 최광수는 서경을 근거로 하여 '고구려 부흥병마사'를 자칭하고, 이미 휘하 관원까지 임명해두고 있었다. 그는 이어서다시 군사들을 불러모으고, 서북면의 여러 성에 고구려의 재건을 위해모두 군민을 이끌고 서경으로 합류하라는 격문을 띄웠다. 그리고는 서경의 어느 신사神祠에 들어가 앞으로의 일이 잘 되기를 빌었다.

서경의 이 신사는 아마 토착신을 모신 사당으로 고구려의 전통과 관련이 있는 신사였을 것이다. 고구려 부흥을 기치로 내건 반란이 여의치 않자 민심을 끌어들이기 위한 행동이었다고 보인다.

그때 서경의 하위관리로 있는 정준유鄭俊儒란 자가 무장한 군사 10여 명을 이끌고 최광수의 거처를 찾았다. 정준유는 최광수와 어려서부터 한동네에서 자란 친한 사이였다. 최광수는 이들이 자신에게 합류하는 줄로 알았을 것이다. 그러나 이들은 함께 이야기하다가 갑자기 급습하여 그 자리에서 최광수를 주살해버렸다.

이어서 군사를 동원해 최광수가 임명한 휘하 관원 여덟 명도 모두찾아 죽여버렸다. 고구려부흥운동의 중심세력이 힘없이 무너지고 말았으니, 반군은 아무런 힘을 쓸 수가 없었다. 반군에 호응한 나머지 사람들의 죄는 모두 불문에 붙여 사건을 급히 마무리지었다.

최광수를 제거하는 데 큰 공을 세운 정준유는 바로 내시에 소속되었고, 나머지 호응한 군사들은 세 계급을 특진했다. 정준유는 청주 출신으로 훗날 이름을 정애鄭㵚로 고치는데, 서경에 동요가 있을 때마다 나서서 해결한 공로로 《고려사》〈충의忠義 열전〉에 특별히 올라 있다.

고구려부흥운동은 시작부터 진압될 때까지 20일이 채 걸리지 않은 반란이었다. 하지만 거란과의 전란 속에서, 그것도 북방의 요지인 서경(평양)에서 옛 고구려의 부흥을 외쳤다는 점에서 그 의미는 심상치 않다. 이전에 경주를 중심으로 일어났던 신라부흥운동을 상기하지 않을 수 없기 때문이다.

고구려부흥운동은 최충헌에 의해 허수아비로 전락한 고려 왕조에 반기를 든 것이었다. 우리 속담에 '때리는 시어머니보다 말리는 시누이가 더 밉다'는 말이 있다. 구박하는 시어머니보다 누구 편인지 알쏭달쏭한 시누이나 남편이 더 밉다는 말이다. 최충헌 정권이 노골적으로 탄압하는 시어머니라면, 고려 왕조는 가장 역할을 하지 못하고 허수아비가 되어버린 남편이었다. 고구려부흥운동이 그에 대한 저항이었다면 지나친 비유일까.

고구려부흥운동은 옛 왕조의 재건을 외쳤다는 점에서는 신라부흥운동과 궤를 같이 하지만, 미묘한 성격 차이가 있었다. '신라부흥운동'은 그 표적이 최충헌 정권 쪽에 더 치우친 것이라면, '고구려부흥운동'은 고려 왕조를 겨냥한 측면이 더 컸다.

삼국부흥운동과 토착 건국신앙

삼국 통일이나 후삼국 통일이 있은 지 수백 년이 지난 이때, 신라나 고구려 재건을 외친 부흥운동이 연달아 일어난 것은 호기심을 자극하는 문제가 아닐 수 없다. 이 문제는 앞서 설명한 대로 고려 왕조의 정통성이 위기에 처한 것과 관련이 있다. 고려의 정통성 문제를 토착신앙에 주목하여 좀 더 살펴보도록 하자.

최광수가 고구려부흥운동의 성공을 기원했다는 평양의 '신사'는 옛 서경의 전통 토착신을 모신 신사로 고구려의 건국이나 전통과 관련이 있는 듯하다. 앞서 신라부흥운동에서 우두머리인 이의비가 앞일을 기원했다는 경주의 '성황사' 역시 경주의 토착신을 모신 곳으로 보이며, 옛 신라의 전통과 관련 있는 듯하다.

옛 삼국의 전통을 계승한 토착신앙은 고려가 통일된 지 3백 년 가까이 지난 그때까지도 전국 여기저기에 뿌리 깊게 남아 있었던 것이다. 그 대표적인 지역이 옛 왕도였던 평양과 경주였다. 이는 고려가 그때까지 옛 왕도의 토착신앙까지 완벽하게 통합하지는 못했음을 뜻한다. 다시 말해 삼국의 역사적 전통이 경주나 평양의 기층문화 속에서 그때까지도 강하게 남아 있었던 것이다.

고려는 삼한을 통일한 후 지속적으로 중앙집권화 정책을 추진해왔지만, 그것은 지방 호족의 중앙 흡수나 통합, 지방관 파견으로는 마무리되지 않았다. 고려 왕조의 중앙집권화 과정에서도 삼국 전통의 토착신앙은 결코 통합되지 않고 그대로 잠재되어 있었기 때문이다.

그런데 최충헌이 정권을 장악한 후 국왕이 유명무실해지면서 고려 왕조의 정통성은 흔들리기 시작했다. 신라와 고구려의 부흥운동은 최충헌 정권에 대한 저항의 수단인 동시에 그러한 고려 왕조에 대한 불신이기도 했다.

그런 저항이나 불신은 잠재되어 있던 옛 삼국의 전통을 잇는 토착 건국신앙을 다시 일깨웠다. 고구려나 신라의 부흥을 외칠 때 평양의 '신사'와 경주의 '성황사'가 등장한 것은 이를 말해준다. 고려 왕조의 정통성이 위기를 맞은 것은 옛 왕도에 남아 있던 삼국의 토착신앙과 무관치 않았다는 뜻이다.

통일된 왕조는 반드시 일원적인 일신교를 필요로 한다. 그런데 삼국이 통일되고 고려 왕조가 성립된 후에도 오랫동안 각 지방에 남아 있던 토착신앙은 다원적인 신앙의 기반을 말해주는 것이다. 고려는 이를 하나로 통합해야만 지역 통합과 함께 진정한 통일왕조를 세울 수 있었다.

그런데 고려 왕조는 무인정권이 성립한 후까지도 다신교 사회를 진정으로 통합하지 못했던 것이다. 이규보가 《동명왕편》에서 고구려의 시조 동명왕(주몽)을 찬미하고 신성시한 것은 지역 기반의 다신교 사회에서 일신교를 찾아 지향해가는 과정이었다고 보인다. 하지만 고구려의 시조인 동명왕으로는 지역적인 한계성을 온전히 뛰어넘을 수 없었다. 신라부흥운동에 대처하는 데는 일시적으로 효과를 거둘 수 있었지만, 고구려부흥운동에서는 다시 무력할 수밖에 없었다.

그래서 옛 삼국의 토착신앙이나 전통을 모두 포용할 수 있는 새로운 일신교가 절실히 필요했다고 보인다. 이미 국교화된 불교가 그러한 역할을 어느 정도 수행했다고 볼 수도 있다. 가령 고려 왕조의 연례 불교 행사였던 연등회나 팔관회는 토착적인 다신교를 일신교(불교)로 수렴하려는 수단일 수도 있다.

그러나 불교는 다원적인 토착 건국신앙을 극복하는 데는 역시 한계가 있었다. 불교가 통일왕조의 일원적인 종교나 이데올로기로는 적절했을지 몰라도 삼국의 건국신앙을 통합할 수는 없었기 때문이다. 이에 삼국의 건국신앙을 모두 포용하여 뛰어넘을 수 있는 일원적인 건국신앙이 필요하게 되었다.

그러한 역할을 한 것이 단군신앙이라고 생각된다. 하지만 이것도 그냥 등장한 것이 아니라 이민족(몽골족)과의 기나긴 전쟁이라는 민족적인 대가를 치르고서야 가능했다. 몽골과의 전쟁이 끝난 후 《삼국유사》나 《제왕운기》에 단군신화가 최초로 등장한 것은 그러한 결과였던 것이다.

고구려부흥운동을 통해서 고려 왕조의 정통성 위기를 토착 건국신앙과 관련시켜 설명하려다 이야기가 너무 앞서간 듯하다. 어쨌든 신라부흥운동과 고구려부흥운동, 그리고 몽골과의 전쟁 기간에 일어난 백제부흥운동은 고려 왕조의 정통성 확립을 위해서는 반드시 넘어야 할 산이었다. 비록 그것이 최충헌 정권의 성립에 의해 야기된 사건이기는 했지만, 최충헌 정권 스스로 극복해야 할 문제였다.

고려는 그때까지도 통일왕조의 체제를 정비 중에 있었다. 결코 해체되는 과정이 아니었던 것이다. 고려 왕조를 무력화시킨 최충헌 정권이 고려 왕조의 정통성 확립을 위해 노력하지 않을 수 없었다는 것은 최충헌 정권의 아이러니였다.

최충헌과 이성계

거란과의 전쟁은 최충헌 정권의 이기적인 성격을 극명하게 노출시켰다. 그것을 가장 빨리 알아차린 사람들은, 전쟁에 동원된 군인들을 포함한 기층 민중들이었다. 그들이 가장 먼저, 그리고 가장 큰 피해자였기 때문이다. 민심은 전쟁 중에 벌써 멀어지고 있었던 것이다.

일반적으로 통치자에게 있어 전쟁이란 '위험'이자 '기회'이기도 했다. 정권의 안위가 달린 위험한 일이기도 하지만, 잘만 극복하면 신망을 얻고 정권의 기반을 더욱 탄탄히 할 수 있는 절호의 기회가 될 수도 있다. 하지만 신망을 얻기 위해서는 통치자의 자기희생이 앞서야 한다. 김취려 장군은 전장에서 자신의 큰아들을 잃었는데, 최충헌은 그런 모습을 전혀 보여주지 못했다. 최소한 아들 중 하나는 전쟁의 사지로 내보냈어야 했다.

바로 이것이 고려 말 홍건적이나 왜구의 격퇴에 앞장서 민심을 얻은 이성계李成桂나 최영崔瑩과 최충헌의 다른 점이다. 어쩌면 이성계는 그래서 왕이 되었는지도 모른다. 이것으로 최충헌이 왕이 되지 못한 이유를 설명하기에는 너무나 소박한 생각이겠지만 상당히 중요한 문제인 것만은 확실하다.

통치자가 민심을 얻어야 한다는 것은 예나 지금이나 마찬가지다. 이성계는 왕이 되었는데 "최충헌은 왜 왕이 되지 못했을까"라는 문제를 파고들 때, 최충헌과 이성계의 차이를 비교해보는 것도 단서를 찾는 한 방법이 될 수 있는 것이다.

물론 최충헌과 이성계의 개인차는 시대상황의 반영이라고 보는 것이 더 온당하다. 인간 개개인이 사회를 형성하지만, 그 사회 속에서 개인이 영향을 받기 때문이다. 개인과 사회는 끊임없이 상호작용하면서 변화한다. 그래서 최충헌과 이성계의 차이는 그들이 숨쉬고 활동했던 시대상의 차이에서 비롯된 것이라고 할 수 있는 것이다.

최충헌은 기득권층인 기존 문벌귀족들에게 영합했지만, 이성계는 새로운 신진사대부들과 손을 잡았다. 문벌귀족들은 기존의 통치이념에 물들어 있었지만, 신진사대부들은 새로운 통치이념인 성리학을 수용하고 있었다. 최충헌과 영합한 문벌귀족들은 이성계와 손잡은 신진사대부들과 달리 변화를 원치 않는 보수적이고 수구적인 세력이었다. 최충헌과 이성계는 그런 세력들의 충실한 대변자로서, 시대의 요구에 어김없이 부응했을 뿐이다. 최충헌이 왕이 되지 못한 것은 어쩌면 당연한 일이었던 것이다.

하지만 개인과 사회가 상호작용한다는 점을 감안할 때, 최충헌의 선택은 그의 개인적 성향과 무관치만은 않은 듯하다. 최충헌은 분명 이성계에 비해 귀족적인 성향을 지녔고, 그래서 보수적이었으며, 또한 자기 희생을 감수하지 않는 이기적인 인물이었다. 이러한 개인차가 결국에는 왕이 되고, 되지 못하는 차이로 나타났다면 너무 심한 억측일까.

역사 속 인물의 퍼스낼러티를 너무 심하게 강조하다 보면 우연한 사건에 의해 역사가 이루어진다고 보는 문제를 드러내게 된다. 아울러 영웅사관에 빠지는 위험도 안게 된다. 이를 적절히 조절할 수만 있다면 역사적 인물의 퍼스낼러티를 강조하는 것은 흥미도 더해주고 보이지 않던 이면을 드러낼 수도 있어, 역사학의 다양성을 위해서도 좋다고 생각한다.

최충헌 다음의, 최우·최항·최의 정권은 몽골과 기나긴 전쟁을 치른다. 그들 역시 최충헌 정권의 한계에서 한 치도 벗어나지 못했다. 게다가 민심은 더욱 이반되었다. 이러한 총체적 난국을 해결하는 방법이 강화도로 천도하는 것이었다.

개인이나 집단, 사회도 그렇듯이, '정권'도 한번 성격이 규정되면 그것을 변화시키거나 수정하는 것은 어려운 일이 아닐 수 없다. 역사에도 관성의 법칙이 적용되는 것일까.

최충헌에 대한 평가

최충헌은 1219년(고종 6) 9월, 71세로 죽는다. 그가 죽자 모든 문무백관이 흰옷을 입고 장례에 임했으며, 의식의 엄숙함이나 성대함이 국왕과 조금도 다를 바 없었다. 그의 죽음에 대해 어느 익명의 사관은 다음과 같은 평가를 《고려사절요》에 남겨놓았다.

> 최충헌은 미천한 데서 일어나 국명國命을 혼자서 쥐고 마음대로 했었다. 재물을 탐하고 여색을 좋아했으며, 벼슬을 팔고 옥사를 흥정했다. 심지어는 두 왕을 내쫓고 조신들을 수없이 죽였다. 큰 원망이 하늘에까지 뻗쳤는데도 목숨을 잘 보존하여 편안하게 천수를 누렸다. 천도天道의 알 수 없음이 이와 같단 말인가(《고려사절요》15, 고종 6년 9월조)

천도까지 거론한 이 사관은, 최충헌을 사마천의 《사기》 열전에 나오는 극악무도한 도적쯤으로 보았던 모양이다. 비명에 횡사하지 않은 것이 오히려 이상한 일이었다고 하니 말이다.

그런데 하늘의 도는 인간의 역사에 대해서 무력할 뿐이다. 무력할 뿐만 아니라 냉담하기조차 하다. 무기력하게 하늘의 도를 거론한 것은 후대의 역사적 평가를 바란다는 뜻일 것이다.

최충헌은 다른 무인집권자들과 마찬가지로 유교적 포폄사관褒貶史觀에 의해 반역자로 낙인찍힌 인물이다. 그런데 지금 진부한 유교적 사관에서 벗어나 다시 평가해본다 해도 별로 다른 결론을 내리기는 어렵다.

소박한 도덕적 평가를 뒤로하고, 일반적인 역사 변화의 측면에서 보아도 최충헌 정권은 긍정적인 평가를 내리기 힘들다. 기득권 세력의 이익에 부응하여 문벌귀족체제에 대한 변혁을 거부했던 점에서 이의방 정권보다 못했고, 보수성에 기대어 축재나 부정을 자행한 것은 정중부 정권보다 더 심했다. 무신란이나 무인정권에 대한 시각도 경대승 정권보다 철저하지 못했고, 소외계층의 사회 진출에서도 이의민 정권을 따라가지 못했다.

이러한 최충헌이 20여 년간 장기 집권한 것은 역시 앞선 집권자들을 철저히 반면교사로 삼았기 때문이다. 이의방처럼 급격한 변화를 초래해서도 안 되었고, 정중부처럼 온건한 보수성을 추구하다 허약한 모습을 드러내서도 곤란했다. 경대승처럼 자기모순을 드러내도 문제였으며, 이의민처럼 전통 문벌귀족 세력들에게 등을 돌려서도 안 되었다.

최충헌 정권의 성격은 바로 그러했다. 그는 권력의 화신처럼 오직 정권을 장악하고 유지하는 수단만 생각했다. 그래서 정권의 물리적인 힘이나 기술적인 장치만 고려하면, 최충헌은 분명 그 이전 집권자보다 한층 강화된 통치권을 확립하는 데 성공했다고 볼 수 있다. 하지만 매우 저급한 통치자였다는 평가는 피할 수 없을 듯하다.

그런데 그에 대한 평가가 부정적으로 흐를 수밖에 없는 것은, 현재 남아 있는 《고려사》나 《고려사절요》의 부정적 서술 때문이기도 하다. 최충헌에 대한 기록들은 도대체 긍정적인 것이 하나도 없다. 이는 조선 왕조에 들어와 고려 역사를 편찬할 때 의도적으로 그러했을 가능성도 많다. 국왕 위에 군림하는 최충헌과 같은 권력자가 다시는 나타나서는 안 되겠기에.

물론 이것이 역사 기록을 조작했다는 뜻이 아니다. 여러 기록 중에서 부정적인 것만을 나열하는 취사선택에 의한 왜곡이라고 할 수 있다. 실제 일어난 모든 일들이 역사에 기록되는 것은 아니다. 당대에 쓰인 역사 서술도 그런데 하물며 수백 년이 지난 후 다시 서술된 2차 기록은 편찬 당시의 정치적 상황을 더 강하게 반영하여 취사선택할 수밖에 없다.

모든 역사 기록이 그렇지만 현재 남아 있는 기록은 실제 일어났던 일에 비하면 극히 미미하다. 역사 기록에 없다고 해서 사건이 일어나지 않은 것은 아니다. 남아 있는 역사 기록은 백사장에서 건진 모래 한 줌에 불과하니, 역사는 그 모래 한 줌을 가지고 백사장을 설명하는 꼴이다. 최충헌에 대한 부정적인 평가는 역사 기록이 갖는 그러한 한계 때문이라고 말할 수도 있다는 뜻이다.

4 계승

繼承

최충헌에서 아들 최이로의 권력 세습 과정은 대체로 순조로웠다.
왕정복고의 기미는 전혀 보이지 않았다. 최이의 권력 세습에 대한 저항이 전혀 없지는 않았지만
그것은 최씨 가에 의한 권력 세습 그 자체보다는 최이라는 인물에 대한 저항이었다.
하지만 정상적인 왕조에서도 왕위계승권자에 대한 저항이 빈번했다는 점을 감안하면
이는 오히려 자연스런 현상이다. 아버지의 권력을 세습한 최이는 그 아버지를 능가하는
권력을 누려 가히 '제왕적 통치자'라고 부를 만했다.

최이의 권력 세습

최충헌과 최이

장기 집권에 성공하고 강력한 통치권을 확립한 최충헌으로서는 그 권력을 가장 가까운 사람에게 물려주고 싶었을 것이다. 믿고 맡길 수 있는 가장 가까운 사람은 아무래도 자식밖에 없다. 최충헌도 장남인 최우를 후계자로 지목했다.

최우는 후에 최이崔怡라고 개명하므로 이후 최이로 칭하겠다. 최이는 태어난 연대가 나타나 있지 않아 나이를 정확히 알 수는 없지만, 대강 짐작은 해볼 수 있다.

최충헌이 20대 초반쯤 결혼했다고 보면, 장남인 최이는 아버지와는 20여 년의 연령차가 있었을 것이다. 대강 24~5년 차이라고 보면, 최충헌이 쿠데타를 일으켜 정권을 장악한 것이 48세(1196) 때이니까, 그때 최이는 20대 초반이었다. 그리고 최충헌이 71세(1219)에 죽었을 때, 최이는 40대 중반의 나이로 권력을 세습한 것이다.

최이가 최충헌의 후계자로 떠오른 것은 아버지가 죽기 훨씬 이전의 일인데, 대강 희종 때부터가 아닐까 싶다. 이때부터 최이가 역사 기록에 자주 등장하기 때문이다. 좀 더 정확한 시기를 추정해보면, 1205년(희종 원년) 12월 최충헌이 문하시중(수상)에 오르고, 이어 다음해 3월 후작(진강후)에 책봉되어 관부(흥녕부)가 설치된 때가 아닌가 싶다.

이때 최우는 30대 초반의 나이였다. 이때까지 최이의 행적은 전혀 알 수 없다. 쿠데타 당시 아버지를 도왔을 법도 한데 그러한 기색은 드러나지 않으며 그 후의 행적이나 이력도 알 수 없다. 다만 1202년(신종 5) 12월 경주의 신라부흥운동을 진압하기 위한 토벌군이 출정할 때, 최충헌과 함께 토벌군을 전송하고 군사시위를 벌이는데 참여한 적이 있긴 하다. 아마 무반의 길로 들어서서 초급·중급 장교를 지내고, 대부분 아버지 곁에서 조용히 안주하며 정치적 수련을 하지 않았을까 여겨진다.

장년이 된 최이는 귀공자와 같은 외모와 아버지를 닮은 강인한 성격, 그리고 침착하면서도 활달한 성품으로 카리스마까지 지녔다. 아버지의 후광과 지원으로 일찍부터 정치력도 갖추고 있었다. 게다가 문인의 자질까지 겸비하여 겉으로는 무인의 자제라는 것을 도저히 느낄 수 없었다. 개인적인 자질로만 본다면 통치자로서의 구비요건을 두루 갖추고 있었던 셈이다.

1206년(희종 2) 4월, 국왕 희종이 최이에게 아주 특별한 부탁을 한다. 대궐의 선경전과 대관전의 병풍이 낡아 최이에게 새 병풍의 글씨를 부탁한 것이다. 이날은 금의 황제가 파견한 국왕 책봉사신이 도착하는 날이었으니, 이를 준비하기 위한 것이었다. 이때 최이는 장군(정4품) 계급을 달고 있었다.

최이는 선경전의 병풍에 《서경》의 홍범편洪範篇을 쓰고, 대관전의 병풍에는 무일편無逸篇을 썼다. 이후 선경전에서 국왕의 책봉조서를 받고 대관전에서는 사신을 위한 연회가 베풀어졌다. 그런데 이러한 준비와 절차는 모두 최충헌에 의해 주도되었으므로, 최이가 두 곳의 병풍 글씨를 쓴 것은 최충헌의 의도에 따른 것이었다.

이는 후계자로서 최이의 등장을 예고하는 것은 아닐까. 상국인 금의 사신이 머무는 자리였으니, 어쩌면 금의 황제에게까지 알려질 수 있는 좋은 기회였다. 최충헌은 그 점을 노렸을 것이다.

최이의 후계자 수업

최이는 뛰어난 명필이었다. 이규보의 평에 의하면, 신라시대 김생金生(711~791)이 동국 최고의 명필이었고, 다음으로 탄연坦然(1070~1159), 최이, 유신柳伸(~1104)을 더하여 신품 4현이라고 했다. 워낙 최씨 정권에 아부가 심했던 문인이라 과장이 있을 수 있겠지만, 대궐 정전의 병풍 글씨를 쓴 것으로 보아 명필임에는 분명했다.

최이가 뛰어난 명필이었다는 것은 몇 가지 중요한 사실을 암시한다. 유교 정치이념이 지배하던 시대에 명필이라는 것은 충분한 유교적 소양이나 문학적 자질을 갖추었음을 의미한다. 이런 소양이나 자질은 저절로 쌓여지는 것이 아니므로, 최이는 누군가로부터 치밀하게 교양 수업을 받았음이 분명했다.

고려시대 문신귀족으로서 갖춰야 할 기본 교양은 경학經學과 사장학詞章學이었다. 경학은 유교 경전을 해석하고 암송하는 것이고, 사장학은 시문을 창작하는 것인데, 이 중 문신귀족들이 더 중요시한 것이 사장학이다. 과거시험에서도 유교 경전을 시험하는 명경과明經科보다는 시문을 짓는 제술과製術科가 더 중요시되었다. 고려시대 과거에 급제한 문신들은 즉흥적으로 시 한 수 읊을 실력을 갖추었다고 보면 된다.

최이가 유학 교양을 학습받은 것은 이러한 고려사회의 기풍에 적응하기 위해서이며, 또한 그가 무신의 자제로서 문신귀족의 대열에 합류하기 위한 노력이기도 했다. 이는 물론 아버지 최충헌이 기울인 정성의 결과이기도 할 것이다.

그런데 그러한 노력은 최충헌이 쿠데타를 일으켜 권력을 잡기 이전부터 시작되었다고 생각된다. 왜냐하면 최충헌이 쿠데타를 일으켰을 때 최이는 이미 20대 초반의 성인이었으니, 그때부터 유교 교양 수업을 받았다고 보기에는 나이가 너무 많은 까닭이다. 게다가 명필로서 이름을 날렸다면 그 이전부터 착실한 연마가 있었다고 보아야 온당하다.

이는 최충헌 가문이 권력을 잡기 이전부터 고려 문벌귀족사회의 유풍에 적응하려는 노력을 게을리하지 않았음을 보여준다. 이것이 사실이라면 최충헌의 정치·사회적인 성향은 쿠데타와 무관하게 그 이전부터 이미 굳어졌다고 보는 것이 옳다.

물론 최충헌은 권력을 장악한 후 최이를 통해 문벌귀족사회에 적응하기 위해 더욱 노력했을 것이다. 그것은 최이에게 강도 높은 유교 교양 수업을 받게 하는 한편, 자신의 사저에서는 문신귀족들을 위한 문화 행사를 자주 개최하는 것으로 나타났다.

국왕은 신하들과 함께 최충헌 부자의 사저를 자주 찾았다. 때로는 최충헌 부자가 자청해서 문무관료들을 사저에 초대하여 잔치를 베풀기도 했다. 이런 때의 연회는 함께 시를 주고받는 창화로 이어졌다. 때로는 국왕을 제외하고 문인들만 초빙하여, 시를 짓고 등급을 매기는 전문적인 시회를 개최하기도 했다. 문벌귀족사회에 걸맞은 분위기를 조성하고 그 풍류를 만끽했던 것이다.

그랬다. 최충헌은 그러한 귀족사회의 유풍을 변화시키기보다는 오히려 조장하면서 스스로 적응하는 길을 택했고, 그것에 성공했다. 그 이상의 변화는 원하지도 않았고, 할 수도 없었다. 문벌귀족사회에 확실하게 적응함으로써 자신의 권력을 유지하고 확대하는 것에 만족했던 것이다. 최고통치자의 아들이 그 사회에 적응하기 위해 노력을 게을리하지 않았다는 사실은 문신귀족 중심의 고려사회 전통이 얼마나 완고했는가를 보여주기도 한다.

또한 최이가 유교 교양 수업을 받았고 명필이 되었다는 것은, 그가 최충헌의 후계자로서 수련 과정을 치밀하게 거쳤음을 말해준다. 물론 이는 최충헌의 계획된 프로그램이었을 것이다. 최이가 뛰어난 명필이었다면 그가 직접 쓴 글씨나 시문 한 편쯤은 남아 있을 법한데 그렇지 않다. 그의 글씨 한 점, 시 한 편도 현재 남아 있지 않으니, 실제 그의 소양이나 자질을 짐작해볼 길이 없다.

그런데 최이가 병풍에 쓴 《서경》의 〈홍범편〉과 〈무일편〉은 군왕의 치도를 언급하여 서술한 내용으로, 신하보다는 군왕이 주로 익히고 교훈으로 삼아야 할 내용이다. 신하의 학문과 군주의 학문이 따로 있지는 않겠지만, 최이가 군주의 교양을 익힌 것은 왠지 심상치 않다. 단언하기는 어렵지만, 최이가 후일의 통치자로서 치밀한 수련을 거친 것은 틀림없다.

그럼 최이를 가르친 스승이 누구일까 궁금하지 않을 수 없는데, 이 역시 알 수 없다. 최고권력자의 아들이었으니 당대를 대표하는 문신

중 한 사람이거나, 출가한 승려일 수도 있다. 최충헌의 색다른 야망이 개입되었다면 승려 쪽이 더 유리했을 것이다.

차기 통치자

1207년(희종 3) 2월, 최충헌은 국왕에게 건의하여 각 도에 유배된 자들을 가까운 곳으로 옮기거나 방면하도록 했다. 이 혜택을 입은 자가 무려 3백여 명이나 되었다. 4월에는 이들에 대한 사면령을 내렸다. 모두 최충헌의 의도에 따라 이루어진 일이다.

이 일련의 조치는 아들 최이의 후계자 계승과 무관하지 않았다. 지금도 새로운 통치자가 등장하게 되면 사면조치를 내릴 때가 많다. 1207년의 대대적인 감형과 사면령 역시 최이를 후계자로 등장시키기 위한 준비작업인 듯하다.

1208년(희종 4) 2월, 국왕 희종은 최이의 사저로 거처를 옮겼다. 대궐 내의 공사와 심상치 않은 하늘의 변화를 이유로 태사太史가 권유한 일이었다. 고려시대에는 국왕들이 가끔 신하의 집으로 거처를 옮기는 경우가 있었으므로 특별한 일은 아니지만 이때 국왕이 최이의 사저에 2년 가까이 머물다 다음해 11월에야 연경궁으로 환궁한 것을 보면 뭔가 심상치 않은 일이었다.

그런데 왜 하필 최이의 집이었을까. 국왕이 사가로 이어할 때는 보통 중신이나 종실의 집이 그 대상이었다. 그렇다면 최충헌의 사저로 이어하는 것이 자연스럽지 않을까? 이는 최이가 최충헌의 후계자로서 이미 그 위상이 확립되었다는 점을 감안하면 자연스럽게 풀린다.

최이의 집은 이판궁梨坂宮이라 불렸는데, 여기 머무는 동안 국왕은 활동리나 남산리에 있는 최충헌의 사저에도 자주 왕래하여 연회에도 참석하고, 시회를 지켜보기도 했다. 이때 연회나 시회를 실제 주관한 사람은 물론 최충헌 부자였다. 그리고 때로는 최이의 사저에서 견룡군(국왕 친위군)에게 격구를 시키기도 했다. 말을 타고 달리는 격구 경기를 치를 수 있을 정도로 최이의 사저는 컸다. 최충헌이 죽기 이전 벌써 아들 최이의 사저 규모는 아버지의 저택을 능가하고 있었다.

최이는 이때 2인자의 위치에 올라 있었다. 이는 최충헌의 권력이 공고해지면서 자연스럽게 나타난 현상이 아니라, 아버지의 계획에 의해 차근차근 추진된 것으로 생각된다.

거란족의 침입은 최이가 독자적으로 자기 세력을 구축하는 계기로 작용했다. 1216년(고종 3) 10월, 거란 정벌을 위한 전시동원체제가 출범하고, 이어 11월 전국 각지에서 징발된 장정들이 도성 안의 순천관에 집결하여 점검을 받던 때의 일이다.

이때 최이와 최충헌은 집결한 장정 중에서 따로 사병들을 차출했다. 주로 건장하고 용맹스러운 장정들이 대상이 되었다. 이 때문에 막상 전투에 출정할 관군은 늙고 허약한 장정들만 남게 되어 전투력 제고에 문제가 많았다. 그런데 더 심각한 문제는 전투력보다 관군의 사기 저하였다.

최이는 이 무렵 아버지와는 별도로 자신만의 사병집단을 조직하고 있었다. 그 이전에 소규모 사병집단을 거느리고 있던 그에게 전시동원체제 출범은 사병집단을 확대하는 좋은 기회가 되었다. 물론 여기에는 최충헌의 배려가 있었을 것이다.

일사불란한 전시지휘체계를 갖는 관군이 새롭게 조직된다는 것은 최충헌 부자에게 위협적인 일이었다. 전국에서 징발된 장정들 중에서 다시 사병을 모집하고 아울러 아들 최이의 사병까지 대대적으로 충원한 것은 그 때문이었다. 곧 거란족의 침입을 막기 위한 전시동원체제의 가동이 최충헌 부자를 더욱 강하게 결속시켜주었던 것이다.

거란과의 전쟁 기간 동안 최충헌 부자가 자신들의 사병을 신변 호위나 정권 수호에만 이용했다는 사실은 앞서 언급한 대로이다. 이런 마당에 전쟁에 투입된 관군의 사기가 땅에 떨어지고, 승리를 기대하기도 어려운 것은 당연했다.

1218년(고종 5) 4월, 최충헌은 아들 최이를 보내 각 성을 순시하도록 했다. 이때 최이는 국왕의 비서관인 지주사(정3품)로 있었다. 그런데 최이로 하여금 각 성을 순시하도록 한 것은 전투를 독려하기 위해서만은 아니었다. 최이는 이때 자신의 모든 사병들에게 갑옷을 입혀 호위하도록 했다. 차기 통치자로서 자신의 무력집단을 과시하고, 전쟁에 투입된 관군의 동태를 파악하는 것이 더 큰 목적이었을 것이다.

최이의 결혼관계

최이는 권력을 세습할 무렵 이미 결혼한 중년의 나이였으므로, 인척을 중심으로 한 지지세력도 만만치 않았을 것이다.

최이는 권력을 세습하기 전에 벌써 두 부인을 두었다. 한 사람은 정숙첨의 딸이고, 다른 한 사람은 최선의 아들인 최종준崔宗峻의 질녀였다. 정숙첨은 앞서 살핀 대로 최충헌에게 밉보여 유배당했던 인물인데, 그 후 사위인 최이의 구원으로 다시 평장사로 복귀했다. 최종준은 후일 최이 정권에서 문하시중(수상)에까지 오른 인물이다.

두 부인 중 누구를 먼저 취했는지는 알 수 없지만, 처가인 정숙첨의

하동 정씨나 최종준의 철원 최씨 쪽 사람들은 최이에게 힘이 되었을 것이다. 게다가 이들은 명문 출신으로서 문벌귀족사회에서 더욱 든든한 배경이 되었음에 분명하다.

이 무렵 최이에게는 이미 결혼한 두 딸도 있었다. 딸 하나는 송서宋情의 부인이 되고, 다른 하나는 김약선金若先의 부인이 된다. 송서는 최이의 외가인 송청의 가문과 혈연관계가 있을 법도 한데 잘 나타나 있지 않다. 두 사위 중 특히 김약선은 최이의 오른팔 역할을 하고 후에 최이의 후계자 물망에까지 오른 인물이다.

최이는 본부인에게서는 아들을 보지 못했다. 그의 두 아들 만종萬宗과 만전萬全은 서련방瑞蓮房이라는 애첩에게서 태어났다. 문벌 중심의 귀족사회에서 두 아들이 비첩 소생이라는 것은 아쉬운 일이 아닐 수 없었다. 이 두 아들은 출가하여 승려가 되는데, 이 중 만전이 후에 환속하여 최이의 권력을 세습한 최항崔沆이다.

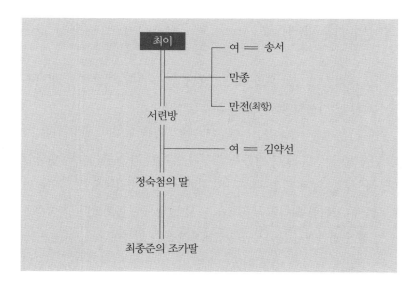

권력 세습

최충헌은 나이가 들수록 사후의 일이 걱정되었다. 장남 최이를 후계자로 지목하여 여러 가지 준비를 해왔지만 장애물도 많았다. 가장 걱정스런 점은 그 많은 자신의 사병들이 일사불란하게 최이를 따라줄 것인지 여부였다. 사병들을 지휘하는 심복들의 향배가 문제였다. 아무래도 안심이 되지 않았을 것이다.

1219년(고종 6) 9월 어느 날, 최충헌은 노환이 깊어져 죽음이 임박하자 은밀하게 아들 최이를 집으로 불렀다.

"내 병이 깊어져 일어나지 못하게 되면 집안에 환란이 일어날 것이니 너는 다시 오지 말라."

이것이 부자간의 마지막 대면이었다. 이 말 속에는 그동안 최이를 후계자로 키워온 최충헌의 흔들림 없는 믿음이 그대로 묻어나 있다. 최이는 자신의 사위인 김약선을 시켜 아비의 병석 시중을 들게 하고, 자신은 병을 핑계로 집안에 틀어 박혀 있었다. 아버지의 충고가 아니라도 최충헌 심복들의 동태가 심상치 않아 조심스러웠는데, 아비의 말을 들으니 더 이상 의심할 여지가 없었다.

최충헌의 심복 중에서 최이의 권력 세습에 반대한 자는 대장군 최준문, 낭장 김덕명을 비롯하여 상장군 지윤심池允深, 장군 유송절柳松節 등 무장들이었다. 그중 핵심인물인 최준문과 김덕명을 좀 더 자세히 살펴보자.

우선 최준문은 좀 특이한 경로로 최충헌과 인연을 맺었다. 흥해(경북 영일) 출신으로 과거를 보러 서울에 왔던 최준문은 미색이 뛰어나다고 소문난 동화桐花라는 기생을 만나 사랑한 적이 있었다. 그런데 최충헌이 이 기생과 관계를 맺고 욕심이 났던지 자기 집의 계집종으로 삼았다. 최준문은 바로 이 계집종의 추천으로 발탁되어 최충헌의 심복이 된 자였다.

대정(종9품)으로 시작한 최준문은, 후에 자신의 집을 최충헌의 집 바로 옆에 크게 짓고 그야말로 손발 노릇을 다했다. 최충헌과 만나려는 자는 그를 통해야만 했다. 승진을 계속하여 최충헌이 죽을 무렵 그는 대장군(종3품)으로 있었다. 그동안 여러 무장들을 끌어들여 최충헌과 연결시키는 역할도 했는데, 김덕명도 바로 그렇게 끌어들인 인물 중 하나였다.

김덕명은 최충헌이 죽을 무렵 낭장(정6품)의 계급에 있었다. 음양설로 최충헌을 현혹한 김덕명은 특히 사찰에 대한 행패가 심했다. 그런 까닭에 앞서 언급한 대로 거란과의 전쟁 중 반란을 일으킨 승도들이 도성에 쳐들어와 제일 먼저 그의 집을 표적으로 삼아 공격했던 것이다.

최충헌이 병석에 눕자, 최준문은 김덕명을 비롯한 몇몇 측근 무장들에게 최이의 권력 세습에 대한 반대 의사를 분명히 밝혔다.

"공(최충헌)이 세상을 떠나면 우리는 최이에게 반드시 죽게 된다. 차남인 최향은 담력이 뛰어나니 가히 뒤를 이을 만하다."

그리하여 최이가 아비를 병문안 할 때를 기다려 그를 제거하기로 이미 약속해놓고 있었다. 최충헌이 아들 최이에게 찾아오지 말라고 언질을 준 것은 그런 낌새를 눈치채고 있었기 때문이다. 최이는 아비로부터 그런 언질을 받고 집안에 틀어박혀 섣불리 움직이지 않았다.

최준문 등의 무리는 최이가 나타나기만을 마냥 기다릴 수 없어, 최충헌이 최이를 찾는다는 전갈을 보냈다. 그러나 최이는 나타나지 않았다. 두세 차례나 더 연락을 취했지만 최이는 집안에서 한 발자국도 움직이지 않았다.

그러던 중 김덕명이 배신하여 최이에게 최준문의 음모를 밀고해버렸다. 일이 잘 풀리지 않자 재빠르게 변신한 것이다. 최이는 김덕명을 자신의 집에 감금시켜놓고 사태 추이를 지켜보고 있었다. 기다리다 못한 최준문 등이 직접 최이의 집을 방문했다. 아비의 병이 위독하니 어서 빨리 임종을 지키러 오라는 것이었다. 하지만 이들은 그 자리에서 바로 최이의 가병들에 의해 포박당하여 김덕명과 함께 즉시 섬으로 유배 보내졌고, 최준문은 유배 도중 최이가 보낸 자객에 의해 주살되고 만다.

최준문 등을 비롯한 최충헌의 심복들이 최이의 권력 세습에 반기를 든 데에는 그럴 만한 계기가 분명히 있었을 것이다. 사서에 언급된 바는 없지만, 사소한 갈등이 점차 쌓여 불만을 품게 되었을 가능성이 많다. 하지만 특별한 계기가 없었을지라도 최이와 최충헌의 심복들은 권력투쟁을 피해갈 수 없었다.

최이가 후계자로서 확고하게 자리를 굳히기 전에는, 최충헌의 심복들이 최이보다 권력 행사에서 우위에 있었을 것이다. 하지만 후계자로서 위치를 확보해가면서 점차 권력관계는 역전되었다. 여기서부터 양측의 갈등은 생겨나게 된다. 이러한 현상은 권력투쟁의 역사에서 보편적인 일에 속한다.

통치자의 심복과 통치자의 후계자는 사이가 좋은 경우가 매우 드물다. 어떤 특별한 계기가 있지 않아도 권력의 속성상 심복과 후계자가 갖는 미묘한 위상 차이에서 문제가 생기는 것이다. 특히 정통성이 없는 권력의 경우에는 더욱 그렇다.

후계자가 확고하게 정해지기 전까지는 심복들이 권력 행사에서 앞선다. 하지만 후계자가 확립되는 순간 그 관계는 극적으로 역전된다. 권력의 핵심이 구권력에서 신권력(후계자)으로 급변하기 때문이다. 이처럼 급변하는 권력의 이동에서 가장 대처하기 힘든 자들이 통치자(구권력)의 심복들이다. 구권력의 심복들은 권력에 가장 깊숙이 자리 잡고 있었기 때문에 선택할 수 있는 길이 매우 옹색하다. 신권력에 저항하든지 아니면 다시 복종하든지 두 가지 길밖에 없다.

살아남으려면 복종하는 길밖에 없겠지만 그것은 마음대로 되지 않는다. 설사 복종한다 해도 옛날처럼 핵심세력으로 남아 있기는 어렵다. 신권력에는 새로운 심복들이 포진하고 있기 때문이다. 반대로 저항할 경우에는 당연히 극심한 권력투쟁에 휩싸이게 된다. 구권력의 심복들과 새로운 권력의 숙명적인 라이벌 관계 때문에 권력 세습에는 크건 작건 항상 희생이 따르기 마련이다. 최충헌과 최이는 부자관계로서 가장 평화적으로 권력을 세습할 수 있는 조건을 갖췄지만, 그럼에도 마찰은 피할 수 없었다.

심복들이 제거된 며칠 후 최충헌은 죽었다. 최이는 자신의 권력 세습에 반기를 든 적대세력을 제거하고 일단 권력을 이어받는 데 성공한다. 하지만 최이 정권에 대한 저항은 뜻밖의 곳에서 일어났다.

동생 최향

드러내놓고 저항한 자들을 제거했다는 점에서 최이의 권력 세습은 성공적으로 보였다. 군사적 기반이 되는 사병집단을 최이만큼 확보한 자가 없었기 때문이다. 그러나 권력을 쫓는 무리들은 항상 새로운 구심점을 찾아나서는 법이다. 최이의 권력 세습에 불만을 품은 자들은 더욱 그럴 것이다.

최이에게 가장 부담스런 인물은 바로 친동생인 최향이었다. 최향은 그동안 후계자 최이의 그늘에 가려 크게 세력을 키워오지는 못했으며, 자신도 형의 권력 세습에 드러내놓고 반발하지는 않았다. 하지만 최이의 권력 세습에 반발하는 무리들이 문제였다. 그들은 최이의 대안으로 동생 최향을 마음속에 두고 있었다.

최향을 제거하기 전 최이가 우선 정리해야 할 대상은, 최충헌 정권에 계속 봉사해온 중진 관료들이었다. 이들은 위협적이지는 않았지만 그동안의 공로를 내세운다면 부담스러운 견제세력은 충분히 될 수 있었다. 게다가 이들이 최향을 구심점으로 결집하지 말라는 보장도 없었다.

이 중 가장 중요한 인물이 인사정책에 깊숙이 간여하면서 최충헌 정권의 핵심 역할을 한 금의琴儀였다. 금의는 당시 평장사(정2품)로 있었다. 그 외 무신 중에서는 평장사로 있던 정방보鄭邦輔도 문제였다. 정방보는 거란족 침입 시 반란에 연루되어 유배당했던 최이의 장인 정숙첨을 대신하여 출정군의 원수를 맡았던 자였다. 이것 하나만으로도 최이와 관계가 좋을 수 없었다.

1220년(고종 7) 정월, 최이는 금의에게 공신호를 내려주고 퇴직시켰다. 조용히 지내라는 뜻일 것이다. 정방보 역시 뇌물 수수를 이유로 내세워 안동부사로 좌천시켜버렸다. 이 조치가 실각을 뜻한다는 것은 누구보다도 본인들이 잘 알았을 것이다. 그 직후 최이는 동생 최향을 비롯하여, 최향의 장인인 종실 수춘후, 수춘후의 아들, 그리고 아버지 측근 인사 중 성향이 불분명한 가신들을 모조리 잡아 여러 섬으로 유배보냈다. 심지어는 아비의 총애를 받으며 농간을 부렸던 계집종 동화를 비롯한 첩실들까지 예외를 두지 않았다.

금의와 정방보를 퇴진시키고 최향의 측근 인물들을 유배 보낸 것은, 새로운 구심점의 태동을 미연에 방지하고, 아울러 구권력에 대한 해체 작업까지 겸한 것이라고 볼 수 있다. 부자간의 권력 세습이었지만 구권력을 그대로 기반으로 삼는다면 아무래도 운신의 폭이 좁을 수밖에 없었다. 독자적인 새로운 권력구도를 만들어야만 했다.

그들을 유배 보낸 지 2개월 만인 같은 해 3월, 최이는 웬일인지 최향을 비롯하여 그의 장인과 아들을 섬에서 다시 가까운 내륙으로 옮기도록 조치한다. 일종의 감형으로 이를 '양이量移'라고 부른다. 너무 가혹했다고 생각한 것일까. 아니면 피를 나눈 형제의 정리 때문이었을까.

그런데 홍주(충남 홍성)로 옮겨진 최향은 이곳에서 결국 문제를 일으키고 만다. 홍주에서 반란을 기도했던 것이다. 1230년(고종 17) 7월의 일로서 유배된 지 10년 만의 일이었다. 10년 동안이나 유배 상태로 두었으니 우선 이것이 불만이었을 것이다. 최향의 반란에 대해서는 뒤에 다시 상세히 살필 것이다.

변경의 불안

의주의 반란

최충헌이 죽은 지 불과 10여 일 후 서북면 병마사로 나가 있던 김군수金君綏가 다급한 보고를 올려왔다. 의주의 별장 한순韓恂과 낭장 다지多智가 주동이 되어, 중앙에서 파견한 방수 장군과 고을 수령을 죽이고 반란을 일으켰다는 것이었다. 이들은 스스로 원수라 칭하고 나름의 관부까지 설치했으니 명백한 반란이었다.

어쩌면 이 의주의 반란은 최충헌이 죽었다는 소식이 채 전달되기도 전에 일어났을 것이다. 그러니 최이보다는 최충헌 정권에 대한 반기였다고 보는 것이 옳겠지만, 어쨌든 이제 막 권력을 물려받아 기반을 다져야 할 최이로서는 첫 번째 난관이 아닐 수 없었다. 최이가 권력을 세습하고 최초로 한 일이 이 반란을 진압하는 것이었다.

최이는 우선 선유사를 보내 회유에 나섰다. 그리고 바로 보고를 올린 김군수를 소환하고 상장군 오수기吳壽祺를 서북면병마사로 삼았다. 김군수가 반란을 진압하는 데 적절치 않다고 본 때문이었다.

김군수는 유명한 김부식金富軾의 손자이자 무신란 때 정중부에게 살해당한 김돈중金敦中의 아들로 1194년(명종 24) 과거에 장원급제한 문신이었다. 그가 교체된 것은 문신이라는 이유 때문일 수 있는데, 이렇게만 보기에는 뭔가 개운치 않다.

김군수는 그 이전 거란족 침입 시 출정군에 참여하여 무공까지 세웠고, 이 때문에 조충이 맡고 있던 서북면병마사를 1년 전부터 맡아왔던 인물이다. 김군수를 교체한 진짜 이유는 그가 의주의 지역민들에게 대단한 호감을 받고 있다는 데 있었다.

의주는 거란족 침입 시 관문과 같은 곳이어서 피해가 다른 지역보다 더 컸다. 그런데 그 피해는 거란족보다는 오히려 그 지역에 파견된 지방관이나 군대 지휘관들의 침탈로 입은 것이 더 컸다. 전란 중이었으니 약탈의 명목이야 얼마든지 붙일 수 있었다. 김군수는 서북면병마사로 있으면서 약탈을 엄금하여 군대 지휘관들로부터 백성들을 철저히 보호했다.

토착 군인들이 반란을 일으킨 이유도 그런 약탈 때문이었다. 의주는 변경 지역이라 그 지역민이 군인으로서 그 지역 방위를 책임졌다. 반란의 주모자인 한순과 다지도 토착세력으로서 그 지역의 지휘관을 맡고 있었다. 그런 까닭에 반란을 일으킨 토착세력들로부터 호감을 받고 있는 김군수가 반란을 무력진압하기에는 곤란하다고 판단했던 것이다.

반란세력은 국가 창고의 곡식까지 풀어 나누어주었고, 이에 주변 여러 고을도 호응하여 점차 세력이 남으로 확대되고 있었다. 선유사의 보고를 받고 반란을 일으킨 이유가 지역민에 대한 수탈 때문임을 알게 된 최이는, 당장 수탈에 관련된 자 10여 명을 추적·색출하여 여러 섬에 나누어 유배 보냈다. 모두 아비 최충헌에게 아첨했던 자들로 반란이 아니라도 축출했어야 할 자들이었다.

기세가 심상치 않음을 깨닫고 신속한 조치를 취했지만 이미 반란세력은 걷잡을 수 없이 확대되었다. 한 달도 채 안 되었는데 벌써 몇 개의 성을 제외한 평안북도 일대를 휩쓸고 있었다. 최이는 별 수 없이 3군으로 토벌군을 조직하여 급파했다. 그사이 반란세력은 서북면병마사의 본영이 있는 안북도호부(평북 안주)까지 공격해 들어왔다. 어렵사리 반군의 공격은 막아냈지만 만만히 볼 세력은 분명 아니었다.

이듬해 1220년(고종 7) 2월, 최이는 토벌군 지휘부를 일부 교체했다. 김취려를 토벌군 사령관으로 삼고, 소환되었던 김군수를 다시 김취려의 부장으로 삼아 토벌군에 편입시켰다. 지역민들의 호감을 받고 있는 김군수를 참여시켜 선무공작도 병행하겠다는 뜻이었다.

그런데 이 무렵 반란의 지도자 한순과 다지는 동진과 내통하여 투항하면서 청천강을 경계로 하여 지금의 평안북도 일대를 들어다 바쳤다. 그리고 금나라의 장수 우가하(于哥下)를 끌어들여 의주에 주둔케 하고, 자신들은 박주(평북 박천)를 근거로 토벌군에 저항하면서 연합작전을 펴고 있었다.

동진은 금이 쇠망해면서 떨어져나온 여진족의 한 분파였고, 우가하는 금이 지방 통제력을 상실하면서 압록강 이북에 자리 잡은 변방 사령관쯤으로 보인다. 모두 여진족이니 같은 뿌리에서 나온 세력이라고 할 수 있다.

사태는 점점 최악의 상황으로 치닫고 있었다. 토벌군의 선무를 맡은 김군수는 우가하에게 서신을 보내 간곡하게 설득했다. 당시 동진에서는 이들의 투항을 달갑게 여기지 않고 있었던 터라 쉽게 태도를 바꾸었다. 설득이 주효했다기보다는 일개 반란세력과 연합하여 득이 될 게 없다고 판단한 때문이었다.

우가하는 앞으로의 문제를 논의하겠다는 핑계를 대고 한순과 다지 등을 의주로 초대했다. 그리고는 군사 수백 명의 호위 속에 의주에 들어온 이들에게 성대한 주연을 베풀어 만취하게 만든 후 군사를 시켜 목을 베었다. 그 측근 부장들과 나머지 군사들도 모두 궤멸당했고, 한순과 다지의 목은 함에 넣어 병마사의 본영이 있는 안주로 보내졌다.

그 후에도 잔여세력에 의한 반란이 같은 해 4월 다시 의주에서 일어났다가 진압된다. 남아 있는 의주의 백성들을 안집하라고 파견한 안무사가 오히려 백성들을 탄압하고 착취하자 반란이 일어난 것이었다. 다시 군사 5천을 보내 진압하기는 했지만, 의주의 민심은 이미 최이 정권을 떠나 있었다.

최충헌 정권의 유산인 한순·다지의 반란은, 최이가 아버지의 권력을 안일하게 세습한 대가였는지도 모른다.

몽골의 사신

고려·몽골·동진, 3국 연합으로 강동성의 거란족을 물리친 직후인 1219년(고종 6) 정월, 고려는 몽골과 형제관계로서 국교를 맺은 바 있다. 그러나 이는 신뢰를 바탕으로 한 진정한 국교 수립이라기보다는 임시방편적인 것이었다. 고려·몽골 양국 모두 그랬다.

고려 측에서는 그들을 하루 빨리 물러가게 하는 방편으로, 몽골 측에서는 서방과 중국 본토 정벌에 치중하기 위한 일시적인 휴식책으로 국교 수립에 임했던 것이다. 고려에서는 언젠가 몽골이 다시 오리라는 생각에 모두들 불안해했다.

예측대로 1221년(고종 8) 8월, 몽골 황태제가 보낸 사신 저고여著古與 등 13인과 동진 사신 8인이 고려에 왔다. 몽골과 형제약속을 맺은 이후 최초의 사신이었다. 우선 문제가 된 것은 국왕에 대한 접견 의례였다. 형제관계를 맺은 몽골에서 처음 온 사신이었기에 그런 전례가 없었던 까닭이다.

국왕 고종이 대관전에서 조서를 받으려는데, 이들은 모두 전상에까지 올라와 조서를 전달하겠다고 했다. 국왕의 측근 신료들이 예의에 어긋난다며 대표 한 사람만 전상에 오르라고 요구했으나 듣지 않았다. 옥신각신하다가 날이 저물자 8인의 사신만 전상에 오르기로 하고 겨우 타협을 보았다. 조서의 내용은 공물을 바치라는 것이었다. 수달피, 명주, 모시, 설면자부터 오동나무 기름에 이르기까지 온갖 공물을 요구했다. 이들은 이날 밤 연회에도 참석하지 않고 또 다른 몽골 원수의 서신을 내보이며 별도의 공물을 요구했다.

그런데 이들이 온 지 한 달이 채 못 되어서, 또 몽골 사신이 온다는 동북면병마사의 보고가 날아들었다. 먼저 온 사신이 아직 귀환하지도 않았는데, 이번에는 몽골의 어느 왕자가 보낸 저가這叮라는 자가 온다고 했다.

국왕은 4품 이상 관료를 대관전에 들게 하여 뒤에 올 몽골 사신의 영접 문제를 논의토록 했다. 관료들은 대부분 몽골의 포악함을 들어 맞아들여야 한다고 주장한 반면, 국왕은 돌려보내기를 원했다. 국왕의 뜻이라기보다는 최이의 뜻이 그러했다고 보아야 옳을 것이다.

최이의 뜻은 단호했다. 먼저 온 사신도 아직 돌아가지 않았으니, 병마사가 적당히 위로하고 타일러 보내라는 지시를 내렸다. 하지만 몽골 사신이 병마사의 말을 듣고 돌아갈 리 없었다. 오히려 이 사신은 안변의 도호부 청사에 머무르면서 아무 데나 활을 쏘는 등 온갖 행패를 부렸다. 그 화살에 아전 한 사람이 맞아 중상을 입는 불상사까지 일어났다.

10여 일 후, 저가라는 사신 일행은 결국 개경에 도착하고 만다. 이 자 역시 공물 징수가 목적이었다. 먼저 온 사신 저고여도 아직 돌아가지 않고 접대가 불비하다며 행패를 서슴지 않고 있는 마당에 엎친 데 덮친 꼴이었다. 국왕은 어찌할 바를 몰랐고 신료들은 몽골에게 쳐들어올 구실을 주었다며 불안해할 뿐이었다.

모든 신료들이 뒤로 빠지기만 하는 가운데 자진해서 접반사로 나선 사람이 김희제金希磾였다. 김희제는 문장력과 담력을 겸비하여 임기응변에 능한 인물이었다. 저가는 우선 김희제에게 자신의 일행을 영접하지 않은 이유를 추궁했다. 김희제는 이 자의 약점을 잡아 다음과 같은 말을 넌지시 전했다.

"지난해 대국의 은혜를 입었는데 어찌 맞이하지 않겠으며, 필요한 예물을 충분히 마련하지 않겠소. 다만 그대가 도호부에 머물면서 활로 사람을 쏘아 생사를 아직 모르니 이것이 문제이오. 만약 그 자가 살아난다면 그대의 복이지만, 죽으면 그대 일행은 억류당할 것이오."

이 말을 들은 사신은 겁이 났던지 무릎을 꿇고, 김희제의 처분만을 기다리는 신세가 되었다. 공물도 마음껏 요구할 수 없게 되었다. 이 일로 최이의 돈독한 신임을 얻게 된 김희제는 사신이 올 때마다 나서서, 때로는 능란한 화술로 때로는 뛰어난 문장으로 거친 몽골의 사신을 물리쳤다.

그런데 이해 10월 희속불화喜速不花라는 사신 일행이 또 한 차례 들이

닥쳤다. 역시 문제가 된 것은 국왕 접견 의식이었다. 이들은 무장을 한 채로 연회에 참석하려다 제지당하고 결국 고려 측의 요구에 따랐다.

이것만이 아니었다. 몽골 사신은 뭐가 아쉬웠는지 이해, 그러니까 1221년(고종 8) 12월에 한 번 더 온다. 한 해에 사신이 네 차례나 온 것이다. 이처럼 몽골 사신이 어지럽게 고려 조정을 들락거린 것은 고려의 예물에 욕심이 난 때문이었는데, 몽골의 중앙정부에서 이들을 강력하게 통제하지 않은 탓도 컸다. 몽골제국이 아직 고려에 크게 신경 쓸여유가 없었기 때문으로 보인다.

불안한 변경

몽골 사신의 빈번한 왕래는 최이 정권에 불안감을 안겨주었다. 거란족을 물리친 그해 7월, 벌써 최이는 사람을 보내 의주 근방의 여러 성들을 순찰하고 병기와 군량, 성곽의 안전을 점검한 바 있다. 이어서 1221년(고종 8) 12월에는 재상급 이상의 관료들이 최이의 집에 회동하여 몽골의 침략에 대한 대비책을 논의했다. 여기서 남도의 각 주현군(지방군)을 징발하여 침입로의 길목이나 요충지에 성을 쌓자는 의견이 나왔다.

이런 논의는 최이의 주도로 이루어졌는데 반대하는 자도 있었다. 특히 최이의 이복동생 최구의 장인인 김중구가 농민의 피폐함을 들어 반대했지만, 최이는 개의치 않고 그대로 밀어붙여 다음해 정월 40여 일만에 의주(함남 덕원)·화주(함남 영흥)·철령 3곳의 축성을 마쳤다. 이 일 때문이었는지, 축성에 반대했던 김중구는 몇 년 후 무신들의 반란에 연루되었다는 죄목으로 유배당했다.

1223년(고종 10) 7월에는 개경의 나성羅城에 있는 해자(성 밖의 큰 도랑)

를 수리했다. 이 역사는 최이가 자신의 사병들을 동원하여 주도하고, 공사에 쓰인 비용 은병 3백여 개와 쌀 2천여 석도 직접 충당했다. 개경 방비를 위해 최이가 사유재산과 사병을 동원해 공사를 한 것은 중요한 대목이다. 개경 방어만큼은 자신이 맡겠다는 의지를 보여준 것이자 화친을 주장하는 왕실이나 일반관료들의 반대를 누르고 항전에 나서겠다는 굳은 의지를 보여준 듯하다.

한편 이런 공사에 상비군이 아닌 사병을 동원한 것은 상비군의 불만을 미리 감지하고 쉽게 동원할 수 있는 사병을 끌어들인 것일 수도 있다. 거란과의 전쟁에서 불만을 품기 시작한 상비군은 이미 정권에 등을 돌리고 있었기 때문에 충분히 그럴 만했다.

아무튼 최이가 몽골의 침략이 임박한 상황에서 정권의 안위를 걸고 일전불사를 결심한 것은 분명하다. 이러는 가운데도 몽골과 동진은 끊임없이 사신을 파견하여 공물과 세공을 독촉해왔다.

이 무렵 만주 지역은 여러 부족이 이합집산하면서 무주공산과 같았다. 본래 주인이던 여진족의 금(1122~1234)은 이미 몰락해가고 있었고, 거란은 흩어져 스스로 살아남기에도 벅찼으며, 몽골은 아직 너무 멀리 있었다. 동진이 그 중심을 잡기에는 너무 미약했다.

동진은 금金의 지방 선무사였던 포선만노蒲鮮萬奴가 거란족의 반란을 진압하기 위해 파견되었다가 패배하자, 국가의 혼란을 틈타 요양으로 도주하여 세운 나라이다. 그 후 1216년(고종 3) 몽골군의 공격을 받고 동쪽으로 거점을 옮겨 지금의 간도 지방에 자리 잡았다.

강동성의 거란족을 물리치기 위해 고려에 들어온 몽골은 이미 그때 동진을 복속시킨 것이나 다름없었다. 동진에서 몽골의 요구대로 군대를 보내온 것을 보면 알 수 있다. 이 동진은 고려·몽골과 함께 강동성의 거란족을 물리친 후 고려의 북방에 그대로 머물러 있었다.

아마 몽골에서는 고려를 견제하면서 동방원정의 발판으로 삼기 위해 동진을 그대로 살려둔 듯하다. 몽골의 사신이 고려에 올 때는 동진의 영역을 반드시 거쳐서 왔고, 길 안내도 동진에서 맡았다. 그래서 몽골의 사신은 대부분 동진의 사신을 대동하고 왔다. 이들은 함께 와서 과도한 공물을 요구하기도 했고, 때로는 동진 단독으로 사신을 파견하기도 했다.

그런데 동진은 몽골의 중심세력이 멀리 떨어져 있는 틈을 타 변경을 혼란시키고 있었다. 변경에서 사소한 침략과 약탈을 다반사로 자행했으니, 호랑이 없는 골에 노루가 행세하는 꼴이었다. 게다가 동진의 공물 요구는 몽골보다 더 과도했다. 고려에서는 몽골을 의식해서인지 이에 적절히 대처하지 못하고 있었는데, 이럴 즈음 몽골의 사신이 피살되는 사건이 일어난다.

저고여 피살 사건

1225년(고종 12) 정월, 몽골의 사신으로 왔던 저고여가 귀환 도중 국경에서 피살되는 사건이 일어난다. 이후 고려와 몽골 사이의 사신 왕래는 끊겨버렸다. 국교 단절이었다.

저고여가 고려에 처음 온 것은 1221년(고종 8) 8월이었다. 이해에 저고여 말고도 몽골의 사신이 세 차례나 더 와 심하게 행패를 부린 까닭에 최이 정권은 이때부터 이미 일전불사의 항전을 준비하고 있었다.

저고여가 다시 온 것은 1224년(고종 11) 정월이었다. 이때 그는 돌아가면서 공물로 받은 것 중 수달피만 가지고 나머지는 모두 국경에 버리고 갔다. 아마 품질이나 양이 마음에 차지 않았던 모양이다. 고려를 괴롭히기 위해 괜한 행패를 부린 것이었다. 이런 저고여가 이해 11월 다시 나타났다가 다음해, 즉 1225년(고종 12) 정월 귀환 도중 피살되었다. 이때도 수달피 외에 나머지 공물은 모두 버리고 가는 중이었다.

저고여 피살 사건에 대해 몽골 측에서는 의문의 여지없이 고려 측의 소행으로 단정했다. 물론 고려 측에서는 이 사건과 무관하다고 주장했지만 믿지 않았다. 그런데 엎친 데 덮친 격으로 고려를 더욱 궁지에 몰아넣는 사건이 또 일어났다. 진상 조사를 위해 사건 직후 몽골에서 파견된 또 다른 사신이 국경 근처에서 정체불명의 군사들에게 화살 세례를 받고 쫓겨 간 것이다.

저고여 피살 사건은, 6년 후 몽골이 대대적으로 고려를 침략해올 때 사건의 배후를 놓고 양국 간의 중요한 외교적 현안으로 떠올랐다. 진상 조사단이 쫓긴 일은 이때 그 책임 소재를 놓고 싸우면서 나중에야 고려에 알려졌다. 몽골에서는 이 사건 역시 고려의 소행으로 단정했다.

몽골에서 이 사건을 고려 측의 소행으로 본 것은 어찌 보면 당연했다. 그들은 고려 측에서 그럴 만한 충분한 이유가 있다고 생각했던 것이다. 과다한 공물 징수로 몽골 사신이 고려의 증오 대상이 되고 있었음은 몽골 스스로 더 잘 알고 있었기 때문이다.

그들은 물질적인 것뿐 아니라 처녀나 기술자 혹은 중국어에 능한 자 등 사람까지 공물로 요구했다. 고려에서 감당할 수 없는 과도한 요구라 하여 진정표를 올리기도 했으니, 몽골에서 고려의 불만을 모를 리 없었다. 더구나 저고여는 여러 차례 왕래하면서, 마음에 들지 않는 물건을 국왕 앞에 내던지거나 국경에 버리는 등의 행패를 일삼아 특히 원성을 샀던 인물이다.

따라서 고려 측에서 저고여를 살해했을 가능성이 높다고 볼 수 있다. 하지만 이렇게만 보면 다른 한 면을 놓치게 된다. 고려에서 저고여를 살해해서는 안 될 이유도 충분히 있었기 때문이다. 몽골이 침략할 수 있는 빌미를 주어서는 안 된다는 너무도 절박한 이유이다. 침략을 뻔히 내다보면서 그 일을 자초할 바보는 없을 테니까.

고려에서는 그런 이유를 들어 이 사건과 무관하다고 주장하고, 인근 도적들의 소행이라고 했다. 그런데 그게 여의치 않았는지 나중에는 말을 바꿔 그 배후로 금의 장수 우가하를 지목하고, 몽골 사신을 쫓아버린 일은 동진의 군사들이 고려 군사의 복장을 하고 저지른 장난이라고 주장했다.

금의 변방 장수 출신인 우가하가 금을 공격한 몽골에 대한 일종의 보복으로 사신을 살해했을 가능성은 충분히 있다. 그는 자신이 그 일을 저질러도 고려가 책임을 뒤집어쓰리라는 것을 잘 알고 있었을 것이다. 또한 금과 사대관계에 있던 고려가 몽골과 원만한 관계를 유지하는 것도 용인할 수 없는 배신으로 여겼을 수 있다.

하지만 고려의 이러한 주장은 몽골로부터 전혀 인정받지 못했다. 이는 처음에 인근 도적들의 소행이라 주장했다가, 나중에 금을 지목하며 말을 바꾼 탓이 컸다. 실제 저고여가 평소 몽골 사신의 경로와는 달리 동진을 거치지 않고 왕래한 점에서 도적들의 소행일 가능성도 배제할 수 없다. 하지만 말을 바꾼 것 때문에 몽골로부터 더욱 의심만 사게 되었다.

사신을 죽인 배후로 금의 우가하를 지목하면서, 그 뒤 진상조사를 위한 사신을 쫓아버린 주범으로 동진을 거론한 고려의 주장은 어딘가 어색했다. 고려에서 이렇게 어설픈 주장을 한 것은 정보 부족으로 정확하게 정황을 파악하지 못한 탓으로 보인다. 게다가 몽골의 군대가 쳐들어온 급박한 상황에서, 책임 소재를 면하는 것에 급급하다보니 실수한 것이 아닌가 싶다.

복속되느니 차라리 전쟁을

저고여 피살 사건은 끝내 결론을 보지 못하고 기나긴 전쟁으로 이어진다. 이 사건은 고려 측에서 저지른 일일 수도 있고, 금이나 동진의 소행일 가능성도 충분하다. 어느 쪽이나 그 개연성은 충분하고, 그러한 근거의 약점도 동시에 있다.

그런데 이 사건을 고려 측에서 저지른 일이라고 상정한다면 다음과 같은 두 가지를 추리해볼 수도 있을 것이다.

그 하나는, 최이 정권과는 무관하게 변경의 주민이나 군사들이 몽골 사신의 행패나 노략질에 분노하여 우발적으로 저질렀을 가능성이다. 더구나 변경 지방에서는 최이 정권에 대한 불만이 많았으니 고의로 저질렀거나 사건의 여파를 고려하지 않은 채 무모하게 저지른 일일 수도 있다.

또 하나는 최이가 나름의 목적을 가지고 계획적으로 저질렀을 가능성이다. 몽골과 형제 약속을 맺고 있었지만 최이 정권은 몽골의 등장을 달갑게 여기지 않았다. 사신들의 과도한 공물 요구나 행패는 그들이 고려를 복속국으로 취급하고 있음을 잘 보여주었다. 국왕 이하 대부분의 신료들은 몽골의 흉포함과 강대함을 들어 그들과 정면으로 맞서기를 기피하고 있었다. 이는 결국 화친으로 이어져 그들에게 복속되는 것을 불가피한 대세로 받아들이게 하는 것이다.

최이 정권으로서는 그것을 방관할 수 없었다. 새로운 국제관계의 성립은 정권의 향방과 관련된 문제이기 때문이다. 게다가 국왕을 허수아비로 만들고 그 위에서 군림하고 있던 최이 정권으로서는 몽골제국과의 화친을 통한 새로운 국제관계 성립을 꺼려할 수밖에 없었다.

한걸음 나아가, 몽골에 복속된다는 것은 자칫 잘못하면 정권의 몰락을 초래할 수도 있었다. 몽골제국에서 국왕 위에 군림하는 최이 정권을 승인하기가 쉽지 않았기 때문이다. 그래서 몽골에 복속되어 정권의 위기를 자초하는 것보다는, 차라리 그들과 대결국면을 조성하여 전쟁으로 몰아가는 것도, 위기에서 탈출하는 한 방법이라고 생각했을 가능성이 있다.

최이는 이런 계산 아래 비밀리에 자객을 보내 몽골 사신을 살해하지 않았을까? 몽골과 화친을 주장하면서 복속해야 한다는 여론을 일거에 잠재우는 효과도 노렸을 것이다. 더구나 이 무렵 최이는 일전불사의 항전을 이미 결심한 상태였다. 정권 안정을 위해서라면 전쟁도 불사하겠다는 뜻이다. 조금 무리한 추측이긴 하지만 정권 차원의 이러한 계산도 배제할 수만은 없다는 것이다.

사건의 진실을 찾는 일은 독자의 판단에 맡기겠다. 어느 쪽으로 보든 고려는 몽골의 사신이 귀환 도중 피살된 사건의 책임을 면하기는 힘들었다. 몽골 군대는 이 사건을 구실 삼아 1231년(고종 18) 8월 대대적으로 쳐들어온다. 몽골에서는 침략의 명분을 얻기 위해 이 사건을 들고 나왔고, 고려에서는 침략은 부당하니 물러가라는 근거로 이 사건의 진상을 변명했다. 최이 정권은 다음해 강화도로 천도하여 이후 30여 년 동안 몽골 군대와 항쟁을 벌인다.

금과 동진

1225년 정월 저고여 피살 사건으로 몽골과의 국교가 끊긴 이후부터, 몽골의 대규모 침략이 있었던 1231년 8월까지 6년 동안, 몽골의 움직임은 그야말로 태풍 전야처럼 조용했다. 그러나 변경은 더욱 불안했다. 이때부터 동진이 변경을 침략하여 노략질을 일삼았으며, 쇠퇴해가는 금의 장수 우가하까지 덩달아 변경을 침략했다.

1226년(고종 13) 정월, 금의 장수 우가하는 자기 군사들에게 몽골의 복색을 입혀 의주, 정주 지방으로 쳐들어왔다. 이들이 몽골의 복색을 한 것은 몽골의 위세를 빌려 쉽게 침략하려는 목적이었지만, 고려와 몽골의 관계를 악화시켜 그것을 이용하려는 측면이 강했다.

고려에서는 즉각 군사 2백여 명을 파견하여 대응했다. 고려 군사는 압록강을 넘어 저들 지경까지 깊숙이 들어가 석성을 파괴하고 우마와 무기까지 노획했지만, 적장 우가하는 보지도 못했다.

최이 정권은 망해가는 금의 잔여세력을 어떻게 할 것인가 고민했다. 금은 이때 멸망 직전으로 각 지방이나 장수들에 대한 통제력을 이미 상실했으며, 고려와 사대관계를 유지하고는 있었지만 실질적인 사신 왕래는 끊긴 상태였다. 고려로서는 몽골과도 국교가 끊긴 마당에 정벌해버리자니 또 하나의 적국을 만드는 꼴이고, 그대로 두고 보자니 명백한 침략이었다. 최이는 이때 측근인 김희제를 이용한다.

서북면병마부사로 있던 김희제가 손습경孫襲卿·송국첨宋國瞻과 함께 우가하 정벌을 계획하고 최이는 이를 모르는 척 방관하는 계책을 쓴 것이다.

김희제는 보병과 기병 1만여 명을 선발하여 3군으로 편성하고 군량

20일분을 준비하여 압록강을 넘었다. 금의 영역 깊숙이 쳐들어간 것이다. 김희제가 그들의 석성을 포위하고 공격하자 성주는 울면서 항복했다. 김희제는 우가하가 은혜를 저버리고 고려를 침입한 죄를 들어 석성을 파괴하고 돌아왔으나 우가하는 잡지 못했다.

김희제가 승전하고 돌아오자 유사에서는 그가 제멋대로 군사를 일으켰다며 탄핵하려 들었다. 최이와의 사전 밀약이 있음을 모르는 소치였다. 최이의 사전 허락이 있었다는 사실이 알려지면서 탄핵은 그쳤지만 승전에 대한 포상은 없었다. 혹시 금에서 항의가 들어오거나 마찰이 생기면 발을 빼려는 연막이었다.

우가하 세력은 이렇게 어느 정도 진압되었지만 동진이 문제였다. 실제 더 귀찮은 존재는 몽골도 아니고 금도 아닌 동진이었다. 몽골 군대는 변경에서 멀리 철수한 상태여서 군사적으로 당장 큰 위협은 아니었다. 하지만 동진은 달랐다. 동진은 몽골과의 국교가 끊긴 후 마치 몽골의 대리인 역할을 자임한 듯 고려를 괴롭혔다.

동진은 1225년(고종 12) 8월 삭주에 침입하고, 이어서 1227년(고종 14) 9월에는 좀 더 대대적으로 함경남도의 정주와 장주를 침략했다. 최이 정권은 3군을 조직하여 막게 했는데, 같은 해 10월 고려군은 의주(함남 덕원)에서 이들에게 패배하고 만다.

다음해 7월 동진의 군사 1천여 명이 영흥(함남)으로 쳐들어와 다시 3군을 편성하여 막 출발시키려는데 어쩐 일인지 이들은 스스로 물러났다. 동진의 목적은 군사적인 정복이 아니라 약탈을 위해 치고 빠지는 것이었다. 하지만 이 역시 성가신 일이 아닐 수 없었다.

1228년(고종 15) 8월 국왕이 문무 4품 이상의 관리들에게 동진에 대한 적절한 대비책을 글로 써서 올리라는 주문을 내렸으나 무슨 특별한 대책이 나올 수 없었다. 최이 정권으로서도 뾰족한 수가 없었다. 임기응변으로 그때그때 대응하는 것 외에 다른 길이 없었다. 사실 동진 정도는 대대적으로 군사를 일으켜 본거지를 완전히 정복할 수도 있었다. 하지만 동진의 배후에 있는 몽골이 문제였다. 동진의 변경 약탈은 몽골의 군대가 대규모로 쳐들어올 때까지 계속된다.

동요하는 무신들

중방의 변화

변경의 불안이 커지고 있던 이 무렵, 중방 무신들의 움직임이 심상치 않게 돌아갔다. 무신들의 동요를 알아보기 전에 우선 최씨 정권이 들어서면서 중방의 위상이 어떻게 변화되었는지 살펴볼 필요가 있다.

중방은 무인정권이 들어서기 전에는 국방 문제를 논의하는 고위 무신들만의 최고회의기구였는데, 의종이 왕권 강화를 위해 친위군을 확대 강화하면서 국가상비군을 통제하는 장치로 중방을 이용했다. 1170년에 일어난 무신란은 중방 소속 무신들이 주동이 되어 일으킨 것이었다. 그러니 무신란이 성공한 후 중방은 당연히 권력의 핵심으로 자리 잡았고, 국방 문제뿐만 아니라 국정 전반에 간여했다.

그래서 최충헌 이전의 무인정권까지는 약간의 부침은 있었으나 중방이 최고 권부로서의 자리를 유지하고 있었다. 하지만 최충헌이 권력을 잡은 후부터는 중방의 위상이 점차 변화되기 시작한다. 이는 최충헌 정권의 복고적인 성향과 깊은 관련이 있다.

최충헌은 앞서 여러 차례 언급한 바대로 무신란 이전의 고려 전통법제를 중시하면서 앞선 무인정권에서 소외되었던 문신귀족들을 우대하여 자신의 후원세력으로 삼았다. 최충헌 정권은 고려 문벌귀족 사회체제를 변화시키기보다는 온존시키는 길을 택했다. 이런 속에서 과거 무인정권하에서 득세했던 중방이 소외될 것임은 쉽게 예측할 수 있다.

그런데 실제 최충헌이 정권을 잡은 후 중방을 직접 겨냥하여 의도적으로 약화시켰다는 증거는 없다. 물론 그렇다고 중방의 영향력이 더 커진 것은 아니지만 결코 급전직하로 추락하지도 않았다. 과거 무인정권에서 강화된 중방의 영향력은 최충헌 정권에서도 정도의 차이는 있지만 계속 유지된다. 중방이 최충헌 정권에 반기를 든 적이 한 번도 없었다는 사실이 이를 반증한다. 이것은 눈여겨볼 대목이다.

중방의 정치적 위상에 큰 변화를 가져온 직접적인 계기는 거란족의 침입이었다. 중방의 무신들이 이 전투에 대거 동원되면서 그 위상이 흔들리기 시작한 것이다. 지금까지 권력 주변에만 맴돌면서 정치적 성향을 강하게 띠었던 그들이 전투에 동원되었다는 것은, 그 자체로 권력으로부터의 소외이자 추락이었기 때문이다.

과거 고려 전통의 관습대로 한다면 외적 침입 시 전투에 참여하는 최고사령관은 반드시 문신이 맡았다. 그런데 거란족이 침입했을 때는 여러 차례 지휘부를 교체하면서도 최고사령관을 모두 무신들로만 구성했다. 문신 출신 최고사령관은 조영인의 아들이었던 조충이 유일했다.

조충은 과거에 급제한 문신으로서, 고종 3년 추밀원부사(정3품)를 맡으면서 상장군을 겸했던 인물이다. 문신이 상장군을 겸한 것은 명종

대 문극겸文克謙 이후 그가 두 번째였다. 상장군을 겸하고 있었지만 조충은 분명 문신 출신이었다.

최충헌은 중방을 약화시키려는 분명한 목적을 가지고 그 소속 무신들을 전투에 동원했다. 그 증거 중 하나가 1217년(고종 4) 5월 출정군이 거란족에게 밀리는 과정에서 중군병마사 최원세崔元世를 응양군 상장군으로 임명한 사실이다. 응양군은 국왕의 친위부대이고 그 상장군은 무관직 서열 1위의 자리로, 이를 맡은 자가 중방을 이끄는 의장을 겸했다. 곧 이 조치는 중방을 거란과의 전쟁을 수행하는 데 중심으로 삼아 책임을 지우겠다는 최충헌의 의지였다.

이후 중방은 정치권력에서 점차 멀어져 본연의 임무였던 국방 문제 쪽으로만 기울게 된다. 거란과의 전쟁이 그 빌미를 제공한 셈인데, 전쟁이 끝난 뒤에도 그대로 계속된 것이다. 이런 기조가 최이가 권력을 세습한 후에도 변함없이 유지되자 당연히 중방의 저항이 뒤따랐다.

중방의 저항

1223년(고종 10) 정월, 추밀원부사(정3품)로 있던 오수기가 중방의 무신들을 선동하여 반기를 들었다. 최씨 정권이 들어선 이후 중방이 일으킨 최초의 반기였다. 오수기는 정통 무반 가문 출신으로 거란족 침입 시 대장군으로 참전했고, 앞서 의주에서 한순과 다지의 반란이 일어났을 때도 상장군으로서 서북면병마사와 토벌군 지휘를 맡은 인물이었다.

오수기는 장군으로 있는 최유공·김계봉金季鳳과 중방 소속 여러 무신들을 자기 집으로 초대하여 평소 사감이 많은 문신들을 모두 죽이기로 작정했다. 불만이 쌓여 있는 중방을 이용하자는 속셈이었는데, 중방의 무신들이 이에 호응하여 적극 동조했다.

오수기의 선동에 동조한 최유공은 역시 거란족 침입 시 참전했던 장수로, 서경에서 고구려부흥운동이 일어났을 때 서경의 병마사로 있었던 인물이다. 그때 상장군이었던 그는 고구려부흥운동을 유발시켰다는 문책을 받고 장군으로 강등되었다. 김계봉도 거란족이 침입했을 때 장군계급으로 참전했던 장수였다.

오수기·최유공·김계봉 등 반란의 주모자들이 모두 거란족 침입 시 전투에 투입된 장수들이었다는 사실은 중요한 대목이다. 고위급 무신들이 반란을 일으킨 이유가 거란과의 전쟁과 관련이 있음을 보여주기 때문이다. 게다가 중방의 무신들이 여기에 동조했다는 것은 주모자급이나 중방의 무신들이 같은 처지에서 비슷한 불만을 품고 있었다는 사실을 말해준다.

중방 소속의 고위급 무신들은 전쟁이나 반란 진압 등 어려운 일은 도맡아 하면서도, 문신들에 비해 권력에서 점차 소외되고 있었다. 이는 중방의 위상이 변화되었음을 뜻한다. 게다가 변경의 불안으로 전쟁의 위기감이 고조되는 가운데 최이 정권은 그런 쪽으로 분위기를 더욱 몰아가고 있었다. 다시 전쟁에 동원될 것이라는 사실이 이들에게 더욱 큰 불만이었다.

이들이 문신들을 모두 제거하기로 모의한 것은, 언뜻 보면 최이 정권에 대한 직접적인 반기는 아닌 것처럼 보이기도 한다. 주된 표적이 문신들이었기 때문이다. 그러나 이들의 모의는 제2의 무신란을 연상케 하는 것으로, 중방 소속 무신들을 소외시키고 문신귀족 중심으로 흘러가는 최이 정권에 대한 반기가 분명했다.

하지만 이 반란 모의는 사전에 발각되어 실행에 옮겨지지도 못했다.

최이는 핵심 주모자 오수기를 백령도로 추방했다가 자객을 보내 주살해버리고, 최유공은 거제현령으로, 김계봉은 명주부사로 축출했다. 나머지 중하위급 무신들이나 단순 가담자들은 대부분 불문에 붙여 사건을 급히 마무리지었다.

반발하는 무신들

충분히 예상할 수 있는 일이지만, 일은 여기서 끝나지 않는다. 지방으로 축출된 최유공을 상장군으로, 김계봉을 다시 장군으로 불러들인 것이 화근이었다. 그들을 회유하려 한 것인데, 아마도 이들을 적대세력으로 남겨두는 것에 대한 정치적 부담이 적지 않았던 모양이다.

최이는 이것으로 부족하다고 생각했는지, 1224년(고종 11) 3월 고위급 무신 46명을 집으로 초대하여 만찬을 베풀었다. 장군(정4품) 계급의 무신이 모두 참여한 대대적인 연회였다. 고위급 무신들을 회유하기 위해 벌인 연회였지만 분위기는 썰렁했고 돌아서는 무신들의 반응도 냉랭했다.

결국 그해 7월 기어이 일이 터지고 만다. 이번 사건의 주동자는 장군으로 있던 이극인이었다. 이극인은 신라부흥운동에서 경주의 별초군이 인근의 영주(경북 영천)를 칠 때 그에 맞서 싸워 경주세력을 물리친 영주의 토착세력이다. 그는 이 공으로 최충헌에 의해 중앙군의 하급 장교로 발탁되어 승진을 계속했으며, 거란과의 전쟁 때 김취려 장군의 막하 장수로 활약하여 전공을 세우기도 한다.

이런 이극인이 최이를 제거하기로 모의한 것이지만 이 역시 사전에 발각되어 미수에 그치고 만다. 여기에는 앞서의 상장군 최유공과 장군 김계봉을 비롯하여 50여 명이나 되는 무신들이 또다시 연루되어 있었다.

복직한 최유공과 김계봉이 또다시 관련된 것은 고위 무신들의 반발이 일회성이 아닌 근본적인 불만에서 비롯되었음을 보여준다. 주모자 이극인과 최유공·김계봉은 바로 주살되고 나머지 무신들은 먼 섬으로 유배당했다.

그런데 연루자를 신문하는 가운데 또 다른 무신들이 관련되어 있는 사실이 드러났다. 추밀원부사 김중구, 상장군 함연수咸延壽·이무공李茂功 등이었다. 이들 3인 역시 혹독한 고문을 받고 섬으로 유배당했다. 최고위급 무신들이 반란에 연루된 것이 약간 의심스럽기는 하지만, 그럴 만한 중요한 배경이 있었다.

김중구는 최충헌 정권에서 재상까지 지낸 김준의 아들로 정통 무반 출신이었으며, 최이의 이복동생인 최구의 장인이기도 했다. 그 역시 거란과의 전쟁에 참여했는데, 추밀원부사에까지 오른 것으로 보아 정치에서 완전히 소외되었다고 보기는 힘들다.

함연수는 1203년(신종 6) 7월, 신라부흥운동의 본거지인 운문산을 칠 때 대정(종9품) 계급으로 결정적인 공을 세운 인물이다. 그런 그가 20년 후 무신의 최고계급인 상장군에 올랐으니 관직 승진에서 낙오된 것은 분명 아니었다. 이무공 역시 대장군으로 거란과의 전쟁에 참여하여 상장군에까지 오른 인물이었다. 이런 점으로 보아 이들 3인은 직접 연루되었다기보다는 관련자를 신문하는 과정에서 괜한 무고를 받은 것일 수도 있다. 특히 김중구가 유배된 지 3년 후 다시 서경유수로 복직한 것을 보면 그런 가능성을 완전히 배제하기는 어렵다.

한편 앞서 중방의 무신들을 선동하여 반기를 든 오수기도 그렇지만, 최이를 제거하기로 모의한 이극인도 개인적인 입장만 보면 반기를 들

만한 이유가 별로 없다는 점이 석연치 않다. 이들은 승진과 같은 개인적인 불만보다는 최이 정권의 정국 운용과 관련된 근본적인 불만 때문에 반기를 든 것으로 생각된다. 갈수록 더해가는 몽골과의 전쟁 위기가 그런 불만을 부추겼을 것이다.

연루되었다고 폭로당한 김중구, 함연수, 이무공 등도 최이 정권에 대해 쉽게 해소할 수 없는 근본적인 불만을 갖고 있었을 수 있다. 곧 최충헌의 권력을 세습한 최이가 변함없이 문신귀족 중심으로 정국을 운용하면서 자신들을 점차 정치권력에서 소외시키는 것에 대한 집단적인 저항이었다고 생각된다.

문신귀족 중심의 정국 운용은 고려의 정치체제를 무신란 이전의 상태로 회귀시키는 것이었다. 최충헌의 권력을 세습한 최이는 더욱 그런 쪽으로 치우치고 있었다. 무신들의 불만은 여기서 비롯된 것으로, 홀대받던 중방의 무신들이 음모를 꾸미던 무신란 직전의 상황과 유사했다. 게다가 최이가 권력을 세습한 후 전쟁을 예고하는 변경의 불안한 움직임은 무신들을 더욱 동요하게 만들었을 것이다.

하지만 무신들의 반발은 사실 최이 정권에 큰 위협이 되지 못했다. 이후에도 수차례에 걸쳐 최이 제거 음모와 반란 기도가 있었지만 모두 무위에 그치고 한 번도 실행에 옮겨지지 못했다. 무적의 최이 독재체제가 치밀하게 구축되어 있었기 때문이다.

이제 최이 정권에 정면으로 도전하여 정권을 타도할 만한 적대세력은 국내에는 없는 듯 보였다. 최이 정권이 중방을 비롯한 무신들의 집단적인 반발을 성공적으로 제압한 것은 그 점을 잘 보여준다.

제왕적 통치자

초월적 존재

최이는 권력을 세습한 직후 아비 최충헌이 축적한 금은진보를 모두 국왕에게 바치고, 다음해 정월에는 역시 아비가 탈점했던 공전과 사전을 모두 본 주인에게 돌려주는 조치를 취했다. 요즘 식으로 보면 재산을 사회에 환원한 셈이다.

이러한 최이의 조치는 새로운 정치를 위한 쇄신책으로 좋게 평가할 수도 있다. 하지만 수직적으로 아비의 권력을 세습한 그가, 최충헌이 만들어 놓은 권력구조나 정권의 성향에서 벗어날 수 없다는 것은 명백하다. 아버지 최충헌 정권과의 차별화가 필요했겠지만 그것은 어려운 일이었다는 뜻이다. 그래서 최이의 행동은 아비 최충헌에 대한 세간의 불만과 비판으로부터 단절하겠다는 의도로 해석된다.

최충헌은 그 이전 어느 무인집권자도 감히 따라올 수 없는 부정과 축재를 자행했다. 어쩌면 아들 최이가 재정에 구애받지 않고 마음 편히 권력을 누릴 수 있도록, 불법·합법적인 방법을 총동원하여 충분한 경제 기반을 확보했다.

그 덕분인지는 몰라도 최이는 재산을 축적하려고 안달하는 모습은 별로 보이지 않는다. 오히려 공적·사적으로 시혜를 베푸는 데 결코 인색하지 않았다. 그만큼 충분한 재산을 권력과 함께 상속받았다는 얘기다. 그러니까 최이가 사회에 환원한 재산은 아비에게 물려받은 전체 재산과 비교하면 빙산의 일각이었다.

게다가 아비보다 더 확고한 독재권력을 누리다 보니 국가의 공적 재정과 자신의 사적 재정이 명확히 구분되지도 않았다. 마치 왕정하에서 왕실의 재산과 국가의 재산이 명확히 구분되지 않는 것처럼. 국가 재정을 사적으로 사용할 수 있는 구실이야 얼마든지 만들 수 있었다.

아들 최이의 정권은 아비 최충헌의 정권보다 더욱 안정적이고 확고했다. 최이의 능력이 더 뛰어나서가 아니라, 최충헌이 이미 닦아놓은 정치체제나 통치조직 나아가 경제적 기반까지 그대로 물려받았기 때문이다. 최이 정권을 대적할 만한 세력은 이제 어디에도 없어 보였다. 국왕도 마찬가지였다.

1221년(고종 8) 5월 최이는 진양후晉陽侯 책봉을 사양하고 아비 최충헌이 받은 진강후의 작위를 그대로 이어받았다. 그것으로는 성에 차지 않았던 것일까. 하지만 책봉을 사양한다고 해서 식읍으로 주어진 진주(경남)를 상실하는 것은 아니었으니 그럴 만도 했다.

사실 국가의 관직은 최이에게 아무 의미가 없었다. 권력을 세습한 직후인 1220년(고종 7) 정월에 최이의 관직은 추밀원부사(정3품)에 불과했다. 그해 12월 최이는 참지정사(종2품), 이병부상서(정3품), 판어사대사(정3품)를 동시에 겸했다. 일반 관료들과 별반 다를 것 없는 승진 과정이었다. 그러나 최이의 관직생활은 여기서 끝난다.

그 이후부터 최이의 이름은 인사발령에서 보이지 않는다. 이제 관직 승진은 그에게 아무런 의미가 없었던 것이다. 충분히 그랬을 것이다. 국왕 위에 군림하는 최고통치자가 국왕으로부터 관직을 임명받는다는 것이 얼마나 이상한 일이었겠는가. 만일 관직생활을 계속했다면 최이의 정치적 위상은 이전의 무인집권자들과 다를 바 없었을 것이다. 최이는 국가의 공적인 관료질서 밖에 초월적으로 존재했다.

최이는 문하시중이라는 수상직에도 전혀 연연해하지 않았다. 이는 그래도 수상직은 차지하고 본다는 태도를 취했던 그의 아비와는 정치적 차원이 달랐다. 그는 수상인 문하시중 자리를 다른 문신관료들에게 미련 없이 양보했다.

최이 정권은 1232년(고종 19) 강화 천도를 기준으로 해서, 편의상 그 이전까지를 전반기, 그 이후를 후반기로 나눌 수 있다. 이 전반기 동안 문하시중에 오른 인물은 두 사람이 등장한다. 고종 14년 12월에 죽은 이연수李延壽라는 인물과, 고종 18년 11월에 죽은 이항李抗이라는 자다.

이 두 사람은 생존 시 행적조차 드러나지 않는다. 어떤 활동을 했고 어떤 정치적 성향을 지녔는지 짐작조차 할 수 없다. 아무리 최이 1인 독재체제라 할지라도 일국의 수상이라면 그래도 다른 관료들과는 다른 정치적 비중을 가졌을 법도 한데 말이다. 이는 그들이 수상으로서 위상을 전혀 확보하지 못했음을 뜻한다.

최이의 정치적 위상이 어느 정도였는지 알려주는 재미있는 일화가 하나 있다. 1226년(고종 13) 9월, 최이의 허리에 종기가 났는데, 얼마나 심했던지 통증으로 온몸이 불덩이같이 열이 올라 운신할 수가 없었다.

팔방으로 의사를 구하여 치료케 했으나 아무 효과가 없었다. 당연히 장기간 정사를 돌볼 수 없어 국왕도 이 사실을 알게 되었다.

최이의 병을 알게 된 국왕은 가만히 있을 수가 없었다. 당사자인 최이보다도 국왕이 더 안절부절못했다. 국왕은 재상으로부터 말단 아전에 이르기까지 모두 각 가정마다 재齋를 설치하고 축문을 지어, 최이의 쾌유를 빌라고 했다. 이 때문에 축문을 짓기 위한 종이를 급작스럽게 매수하느라 개경의 종이 값이 폭등하고 품귀 현상이 빚어지는 우스꽝스러운 일도 일어났다.

다행히 어떤 하급관리의 아내가 의술하는 집의 딸로서 경험한 바가 있다며 고약을 만들어 바쳐서 낫게 되었다. 국왕은 최이를 볼 면목이 없었던지 이 여자의 남편을 특진시켜 보답하고 최이를 위로했다. 국왕이 얼마나 노심초사했는지 알 만한 일이다. 마치 신하가 임금을 걱정하듯 말이다.

큰 산을 진 자라

최이는 1226년(고종 13) 광벽익대공신匡辟翊戴功臣, 1228년(고종 15) 12월 오대진국공신鼇戴鎭國功臣에 봉해졌다. '오대'는 '큰 자라가 산을 진다'는 뜻으로 공신호치고는 매우 특이한데 그 어원은 잘 알 수 없다. 고려 왕조를 등에 지고 가는 큰 자라에 자신을 비유한 것일까. 최이의 특별한 정치적 위상을 나타내기 위해 만든 신조어였을지 모르겠다.

이후 최이는 '영공令公'으로 불렸다. 아무런 국가 관직이 없는 '영공'으로서 무소불위의 권력을 누렸다.

1228년(고종 15) 12월에는 최이가 공신호를 받으면서 관료들에 대한 대폭적인 물갈이가 단행되었다. 재상급 관료 10여 명을 한 등급씩 승진시켜주고 강제 퇴직시킨 후 새로운 인물들을 대거 발탁한 것이다.

옛 관료들을 물러나게 하고 새로운 사람들을 발탁하여 자주 교체함으로써 얻는 정치적 효과는 컸다. 관료집단의 정체를 방지하면서 승진에 대한 불만을 충족시켜주고, 더불어 마음에 들지 않은 인물을 얼마든지 갈아 치울 수 있었다. 충성심을 유도하는 데도 적격이었다. 강제 퇴직시킬 때는 반드시 한 등급씩 승진시켜 물러나게 했으니 이는 아비 최충헌의 수법을 그대로 따른 것이다.

정치나 권력의 중심도 국왕이 있는 대궐이 아닌 최이의 사저로 확실히 옮겨졌다. 최충헌 정권 때부터 이미 시작된 일이 최이 정권에 와서 더욱 심화된 것이다. 이러한 경향은 최이의 사저에 설치했던 정방政房에서 두드러지게 나타난다. 관료들의 인사행정 기구였던 정방에 대해서는 뒤에서 좀 더 자세히 살필 것이다.

최이는 국왕의 친위군마저 자신이 사저에서 직접 선발했다. 전유마前遊馬라는 친위군을 선발할 때의 일이다. 그 이름으로 보아 국왕이 행차할 때 어가 앞에서 의장을 담당하는 공학군拱鶴軍의 일종으로 친위군에 속한다.

1225년(고종 12) 8월, 최이가 이 전유마를 선발하기 위해 사저에서 군대를 사열시켰는데, 모여든 군사들의 의장과 기마의 장식이 얼마나 화려하고 눈부셨는지 구경꾼이 길을 메웠다고 한다. 또한 공학군은 본래 검은 모자를 쓰는데 최이가 더욱 화려한 금화모로 바꾸어주자 국왕이 이를 보고 매우 기뻐했다고 한다. 국왕의 친위군마저 최이의 뜻에 의해 좌우되었던 것이다.

최이에 의해 선발된 그런 친위군이 국왕에게 몸과 마음을 다해 충성을 할 리 없었다. 그 충성심은 최이의 의지를 좇을 수밖에 없을 것이고, 그만큼 최이 정권에 대한 국왕의 의존도도 높아갔을 것이다.

최충헌이 수차례나 왕을 폐위시키고 새로운 왕을 옹립한 데 반해, 최이는 죽을 때까지 고종 한 사람만을 상대했다. 최충헌이 국왕을 무력으로 제압했다면, 최이는 국왕을 수중에 넣고 적절하게 통제할 정도가 되었던 것이다. 최이의 지원이나 협조가 없는 국왕 고종의 존재는 상상할 수 없게 되었다.

최이의 저택

최이의 사저는 국가의 모든 중대사를 논의하는 권력의 심장부였다. 문무관료들을 위한 사사로운 연회부터, 관리의 인사행정 문제나 외적의 침입에 대비한 논의, 때로는 군대사열이나 무술행사에 이르기까지 최이의 사저에서는 못 하는 것이 없었다. 궁궐에서 치러지던 대부분의 행사가 그의 사저에서 이루어졌다.

그러니 사저의 규모 또한 대궐에 비길 만했다. 최이의 사저가 권력을 세습하기 이전부터 아비 최충헌의 사저를 능가했음은 앞서 언급한 대로다. 그런데도 최이는 이 저택이 작다고 생각했는지 다시 대규모로 확장한다.

1229년(고종 16) 4월, 최이는 이웃한 집 1백여 채를 탈취하여 격구장을 만들었다. 격구는 말을 타고 하는 운동이므로 당연히 넓은 구장이 필요했다. 가로 세로 길이가 각각 수백 보 규모에 땅은 바둑판처럼 평탄했으며, 격구를 할 때 먼지가 일지 않도록 이웃 주민들을 동원하여 물까지 뿌리게 했다. 구장에 이미 마련된 세 칸짜리 누정이 너무 비좁

앉는지 세 칸을 더 증축했는데, 저녁에 공사를 시작하여 다음날 아침에 마칠 정도였다.

이것으로도 만족을 못하여 그해 9월 또 이웃 인가를 빼앗아 구장을 넓혔으니, 전후로 점탈한 민가가 수백 호에 이르렀다. 사저에서는 거의 매일 격구나 활쏘기와 같은 무술행사가 끊이지 않았다. 무술행사는 화려하기 이를 데 없어 그때마다 구경꾼들이 구름떼처럼 몰려들었다.

여기에 참여하는 군사는 주로 도방 소속 사병들이었지만, 일반 무사들도 수없이 이곳을 기웃거렸다. 격구나 활쏘기에서 성적이 좋으면 상을 받고 그 자리에서 초급 장교로 발탁될 수도 있었기 때문이다. 그러려면 기마 장식이나 궁시가 화려해야 했는데 그 비용을 마련하는 일이 만만치 않았다. 이로 인해 출세를 꿈꾸는 무리들이 처가가 가난하다고 조강지처를 버리는 일까지 다반사로 생겨났다.

최이가 사저에서 행한 무술행사는, 이즈음 높아져가고 있던 사회불안과 몽골의 침입에 대처하기 위한 무력시위의 성격이 짙다. 자신의 무력 기반을 두루 과시하기 위한 정치행위였던 것이다.

1231년(고종 18) 7월 최이의 아내인 정씨가 죽었을 때의 일이다. 국왕은 그 장례를 왕후의 예에 따라 치를 것을 명했다. 여러 왕족과 재상 이하 관리들이 앞 다투어 제祭를 올리니 하루에도 예닐곱 차례나 되었고, 제수는 사치하기가 이를 데 없어 도성 제수품의 품귀 현상까지 일어났다.

장사지낼 때는 문무백관이 뒤를 따르는데 빈소에서 보정문까지 촉농과 홍촉을 늘여 세워 그 사치함과 엄숙함이 왕후의 상사를 능가했다. 그에 비해 국왕이나 왕실은 갈수록 초라해졌다.

부인의 장사를 왕후의 예에 따라 치렀으니, 최이 본인이 죽으면 당연히 국왕의 예에 따라 장례를 치를 것이 분명했다. 이렇게 국왕과 동등한 예우를 받고 국왕 위에 군림한 최이가 스스로 왕이 되려는 생각은 하지 않았을까?

최이, 드디어 왕을 꿈꾸다

최충헌은 왕을 마음대로 갈아치우면서도 스스로 왕위에 오르지는 않았다. '않았다'는 표현보다는 그럴 수 '없었다'는 표현이 더 적절하겠다. 그것은 불가능한 일이었기 때문이다. 당시 사회에서 도저히 용인할 수 없는 일임을 최충헌 자신이 너무나 잘 알고 있었다. 마음속에 은밀하게 그런 생각을 품었을지는 몰라도 겉으로는 결코 드러낼 수 없었다.

그러면서 최충헌은 아들 최이의 권력 세습을 위해 모든 준비를 다했다. 아들을 위해 악역도 마다하지 않은 것으로도 보인다. 그런데 그런 조치들은 단순한 후계자를 키우기 위한 것이었다고는 생각되지 않는다. 그렇게만 보기에는 후계자에 대한 준비가 매우 치밀했고, 권력 세습에 대한 준비도 너무나 철저했다.

최충헌은 아들 최이에 대해서는 조금 생각을 달리한 듯하다. '왕으로 한 번 만들어볼까' 하는 욕심을 가졌을 법하다는 것이다. 직접적인 증거는 없지만, 최이의 후계자 수업 과정에서 미약하나마 그런 방증을 찾을 수 있지 않을까. 그렇다면 최이 본인도 그런 생각을 가졌을 법하다. 그것을 보여주는 좋은 사건이 하나 있다.

최산보崔山甫라는 인물이 있었다. 그는 삼계현(전남 장성) 출신으로 음양술수에 통달한 자였는데, 머리를 깎고 고향 인근에 있는 금강사의 주지가 되었다. 그는 주지로 있으면서 사찰 인근의 주민들을 약탈하는 불법을 자행하다가 지방관으로부터 체포령을 받게 되었다. 추적을 피하기 위해 이름까지 주연지周演之로 고치고 전국을 떠돌다 도성으로 흘러들어왔다.

서울로 들어온 주연지는 음양술수를 동원하여 미래를 예측한다거나 액땜 방법을 알려준다는 등의 말로 도성 안을 현혹하고 다녔다. 그의 음양술수가 너무나 유명하여 도성 안에서 그의 이름을 모르는 자가 없을 정도였다. 소문을 들은 최이도 그를 불러보니 과연 음양술수에 쓸 만한 데가 있는 인물이었다. 이후 자주 불러 친밀하게 지내며 정치에 대한 자문도 구했다.

집권자 최이와 가까워지면서 날로 위세가 커진 주연지는 음양술을 동원한 협박과 갈취로 일거에 거부가 되었다. 사람의 얼굴만 보고도 빈부나 수명을 알 수 있다고 큰소리치며 여러 사람을 농락했지만, 최이 말고는 누구도 그를 제지하지 못할 정도가 되었다. 최이의 비호를 받고 있다고 믿었기 때문이다.

1227년(고종 14) 3월 어느 날, 최이가 주연지를 조용히 사저로 불러 자신의 관상을 보도록 했다. 주연지는 주변의 모든 사람을 물리치게 하고는 은밀하게 말했다.

"지금 왕은 왕위를 잃을 상이고, 영공께서는 왕의 상이 있으니 운명을 어찌 피할 수 있겠습니까?"

최이는 기분이 나쁘지 않았다. 그래서 심복인 장군 김희제에게 이 말을 전하며 가만히 떠보았다. 앞서 언급한 대로 김희제는 뛰어난 문장력과 임기응변의 재치로 까다로운 몽골 사신을 잘 요리하여 최이의 총애를 한몸에 받고 있었다. 최이가 김희제에게 그 말을 전한 것은, 자신의 생각을 숨기고 주연지의 말을 빗대어 주변의 반응을 살피려는 의도에서였다. 일종의 여론 수렴 과정으로, 할 수만 있으면 그런 쪽으로 여론을 몰아가려는 심사였다.

최이의 말을 들은 김희제는 깜짝 놀랐으나 표정을 드러낼 수 없었다. 다른 사람에게 천기를 누설하기도 곤란했고, 혼자 마음속에 묻어두려니 견디기 어려웠다. 우선 그 말의 발원지인 주연지를 찾아 사실을 확인해보기로 했다.

김희제와 주연지는 이 무렵 최이의 좌우 측근으로 총애를 받고 있었다. 이 일이 있기 한 해 전 최이가 심한 종기가 났을 때, 김희제는 주연지를 찾아가 최이의 병이 어떻게 하면 나을 수 있는지 자문을 구한 적도 있었다. 두 사람은 최이를 좌우에서 보좌하는 최측근이었다.

김희제는 주연지와 마주앉아 직접 물었다.

"과연 그런 말을 한 적이 있었소?"

주연지는 대경실색하고 말았다. 자신과 최이만 알고 있어야 할 말이 벌써 새나간 데 놀란 것이다. 주연지는 다시 최이를 비밀히 찾아 사실을 실토할 수밖에 없었다.

"전날 영공과 은밀히 나눈 말이 벌써 새나갔으니 화가 제게 미칠까 두렵습니다. 이를 어찌하면 좋겠습니까?"

최이는 이 말을 듣고 화를 버럭 냈다. 주연지가 자신을 농락했다고 생각한 것이다. '큰일'이 성사되려면 시작부터 잘 풀려야 할 텐데, 주연지가 한 발 물러선 것은 일이 틀어져버린 징조였다. 자신의 속마음만 드러낸 꼴이 되고 말았다. 이 문제를 어떻게 처리할까 고심하던 중 좋은 꼬투리가 하나 잡혔다.

어떤 자가 참소하기를, 최이가 병이 들었을 때 김희제의 무리가 주연지의 집에 모여 여러 무신들과 함께 최이를 제거하고 전왕(희종)을 세우기로 모의했다는 것이다. 지체할 필요가 없었다. 당장 이름이 거론된 무신들을 여러 섬으로 나누어 유배 보내고, 주연지는 즉시 바다에 빠뜨려 죽여버렸다.

그런데 주연지의 집을 수색하던 중 전왕 희종이 주연지에게 보낸 서신이 발견되었다. 자신의 복위를 도와달라는 암시가 담긴 편지였다. 전왕 희종은 폐위되어 강화도로 쫓겨났다가 1219년(고종 6) 3월 최충헌에 의해 개경으로 돌아와 있었다. 희종의 딸과 자신의 아들 최성崔珹을 결혼시키기 위해 최충헌이 내린 조치였다.

이 편지를 구실로 최이는 섬에 유배 보낸 무신들을 바다에 던져 죽이고, 아울러 김희제와 그 아들도 모두 바다에 수장시켜버렸다. 김희제는 이 사건이 일어나기 직전 전라도순문사로 나주에 내려와 있었는데, 사건 소식을 접하고 바다에 스스로 투신해버렸다. 그리고 전왕 희종은 강화도로 쫓겨났다가 다시 교동으로 유배 보내졌다.

천기누설

이 사건에서 중요한 점은 최이가 분명 왕이 될 뜻을 마음속에 품고 있었다는 사실이다. 주연지와 김희제는 이를 위해 동원된 여론조작 팀이었다. 특히 음양술의 대가인 주연지는 최이의 그런 꿈을 실현시켜줄 만한 인물로 바로 눈에 들어왔을 것이다. 최이는 도성 안 여론을 좌우하는 그의 영향력을 이용하고자 했다.

주연지가 실제 최이를 왕으로 만들기 위해 그런 말을 했는지, 아니면 단순한 아부성 발언이었는지는 중요하지 않다. 음양술수에 능한 주연지의 입에서 그 말이 나왔고, 최이가 그 말을 다시 측근인 김희제에게 넌지시 알렸다는 것이 중요하다.

그런데 그 말은 여론을 타지 못하고 다시 발설자인 주연지의 입을 통해 최이에게로 되돌아와버렸다. 여론조작의 실패였다. 결국 최이의 '큰일'도 성사되지 못했다. '큰일'을 도모하기는커녕 최이는 그 뒷수습을 하느라 정신없었다. 어쩌면 관련자들을 모두 제거하는 계기가 된 참소는 최이가 조작했을 가능성도 많다.

특히 최이의 측근으로서 이 사건에 연루되어 제거된 노인수盧仁綏라는 자는 최이 제거를 모의할 이유가 없는 인물이었다. 그는 최충헌에 의해 파직당한 후 출가하여 불교에 심취해 있던 중 최이의 부름을 받고 대장군(종3품)에 올라 있었다. 그런 그가 갑자기 주연지와 연루되었다고 하여 제거된 것이다. 그가 음양술에 조예가 깊었다는 것이 제거된 이유라면 이유였다.

김희제와 주연지의 죽음은 겉으로는 천기누설에 대한 처벌처럼 보이지만, 여론조작 실패에 대한 괘씸죄에 더 가까웠다. 그러니까 김희제나 주연지가 죽게 된 이유는 결국 최이의 '큰일'에 대해 찬성하지 않았기 때문이다.

'큰일'이 성사되기 위해서는 우선 '최이가 왕이 된다'는 말이 널리 퍼져나가야 했다. 천기가 누설되어 공론화되어야 하는 것이다. 그러나 '큰일'이 성사될 수 없을 때 그 말은 천기누설의 죄를 뒤집어쓸 수밖에 없다. 왕위에 군림하는 통치자였음에도 그 말에 그토록 민감하게 반응했다면 왕이 되기는 이미 틀린 것이다. 또한 최이의 최측근들조차 그 말을 천기누설로 여겼다면 다른 많은 문무관료들이야 상상할 수도 없는 일이 아니었겠는가. 무엇이 그토록 '큰일'을 가로막고 있었을까.

물소 수레를 탄 국왕

기회는 두 번 오지 않는다. 바야흐로 시작된 몽골의 침략으로 최이는 '큰일'을 도모할 생각을 접는다. 오히려 대외교섭 창구나, 혹은 정치 공세에 대한 방파제로서 고려 왕실이나 국왕의 중요성이 더 높아갔다. 최이로서는 오히려 국왕을 옹호하고 그 권위를 높여줄 필요가 있었다.

이와 관련된 재미있는 일화 하나를 소개하겠다. 1231년(고종 18) 8월, 최이는 국왕에게 특별한 어가를 만들어 바쳤다. 바퀴가 달린 수레 형태로, 보통 연輦이라 부르는 것이었다. 최이는 이 국왕의 어연을 금은 비단으로 장식하고 오색 빛이 나는 모직으로 덮개를 하여 극히 화려하게 만들었다. 국왕 고종은 희색이 만면했다.

그런데 이 어연을 끌 도구가 문제였다. 이때 최이가 엉뚱하게도 물소를 갖다바쳤다. 그 경위는 이렇다. 최이는 그전부터 송나라 상인에게 부탁하여 물소 뿔을 구하고 있었다. 물소 뿔은 활이나 여러 공예품을 만드는 데 사용되었는데, 송에서는 고려가 물소 뿔로 활을 만든다는 소문을 듣고 그 매매를 금지시켜버렸다. 그래서 그 송상이 최이의 심기를 건드리기 싫어 아예 물소 네 마리를 산 채로 바친 것이다.

최이는 그 물소로 국왕의 어연을 끌게 했다. 이 물소에 멍에를 채우고, 어연을 그 뒤에 쟁기처럼 매달아 끌게 한 것이다. 물소가 국왕의 연을 끄는 모습은 상상만 해도 우스꽝스럽지 않은가.

국왕이 처음 이것을 타고 왕륜사에 행차하던 날, 구경꾼들이 구름떼처럼 몰려들었다. 수레 달린 어연은 국왕의 새로운 면모로도 볼 수 있지만, 이 어연을 물소가 끄는 것은 분명 괴이한 모습이었을 것이다.

가령 눈부신 백마가 어연을 힘차게 끌고 달렸다면 얼마나 화려하고 장엄했겠는가. 국왕의 위세가 하늘을 찔렀을 것이다. 국왕의 권위를 그렇게까지 배려해주는 것은 용납할 수 없기에 최이는 물소로 그 어연을 끌게 했다. 국왕의 권위를 세워주는 듯하면서도 한편으로는 그 권위를 희화화시키기 위한 기발한 아이디어가 아니었을까 싶다. 국왕 고종은 그런 최이의 의도를 알았을까. 알았다고 한들 누구를 탓할 수 있으며 무슨 대응을 할 수 있었겠는가. 잠자코 따르는 수밖에 없었을 것이다.

화려하기 그지없는 국왕의 어연을 제작 감독하고 그런 기발한 아이디어를 제공한 사람은 대집성大集成이라는 자였다. 이 사람은 그 노고로 국왕으로부터 많은 선물까지 받았다. 이것을 보면 국왕은 물소 수레를 타고서도 마냥 고맙게만 생각했던 것 같다.

그리고 이 일이 있은 지 1년 후 최이는 과부로 있는 대집성의 딸을 후처로 삼고 그를 자신의 최측근으로 활용했다. 제거된 김희제를 대신한 것인데, 그의 기상천외한 아이디어에 탄복했던 것일까. 앞으로 이 대집성의 역할을 주목할 필요가 있다.

상비군의 와해, 민심의 이반

군인들의 이탈

군인들의 이탈은 최충헌 정권 말기부터 이미 나타나기 시작했는데, 그 중요한 계기는 거란과의 전쟁이었다. 전시에 동원될 군인들이 난동을 일으켜 동원에 불응한다든지, 전투에 투입된 후에도 마음대로 군대를 이탈하여 귀향한다든지, 겨울 의복을 마련하기 위해 귀향한 군인들이 원대복귀를 거부하는 경우가 허다했다.

이런 군인들의 이탈은 최충헌 정권의 이기적인 태도, 즉 극단적인 보신주의에 실망한 때문이었다. 이민족의 침략이라는 위협 속에서도 최충헌은 오로지 자신의 정권을 지켜내는 데만 혈안이 되어 있었는데, 군인들의 이탈은 그에 대한 저항이었던 것이다.

최이가 집권한 후에도 그런 정권의 속성은 전혀 달라지지 않았다. 여기에는 거란족이 물러난 후에도 계속되는 변경의 불안이 중요하게 작용하고 있었다. 몽골 사신 저고여가 국적 불명의 사람들에게 피살되면서 몽골의 침략이 예견되었고, 금과 동진의 변경 침입까지 빈발하여 변경의 불안을 고조시켰다.

최이 역시 그것을 정권의 가장 큰 위협으로 보고 대비하고 있었다. 하지만 그 대비라는 것은 자신의 사병집단인 도방이나 가병을 더욱 확대 강화하는 것이 주였다. 이민족의 침략에 대비하려면 상비군을 양성하여 국방을 강화해야 할 텐데, 그것은 방기한 채 자신의 신변 호위나 정권의 안위만을 염려한 것이다.

1227년(고종 14) 5월, 남경(경기 양주)에 사는 인걸仁傑이라는 자가 여기 저기를 노략질하고 다니다가 잡힌 사건이 있었다. 인걸은 본래 군인 출신으로 강인한 기상과 용맹함으로 이름이 높아 일찌기 신기군(특수 기마부대)에 발탁된 적이 있었다.

그런데 그는 거란족이 침입했을 때 전투에 참여하지 않고 개경에 남아 도성을 수비하는 일을 맡았었다. 용맹한 군사는 전투에 투입하지 않고 정권 수호를 위해 도성을 지키도록 한 최충헌의 강요 때문이었다. 거란족이 개경의 코앞까지 밀어닥쳐도 최충헌은 이러한 태도를 바꾸기는커녕 더욱 극성스럽게 드러냈다. 이때 도성을 지키던 상비군 중 출전시켜줄 것을 요구한 이들이 있었는데, 최충헌은 그런 자들을 여지없이 유배 보냈다. 심지어는 자신의 가병들 중에서 그런 요구를 하는 자들도 예외가 아니었으니, 최충헌이 정권 수호에 얼마나 안달했는지 알 만하다.

인걸은 그때 최충헌의 태도에 불만을 품고 군대에서 이탈한 군인이었다. 군대에서 이탈한 그가 할 수 있는 일은 뻔했다. 무사적 자질을 이용하여 노략질하거나 소요를 일으키는 것이다. 최충헌이 죽고 최이가 권력을 잡은 후에도 그에게는 다른 선택의 여지가 전혀 없었다.

그는 한때 개경의 도성 안에까지 들어와 최이의 사병들을 농락하며 대담하게 행동했다. 자신을 잡으러 온 기병의 말을 빼앗아 타고 달아나기까지 했다. 최이가 그를 잡기 위해 기병으로 전담 체포조까지 조직했을 정도였다. 이미 도성 안까지 그의 신출귀몰한 기마술과 무술은 소문이 퍼져 민심을 현혹하고 있었으니, 탈영한 한 군인의 소행이라고 가벼이 볼 일이 아니었다.

그 후 인걸은 이천(경기)으로 내려와 숨어 있다가 고을 사람의 밀고로 사로잡히고 말았다. 인걸은 참수당하기 직전 다음과 같은 의미심장한 말을 남겼다.

"내가 불법을 많이 저질러 죽는 것은 후회하지 않는다. 다만 적진에 뛰어들어 장수를 죽이고 우리 군사들에게 승리를 안겨주는 것이 소원이었는데, 그것을 하지 못한 것이 안타까울 뿐이다."

인걸처럼 무사적 자질이 뛰어난 군인들이 국난의 시기에 전투에 참여하여 공을 세우지 못하고, 오히려 군대를 이탈하여 불법을 자행한 것은 그 개인은 물론 국가적으로도 불행이 아닐 수 없다. 이러한 일은 최이 정권의 이기적 속성에서 비롯되었는데, 그런 사람은 인걸뿐이 아니었다.

인걸은 다만 뛰어난 무사적 자질 때문에 특별히 사서에 그 이름이 언급된 것이고, 몽골과의 전쟁 기간 동안 각 지방에서 소요를 일으킨 초적草賊의 두목들도 비슷한 성격의 사람들이었다. '초적'이라는 표현은 정권의 입장에서 본 것으로, 도적질이나 소요를 일으킨다는 의미에서 붙여진 것이다.

하지만 이 초적의 중심인물들은 대개 무사적 자질이 뛰어난 전직 군인으로서 인걸과 크게 다르지 않았다. 초적들이 후에 몽골과의 전쟁에 자진 참여한 사실은 이들이 전직 군인이었다는 것을 뒷받침해준다. 이 부분은 뒤에 다시 살필 것이다.

방화, 혹은 대담한 도둑들

민심의 이반은 방화로도 나타났다. 1225년(고종 12) 10월, 대궐 안에 불이 나 전각 네 동이 전소되고, 계속해서 국왕이 있는 정전에까지 번졌다. 겨우 불길을 잡았으나 이미 137칸이나 불타버린 후였다. 네 개의 전각이 동시에 불길에 휩싸였으니 누군가 고의적으로 불을 지른 게 분명했다. 이번 대궐 화재가 특별한 정치적 사건임을 말해주는 것이다.

대궐의 화재는 특별한 일이 아닐 수 없다. 실화이거나 방화이거나 마찬가지이다. 실화인 경우에도 정치적 동기나 배경을 따지지 않을 수 없는데, 이는 대궐이라는 특별구역이기 때문에 그렇다. 사회에 대한 불만이 팽배해 있을 때는 더욱 그러한데, 대궐의 화재가 고의적인 방화라면 더 말할 필요가 없다.

여담이지만, 방화는 현대사회에서도 불만을 표출시키는 가장 효과적이고 손쉬운 방법이다. 증거가 인멸되어 범인을 잡기가 쉽지 않다는 이점과 불길에 휩싸여 아우성치는 현장을 지켜보며 통쾌하게 불만을 해소할 수 있는 악의적인 편리함까지 작용한다. 그래서 방화일 경우 범인은 십중팔구 그 현장을 지켜본다고 한다.

대궐 방화는 대궐 안 인물의 소행일 수밖에 없다. 특별한 구역이니 외부의 소행으로 보기는 힘들 것이다. 그것을 뻔히 알면서도 방화범이 누구인지 알 수 없다는 점이 더욱 큰 문제였다.

대궐의 화재가 있은 직후 도성 안에는 이상한 소문이 퍼졌다. 다음에는 국가 창고에 불이 날 것이라는 유언비어였다. 민심이 흉흉할 때 떠도는 유언비어는 단순한 유언비어로 넘기기 힘들다. 국가의 창고인 대창大倉은 그런 민심의 표적이 되고 있었다. 유언비어는 그것을 말해주고 있었다.

아무리 견고한 독재체제라도 민심이 이반하기 시작하면 흔들릴 수밖에 없다. 무기를 들고 직접 반기를 드는 자들은 무력으로 진압하면 그만이지만, 소리 없이 흐르는 보이지 않는 민심은 어찌 해볼 도리가 없다. 집권자인 최이로서는 대책을 강구하지 않을 수 없었다.

최이는 대궐의 화재가 일어난 엿새 후, 대창에 흙을 쌓아 만든 지고地庫를 축조케 했다. 방화를 막기 위해 목재가 아닌 흙을 사용하여 창고를 반지하 형태로 만든 것이다. 그 크기가 얼마나 컸던지 무려 20여만 곡斛(1 곡은 10두로 1 섬의 용량)을 한꺼번에 들일 수 있었다.

1228년(고종 15) 10월에 또 화재가 일어났다. 이번에는 개경이 아니라 동북면병마사의 본영이 있는 화주(함남 영흥)였다. 이곳 본영의 행랑 3백여 칸이 전소되어버린 대화재였다. 이 화재 역시 방화일 가능성이 컸다.

화주는 금나라의 잔여세력이나 동진의 무리들이 자주 침략하는 곳으로 변경의 요충지였다. 만약 몽골족이 쳐들어온다면 이곳을 지나올 가능성이 많았기에, 최이가 1221년(고종 8) 12월 새로이 성을 쌓아 방비를 해둔 곳이었다.

성을 쌓을 때 백성들의 피폐를 들어 많은 반대가 있었지만 최이는 개의치 않고, 남도의 군사들까지 강제 징발하여 이듬해 정월 40여일 만에 공사를 끝냈다. 이번 화재는 그때의 무리한 강제 노역에 불만을 품은 군인의 소행일 가능성이 많았다. 최이 자신의 사병집단은 정권 수호를 위해 온존시키면서, 정작 다급한 국방 대책이나 축성 같은 토목공사에는 농민을 강제 동원하는 이기적인 태도에 반발한 것으로 보인다.

이 무렵에는 흉년이 들어 기근까지 겹쳤다. 전라도에서 시작된 기근이 전국으로 확대되면서 굶어죽은 자의 시체가 길가에 쌓이자 최이는 1230년(고종 17) 2월 국왕에게 건의하여 국가의 창고인 대창을 열어 진휼에 나섰다.

그런데 방화에 대비하여 만든 대창의 지하창고도 결국 불이 나고 말았다. 1230년(고종 17) 7월의 일이었다. 대창의 곡식을 풀어 진휼한 지 불과 몇 개월 후의 일이었으니, 그 진휼도 이반하는 민심을 되돌리는 데는 전혀 도움이 되지 못했음을 알 수 있다.

국가 창고에 불이 났는데도 달려가 진화하는 자가 한 사람도 없었다는 게 더욱 큰 문제였다. 이때 최이는 색다른 변란으로 생각하여 진화 작업은 엄두도 못 내고, 그의 사위 김약선金若先과 함께 가병들을 총동원하여 신변 호위에만 전전긍긍했다. 그러니 불은 밤새도록 꺼지지 않았다. 어쩌면 이번 방화는 실제 정치적 변란을 일으킬 목적으로 사전에 혼란을 조성하기 위한 것이었을 가능성도 배제할 수 없다. 최이는 그것을 감지하고 진화보다는 신변 호위에 더욱 급급했던 것이다.

이 화재 사건이 있기 2개월 전에는 태묘太廟에 도둑이 드는 전대미문의 희한한 사건도 있었다. 고려 왕조의 상징적인 건물인 태묘는 선대 왕들의 위패를 모신 곳이므로, 말 그대로 신주 모시듯 했다. 전쟁 중에도 철저하게 보호했으며 주야로 삼엄한 경비를 서는 부대가 따로 편성되어 있을 정도였다.

도둑들은 대담하게도 이런 곳에까지 쳐들어가 옥책을 장식한 백금을 약탈한 것이다. 그 대담성으로 보아 보통 도둑이 아님은 분명했다. 어쩌면 이들도 군대에서 이탈한 자들이 아니었을까 싶다. 이들이 왕실의 상징인 태묘를 범한 것은 허수아비처럼 무력해진 고려 왕실에 대한 증오 때문이었는지도 모른다. 도둑들은 고려 왕조에 불만을 품고 물질적 이득보다는 정치·사회적 충격을 주기 위해, 다른 곳이 아닌 왕실의 상징인 태묘를 택했다고 볼 수 있다.

앞서 대궐이나 국가 창고에 대한 방화, 그리고 이 태묘 침입 사건은 공통점이 있는 듯하다. 모두 군대에서 이탈한 같은 부류의 사람들이 저지른 소행이라고 단정짓기에는 구체적인 증거가 부족하지만, 그 대담성이나 장소가 주는 상징성이 그냥 지나치기에는 석연치 않다.

비슷한 불만을 지닌 자들이 일정한 목표를 가지고 계획적으로 장소를 택하여 저지른 소행임에 분명했다. 그렇다면 그런 일을 자행하는 자들의 처지나 사회적 위치는 크게 다르지 않을 것이다. 이들의 정체를 구체적으로 알 수는 없지만 당시 와해되고 있던 국가상비군과 무관하지 않았다.

군역제도의 모순

군대에서 이탈한 자들이 늘어가고 정체불명의 사람들이 사회 혼란이나 불법을 자행한 데에는 당시 군역제도의 문란도 단단히 한몫을 했다.

고려의 군역제도는 기본적으로 직업군인제의 성격을 띤 군반씨족軍班氏族에 의해 운용되었다. 군반씨족이란 군역만을 전담하는 신분층을 가리키는 것으로, 고려시대 군역제도와 관련된 전문용어이다. 중앙군의 군역은 이 군반씨족에 의해 세습되는 직역이었다고 볼 수 있다.

고려시대 중앙군은 총 4만 5천 명으로, 이것이 상비군의 법정 정원이었다. 이들 중앙군은 크게 보아 직업군인들이었는데, 중앙군에도 그 병종이나 성격이 다른 여러 종류의 부대가 있어 일괄적으로 모두 군반씨족이었다고 말하기는 곤란한 점이 있다. 또한 중앙군 외에 지방군인 주현군(남방 5도에 주둔하는 지방군)이나 주진군(양계에 주둔하는 지방군)을 모두 군반씨족이 전담했다고 보기에는 어려운 점이 많다.

이 부분에 대한 학계의 견해가 매우 분분하므로 일일이 언급하기가 힘들다. 여기서는 일단 군반씨족을 고려시대 군역제도의 근간으로 전제하고 이야기를 전개해보겠다.

군반씨족은 군적에 등록되고, 군역을 부담하는 대가로 국가로부터 군인전軍人田을 지급받았다. 군인전은 군인 한 사람 당 17결이 법정 액수로 지급되었는데, 그것은 군역에 대한 반대급부로 군인들의 생계유지 수단이었다. 군인은 말단 군졸이라도 국가로부터 토지를 지급받았던 까닭에 일반 농민보다 상위 신분으로 인식되었다.

간단히 말하면 군인전은 고려의 군역제도를 유지하는 재정 기반이었다. 그런데 이 군인전이 문제를 일으켰다. 군인전은 고려시대 토지제도 안에서 매우 복잡한 성격을 지닌 토지였다. 즉 군인전은 군역에 대한 반대급부로 주어진 것이므로 군역을 그만두거나 죽게 되면 국가에 반납해야 하는 토지였다. 이는 군인전이 그것을 지급받은 군인의 사유지가 아니었고 소유권도 없었다는 뜻이다.

그래서 군인전은 타인에게, 특히 권력자에게 탈점당하기 가장 좋은 대상이었다. 보통 아버지가 죽고 그 아들이 군역을 세습하는 과정에서 탈점당하는 일이 빈번했다. 가령 아버지가 군반씨족으로 군적에 등록되어 군인으로 복무하다가 죽으면, 그 아버지의 군역을 아들이 세습하는데 이럴 경우 당연히 군인전도 그 아들이 물려받아야 한다. 하지만 이 과정에서 군역의 세습과 군인전의 세습이 병행되지 못한 것이다.

문제는 또 있었다. 가령 아들이 여러 명일 경우 모든 아들이 아버지의 군역을 세습할 수는 없다. 만약 여러 명의 아들이 모두 군역을 세습할 경우, 그들 모두에게 군인전을 지급해야 한다. 이렇게 되면 세대를 거듭할수록 상비군의 숫자는 엄청나게 불어나고, 이와 함께 군인전의 수요도 상상할 수 없을 정도로 늘어나게 된다. 이는 국가가 감당할 수 없는 일이다.

그래서 군역 세습은 여러 자식 중 한 명에게만 세습되어야 했는데 그러면 나머지 자식은 군역이 없게 되니, 바로 이들이 문제였던 것이다. 이들을 백정白丁이라고 부른다. '백정'의 뜻은 '국가로부터 부여받은 아무런 직역이 없는 장정'이라는 뜻이다. 그래서 백정은 일반 농민층을 가리키는 말로도 쓰인다.

같은 아버지의 자식들 중 어떤 아들은 군인이 되어 군인전을 지급받고, 나머지 아들은 아무 토지도 없는 백정이 되는 것은 아무래도 불합리하다. 한 가정에서 신분이 엇갈리는 일이 다반사로 일어날 것이기 때문이다. 여러 자식이 군인전을 물려받기 위해 다투지 않았을까 싶기도 하다. 군역이야 부담하고 싶지 않았겠지만 그에 따라오는 군인전은 꼭 필요한 생계수단이었기 때문이다.

여러 아들 중 군역을 세습하지 못한 나머지 아들들, 즉 백정은 생계조차 막연했다. 이들이 먹고 사는 방법은 대부분 양반의 토지를 소작하는 것이었다. 이런 농민을 전호佃戶라고 불렀다. 하지만 그것도 한계가 있었으니 이런 혜택마저 못 받는 백정들은 황무지나 놀고 있는 땅,

혹은 새로운 토지를 개간하여 살아가는 수밖에 없었다.

이들은 자칫 떠도는 유망농민으로 전락하기 쉬워 그 사회적 존재가 매우 불안했다. 하지만 구조적으로 세대를 거듭할수록 백정 출신의 유망농민이 양산될 수밖에 없었으니, 바로 이들이 무인집권기 그 많은 민란의 주역들이었다. 이들은 존재 방식에 따라 역사 기록에 여러 가지로 나타났다. 선량한 농민으로 그냥 떠돌이 생활을 하면 '유민'이고, 도적질을 하면 '도盜'라고 했으며, 무사적 자질이 뛰어난 두목을 만나 집단을 이루면 '초적'이라고 했다.

군역제도가 무너지면서 군역 외에는 이들을 수용할 만한 다른 사회제도적 장치가 없었다. 그래서 고려시대 군인의 자손들은 군인 신분을 계속 유지하지 못하고 시간이 흐를수록 군역체계에서 유리되어 떠돌고 있었다. 이것이 고려 군역제도가 안고 있는 구조적인 모순이었다.

무너지는 상비군

군역제도의 더 큰 문제는 군인전이 쉽게 탈점의 대상이 되었다는 사실이다. 아버지가 죽은 후 군역과 군인전을, 여러 아들 중 누가 물려받을 것인가가 애매했고, 게다가 사유지도 아니고 소유권도 없는 토지이니 물려받기가 더욱 어려웠을 게 뻔하다. 힘 있는 자들이 이런 틈을 노려 군인전을 탈점해갔다.

군역을 부담하면서도 군인전을 지급받지 못한다면, 누가 군역의 의무를 지키려고 하겠는가. 신분상으로는 군인이지만 국가로부터 아무런 보수가 없으면, 국가와의 관계가 소원해지고 군역에서도 점차 멀어질 수밖에 없다. 이러한 일이 상비군 전체로 확대되면 어떻게 되겠는가. 상비군 자체가 유지될 수 없을 테니, 이게 고려 군역체제의 가장 큰 문제였다.

군역제도의 문란은 무신란이 일어나기 전부터 이미 진행되고 있었다. 무신란이 군인전을 지급받지 못한 말단 군인들의 동조가 있었기에 성공할 수 있었다는 사실은 이미 앞 책에서 밝힌 바 있다. 다만 무인정권이 들어서면서 군역제도의 문란을 더욱 가속화시켰을 뿐이다.

특히 최충헌이 정권을 잡고 도방이라는 사병집단을 양성하면서 고려 군역제도는 더욱 유명무실해지고, 이에 따라 국가의 상비군도 겉모습만 남아 있다시피 했다. 권력을 세습한 최이는 사병집단을 더욱 확대하는 데만 골몰했다. 몽골의 침략이 예상되는 속에서도 이미 해체의 길에 들어선 상비군은 다시 보강될 수 없었다. 고려 군역제도의 근간인 군인전의 탈점이 심각한 지경에 이르러 복원이 불가능했기 때문이다.

최이의 사병집단과 국가상비군은 서로 상반된 관계에 있었다. 상비군을 강화하면서 사병집단을 양성한다는 것은 불가능했다. 더구나 최이는 상비군을 약화시키는 가장 효율적인 방법으로 군인전을 탈점하는 수법을 주로 이용했다. 그것은 일석이조의 효과가 있었다. 토지를 집중하여 경제적 부까지 축적할 수 있었을 테니까.

군인전을 탈점당한 군인들은 생계유지가 막연했을 것이니, 그 불만이 적지 않았다. 1228년(고종 15) 8월 최이는 자신의 사유지 7백여 결을 산원(정8품)과 교위(정9품)들에게 나누어주었다. 토지 탈점에 대한 군인들의 불만을 달래고 인심을 수습하기 위해 내린 절박한 조치였지만 이것은 턱없이 부족한 액수였다.

산원과 교위는 가장 말단의 하급 장교로 지금의 소위나 중위에 해당하는 계급이다. 산원은 2백명 단위 부대의 부지휘관을 맡고, 교위는 50

명 단위 부대의 지휘관을 맡는 초급 장교이다(고려의 군사조직에 대해서는 1권 참조). 고려시대 법정 상비군 수가 4만 5천 명이니 산술적으로 따지면 산원은 약 240명, 교위는 약 9백 명이 있었다. 상비군이 무너져가는 시기라 이들 하급 장교들이 법정 정원대로 채워져 있지는 않았을 것을 감안한다 해도, 최이가 이들에게 분배해준 7백 결의 토지는 그야말로 입에 풀칠하기도 어려운 미미한 액수였다. 7백 결의 토지는 말단 군졸들의 1인당 군인전 17결로 계산하면 40여 명 분에 불과했다.

이들 하급 장교들은 하급 무반으로서 말단 군졸들과는 달리 자신들의 품계에 해당하는 과전科田을 마땅히 지급받아야 한다. 이 7백 결의 토지를 이미 지급한 과전과 별도로 지급한 것이라면 모를까, 그렇지 않다면 이는 임시방편적인 미봉책에 지나지 않았다. 하급 장교가 이 정도 대접을 받았다면 말단 군졸들이야 말할 나위가 없었을 것이다.

결국 군인전을 지급하지 않거나 군인전을 탈점하는 행위는, 군인들을 국가의 군대인 상비군에서 떨어져나오게 했다. 떨어져나온 군인 중 일부는 최이의 사병집단에 흡수되기도 했겠지만, 그것도 한계가 있었다.

상비군에서 떨어져나온 대부분의 군인들은 민간인도 아니고 군인도 아닌 어정쩡한 신분으로 떠돌 수밖에 없었다. 이들은 무사적 자질을 십분 이용하여 사회 혼란을 야기시키고 불법을 자행했는데, 앞서 언급한 방화나 도적질도 그래서 일어났다.

역사적으로 보면 군인 신분의 세습은, 정복전쟁이 일상적으로 일어났던 고대사회에서 전문 전사집단을 육성하기 위한 제도에서 출발했다고 보여진다. 항상 전시동원체제를 유지해야 했던 고대사회에서 군인들을 일반 농민층보다 경제적으로 우대해주면서 직업군인제의 면모를 띠게 된 것이다.

고려의 군반씨족도 후삼국시대 정복전쟁이 계속되는 과정에서 형성된 전문적인 군인층에서 출발했다. 그 후 고려에 의해 다시 통일되고 전쟁이 줄어들면서 군반씨족이라는 전문 군인층의 존재 의미는 퇴색할 수밖에 없었다.

서양 중세의 기사나 일본 막부체제의 무사는, 고대사회의 전문 전사집단이 국가와의 관계가 소원해지면서 나타난 사적인 무사층이다. 우리 역사에서는 최씨 정권의 사병집단이 그것을 대신한 것이라 볼 수 있다. 일본이나 서양과 다른 점은, 그러면서도 국가상비군이 완전히 해체되지 않고 형식적이나마 분명히 존속했다는 사실이다. 국가상비군에서 떨어져나온 군인들이 사회 혼란을 야기시키고 불법을 자행한 것 그들을 포용하고 수용해줄 사회적 장치가 미비했기 때문이다. 최씨 정권의 사병집단만으로는 그들을 수용하기에 부족했다는 뜻이다. 이것 역시 중세 서양이나 일본과 다른 점이다.

상비군에서 떨어져나온 군인들을 다시 수용해줄 곳은 결국 국가의 공병체제밖에 없었다. 최이가 이를 위해 새로운 상비군을 다시 만들었으니 그것이 '별초'라는 군대이다.

새로운 상비군, 별초

별초別抄는 '특별히 선발한 군대'라는 뜻이다. 국가의 상비군으로서 맨 처음 조직된 별초는 야별초夜別抄였다. 도성 안에 도둑이 들끓자 최이가 그 도둑을 잡겠다는 구실로 만든 군대였다. 명분이야 그랬지만 최이 자신의 정권 수호를 위해 만든 군대였다.

하지만 분명 야별초는 최이의 사병집단이 아닌 국가의 상비군으로 출발했다. 나중에 강화도로 천도하고 최이의 통치권이 공고해지면서 사병적인 성향을 드러내기는 하지만 출발은 분명 그랬다. 이 야별초는 1230년(고종 17) 도성 안에 도둑이 들끓고 방화 사건이 일어나던 무렵 조직되었다.

그런데 야별초가 조직되기 이전 또 다른 별초군이 이미 각 지방에서 등장하고 있었다. 이런 지방의 별초군은 처음부터 국가의 상비군으로 조직된 것은 아니었다. 아마 처음 출발은 몽골의 군대에 대항하기 위해 자발적으로 조직한 민병대와 유사한 것이 아니었을까 싶다.

별초군은 당시 와해되고 있던 기존의 지방군 체제를 대신해서 조직된 것이었다. 그래서 전국적으로 동시에 조직되지 않고 각 지방별로 그때그때 필요에 따라 수시로 조직되었다. 당연히 항구적인 조직으로 만들어지기보다는 일시적인 경우가 많았다.

이러한 지방의 별초군 조직을 모방하여 최이가 개경에서 조직한 중앙의 별초가 야별초였고, 각 지방에서도 이에 자극받아 더욱 많은 별초가 각 지방별로 만들어지게 된다. 최이는 이를 제지하지 않고 기존의 상비군 체제를 대신하는 군대로 활용해갔다.

이러한 각 지방의 별초군이 국가의 상비군으로 공식 등장한 데에는 몽골의 침략이 중요한 계기로 작용했다. 명맥만 남아 있는 기존의 상비군을 대신하여 각 지방의 별초군이 몽골의 침략에 대항하여 적극적으로 싸웠기 때문이다.

최이 정권으로서는 기존의 상비군에서 이탈하여 사회 혼란을 야기시키는 군인들을 다시 끌어모음으로써 사회 안전을 도모할 수 있어 좋았고, 게다가 자신의 사병집단을 온존시키고 몽골의 침략에 대한 항쟁도 이끌어낼 수 있었으니 일거양득이었던 것이다.

최이가 강화도로 천도를 결심한 것은 몽골의 침략에 대한 대응만은 아니었다. 몽골이 침략하기 전 최이 정권은 개경에서 위기에 처해 있었다. 흉년과 기근으로 인한 아사자의 속출, 잦은 방화, 그리고 도적들의 난무로 인한 사회 혼란은 충분히 위협적이었다.

그러한 사회 혼란은 최이 정권에 대한 사회적 저항의 표출이었고, 기존 상비군 체제의 와해와도 분명 관계가 깊다. 강화도로 천도를 결심한 것은 이러한 사회 내적인 불안도 단단히 한몫을 했다는 뜻이다.

동생 최향의 반란

사회 혼란을 부추기는 일은 또 있었는데, 최이의 친동생 최향이 그 중심에 있었다. 최이가 아버지의 통치권을 세습하면서 그에 저항하는 세력들에게 구심점으로 작용하던 최향이 1230년(고종 17) 7월 결국 반란을 일으키고 만 것이다.

최이가 권력을 계승한 직후 섬으로 축출되었던 최향은, 그 후 홍주(충남 홍성)로 옮겨져 10년 동안 계속 유배생활을 했다. 그러나 그는 유배생활 동안 최고 집권자 최이의 동생이라는 후광을 업고 그 지역에서 행패를 자주 부렸다. 지방 주민들에 대한 침탈은 예사고, 심지어는 인근 지방의 수령이나 속료를 유배지로 호출하여 죽이기까지 했다.

홍주는 지사(5품)가 지방 수령으로 파견되고, 그 밑의 속관으로 부사(6품)·판관(7품)·법조(8품) 등 정식 품관이 상주하는 양광도의 대읍이었으며 산하의 속현 수만도 14개나 된다. 그런데도 그 지역 수령이 감히 손을 쓰지 못했을 뿐 아니라, 최향은 최이의 말도 듣지 않았다. 이 정도면 유배생활이 아니라 반란을 일으킬 터전을 마련해준 것이나 다름

없었다.

이 무렵 몽골과의 국교가 단절되어 침략 위협이 커져가고, 흉년이 들어 아사자가 속출했으며, 개경의 도성 안에는 도둑들이 들끓고 있었다. 이처럼 최이 정권에 대한 간접적인 위협들이 쌓여가고 있었던 까닭에 최이는 홍주에 있는 최향의 소요 정도는 안중에도 없었을지 모른다.

같은 해 8월, 더욱 대담해진 최향은 불평하는 무리들을 끌어모아 본격적으로 세력을 키워나가더니 이어서 난을 일으켜 지방 수령과 속료들을 호출하여 죽이고, 관청까지 점령해버렸다. 뿐만 아니라 격문을 작성하여 인근 속현으로 하여금 호응케 하고, 지방 군사를 징발하여 창고의 곡식을 나누어주는 등 확실하게 반란을 기도했다.

그리고 남해, 상주, 예산 등에 유배당해 있던 박문재朴文梓, 김수연金壽延, 유송절柳松節 등 무장들에게 글을 보내 함께 도모할 것도 종용했다. 이들은 최이의 권력 세습에 반발했던 장군 최준문과 같은 계열의 무장들로, 당시 가담 정도가 경미하다 하여 죽음을 면하고 유배에 그친 것이다.

중앙에서는 그제야 진압군을 파견했다. 자그마치 1만 명의 군사가 동원되었으니, 최향의 세력이 만만치 않았음을 알 수 있다. 하지만 진압군이 들이닥치자 최향의 세력은 곧 분열되어 따르는 측근들이 모두 도망쳐버렸다. 세력 규모에 비해 결속력이 없는 탓이었다. 특히 징발되어 반란에 가담한 군사들은 드러내놓고 최향의 무리에게 반발했다. 최향은 산속으로 도망쳐 어느 석굴에 숨어 자살을 기도하다가 생포되고 만다. 바로 홍주 감옥으로 압송된 최향은 옥중에서 피살되고 말았다. 원한을 품은 누군가의 소행이었다.

최향은 죽었지만, 최향의 격문을 받고 동요했던 인근의 속현이나,

유배지에서 호응하려 했던 무장들이 문제였다. 이들의 호응이 반란세력에게 큰 힘이 되었던 것은 아니지만, 최이 정권에 반대하는 구심점이 나타나면 다시 결집될 수 있었다는 데 문제가 있었다. 그냥 지나칠 수 없었다.

우선 유배지에 있는 무장들을 바로 소환하여 죽였다. 아무래도 이들이 가장 위협적이었을 것이다. 그리고 최향의 뜻에 영합한 7개 현의 감무(임시 지방관)들도 모두 주살되었다. 이들 감무들은 처음에는 최향의 뜻에 호응했다가 일이 여의치 않자 돌아서긴 했지만, 죽음을 면할 수 없었다. 뿐만 아니라 홍주 사람으로 최향과 왕래가 있었던 자들도 그 경중을 가리지 않고 모두 죽였다.

이러한 반란의 뒤처리는 집권자 최이의 특명을 받은 안찰사 전의全懿가 전권을 행사했다. 그런데 재미있는 일은, 이 자 또한 사건이 마무리 된 직후 중방의 탄핵을 받아 유배되고 만다는 점이다. 탄핵의 이유는 전의가 제멋대로 유배된 무장들을 죽였다는 것이었다. 여기서 유배된 무장들과 중방이 연결되었을 가능성과 최이 정권과 중방의 관계가 결코 우호적이지 않았다는 사실도 짐작하기 어렵지 않다.

최향의 반란은 이렇게 무위로 끝났지만, 이 사건 역시 사회 불안에 일조했다. 이 사건이 일어난 1년 뒤 몽골의 군대가 대대적으로 침략해 왔으니, 강화 천도 이전부터 최이 정권을 불안하게 만드는 일련의 연속된 사건이었다.

5 최씨 왕조의 통치공학

統治

최충헌은 통치권을 아들 최이에게 물려주었다.
이어서 최이는 그의 아들 최항崔沆에게, 최항은 그의 아들 최의崔竩에게 권력을 세습시켰다.
이렇게 최씨 무인정권은 4대 62년 동안이나 지속되었다. 도대체 어떻게 그것이 가능했을까?
이는 결국 강력한 통치권의 확립에 있었다. 그러한 통치권은 최충헌과 최이 부자에 의해
철저히 확립되었다. 천도에 대한 이야기부터는 다음 책으로 넘기고,
이 장에서는 최씨 정권의 통치체제를 살펴보겠다.

무력 기반, 도방

도방의 기원

최충헌과 최이 부자의 권력을 유지시켜준 가장 큰 힘은 뭐니뭐니 해도 물리적인 군사력이었다. 그 군사력은 도방都房이라는 사병집단에서 나왔다. 이미 최충헌 집권기 때 이 도방에 소속된 사병이 3천 명에 달했으니, 어떻게 이 많은 군사를 사병으로 양성하고 유지했는지 궁금하지 않을 수 없다.

이 문제를 살피기에 앞서 먼저 '도방'이라는 명칭의 유래부터 살펴볼 필요가 있다. 물론 도방은 국가기관이 아니라 최충헌이 만든 사설기관인데, 그 이전 경대승慶大升이 만든 사병집단을 가리키는 이름이기도 했다. 도방이라는 사병집단을 맨 먼저 창설한 사람은 최충헌이 아니라 경대승이었던 것이다.

최충헌이 자신의 사병집단에 경대승이 만든 도방이라는 이름을 그대로 붙인 것은 중요한 의미가 있다. 경대승 정권을 모방한 결과로 볼 수 있기 때문이다. 그렇다면 최충헌 정권은 경대승 정권과 유사점이 있지 않았을까. 그렇게 볼 수 있는 근거는 많다.

하나. 두 사람 모두 무신치고는 상당히 좋은 가문 출신이었다.

둘. 두 사람 모두 1170년에 일어난 무신란에 전혀 참여하지 않았다.

셋. 그 때문인지는 몰라도 두 사람 모두 무신란과 지난 무인정권을 부정했다.

넷. 그래서 두 사람 모두 고려 전통의 법제를 중시하여 무신란 이전으로의 복귀를 원했다.

곧 두 정권 모두 그 적대세력은 전통의 문신귀족들이 아니라 바로 자신과 같은 무신들이었다.

경대승이나 최충헌 모두 그래서 도방을 만든 것이었다. 무신 출신이면서도 무신들이 아닌 문신귀족들과 이해관계를 같이했던 것이다. 도방은 그 무신들의 위협에 대처하기 위한 것이었다.

도방의 '도都'는 '모이다', '모두'의 의미가 있고, 혹은 '거느리다'의 뜻도 있다. 그리고 '방房'은 집이나 방room, 곧 건물이나 장소를 의미한다. 그러니까 도방은 '모두 모이는 곳' 혹은 '지휘부'나 '통제소'의 의미를 함축하고 있다. 그래서 도방은 '모든 군사들이 모이는 곳' 혹은 '모든 군사들의 지휘부' 정도로 해석된다.

그런데 도방 하면 바로 떠오르는 비슷한 이름이 바로 중방重房이다. 중방은 무신들의 최고회의기관이자 집합소로서 고려 전통의 법제에 의한 것이었다. 바로 이 중방 소속 무신들이 주동이 되어 무신란이 일어났으므로, 당연히 무신란이 성공한 후 중방이 최고의 권력기관으로 부상했던 것이다.

도방의 이름은 이 중방을 모방하여 이름을 따온 것이 분명하다. 이 것은 무엇을 의미할까. 중방을 염두에 두고 그 상대적 혹은 적대적 기구로 도방을 만든 것이 아닐까. 중방을 약화시키거나 대적할 목적으로 도방을 만들었다는 뜻이다. 경대승이 그랬고 최충헌은 이를 모방한 것이다. 어떤 제도나 기관이 같은 이름이나 비슷한 명칭으로 부활하는 것은 그 기능이나 목적 면에서 비슷하기 때문이다. 제도는 자기복제 능력이 있는 것이다.

그런데 경대승과 최충헌은 도방이라는 같은 이름의 기구를 만들었지만 그 운용방식은 달랐다. 경대승의 도방은 순수 사병집단이었다. 즉 군대에서 이탈하여 떠도는 무사들을 불러들여 자신의 사저에서 숙식을 함께한 것이다(경대승의 도방에 대해서는 1권 참조). 그 숫자는 1백여 명 남짓으로 그리 많지 않았다.

하지만 경대승은 도방 소속 무사의 충성에 대한 반대급부를 모두 책임져야 했기에 재정적 부담이 만만치 않았다. 아울러 경대승의 사저에서 모두 숙식을 함께 했기 때문에 수용 능력에도 물리적인 한계가 있었다. 당연히 그 수가 1백여 명을 넘을 수 없었던 것이다.

그런 숫적인 한계와 재정적인 부담을 극복하는 방법으로 최충헌이 구사한 것이 공병公兵인 국가의 상비군과 사병私兵인 도방의 구성원을 중첩시키는 것이었다. 그것이 어떻게 가능했을까? 이를 살펴보기 위해 우선 국가의 상비군이 최충헌에게 결집되는 과정부터 되짚어보자.

문객집단의 형성

최충헌이 도방을 조직한 것은 1200년(신종 3) 12월로, 쿠데타를 성공시키고 4년이나 지난 시점이었다. 그러면 이때까지 최충헌은 신변을 호위할 군사력이 없었을까. 그렇지는 않다.

최충헌·최충수 형제가 쿠데타를 일으킬 당시 벌써 그들을 따르는 사적인 무사가 있었다. 이들은 미타산에서 이의민을 제거할 때부터 참여했던 자들로서 떠도는 무사들을 모아 비밀리에 조직한 것이었다. 이때 이의민 제거에 참여했던 친족 박진재와 노석숭도 국가 관직이 없는 단순한 무사 출신이었다. 이 무사들은 수십 명에 불과했지만 쿠데타를 성공시킨 핵심적인 사병들이었다.

하지만 이의민을 제거한 후, 곧바로 상경하여 개경을 장악해나가기에는 어림도 없는 수였다. 이때 국가상비군 중에서 일부 군사가 쿠데타에 동조하여 가담한다. 그 수가 얼마나 되었는지는 나타나 있지 않아 정확히 알 수 없지만 전체 상비군에 비해 대단한 병력은 아니었다고 본다.

쿠데타에 가담한 상비군은 개인이 자발적으로 참여한 경우도 더러 있겠지만, 군대의 속성상 직속 지휘관의 판단에 의해 집단적으로 참여한 경우가 더 많았을 것이다. 쿠데타가 여러 고비를 넘기고 성공을 거듭할수록 가담하는 상비군의 수도 늘어갔음이 분명하다. 말단 군졸들이나 지휘관이나 각자 선 자리에서 이해득실을 따져보고 손해나지 않은 길을 택했을 테니까.

직접 가담하지는 않았더라도 쿠데타가 성공할 거라고 판단하고 쿠데타군을 기웃거리는 군사들은 갈수록 많아졌을 것이다. 상비군뿐 아니라 국가의 군대와 관련이 없는 일반 떠돌이 무사들의 가담도 늘어갔을 텐데 이들은 상비군 쪽에서 가담한 군사들보다도 쿠데타에 더 적극적이었을 것이다. 혼란한 상황에서 결단을 내리고 행동으로 옮기는 데는 이들이 더 자유로웠고 정치적 부담이 덜했기 때문이다.

그런데 쿠데타가 완전히 성공한 후 여기에 가담한 군사들이나 무사들은 어떻게 되었을까? 상비군 쪽 군사들은 대부분 다시 원대복귀했다. 그럴 수밖에 없었고, 최충헌 형제의 입장에서도 그렇게 해줄 것을 원했다. 최소한 1천여 명은 되었을 그 많은 군사를 사저에서 숙식을 해결해주고, 순수 사병으로 양성 유지한다는 것은 불가능한 일이었기 때문이다.

다만 상비군이 아닌 일반 무사 출신들은 대부분 최충헌 형제의 순수 사병으로 남게 되었다. 이들을 따로 '가병家兵'이라 불렀다. 그들 중 일부는 쿠데타 성공에 대한 포상으로 상비군의 하급 장교로 발탁되기도 했다. 이것이 사병으로 국가상비군을 장악해가는 첫 번째 방법이었다. 이들 가병 출신 하급 장교들은 최충헌 형제의 명령에 따라 일이 있을 때마다 휘하 군사들을 사병으로 동원했다.

쿠데타 군에 가담했다가 군대로 복귀한 상비군들도 국가와의 공적인 관계보다는 최충헌 형제와의 사적인 관계를 더 중시했다. 이들은 쿠데타에 가담하지 않은 상비군보다 진급에서 우선권이 주어졌는데, 사적인 유대관계를 키워가는 중요한 방법이었다. 이것은 사병으로 국가의 상비군을 장악해가는 두 번째 방법이었다.

그런 사적 관계를 잘 보여준 사건이, 1197년(신종 즉위년) 10월에 있었던 최충헌·최충수 형제의 권력투쟁이었다. 이때 양측 군사는 각각 1천여 명에 달했는데, 이는 순수 사병인 가병보다는 국가의 상비군, 즉 쿠데타 당시 가담했던 군대가 다시 동원되었기 때문이다. 형제간의 권력싸움에 국가상비군이 다시 동원된 사실은 공병이 사병으로 철저히 이용당했음을 보여준다.

최충헌의 승리로 동생 최충수를 따랐던 상비군의 핵심 지휘관이나 가병들은 제거되었다. 하지만 그 외의 상비군은 또다시 원래 부대로 무사히 복귀했을 것이다. 국가상비군이 사병으로 동원되었다가 일이 끝나면 다시 상비군으로 복귀하는 현상이 반복되었다. 이러한 일이 자주 반복되면서 최충헌과 개인적인 유대관계가 깊어진, 그래서 사병으로 자주 동원된 고정적인 국가상비군이 형성되었다. 이들을 최충헌의 '문객집단門客集團'이라고 부른다.

문객집단은 쉽게 말해 국가의 공병이면서도 사병인 이중적인 존재였다. 동생을 제거한 직후 최충헌의 문객집단은 2천 명에 육박한다.

도방의 조직

문객집단을 거느린 것은 최충헌만이 아니었다. 쿠데타 동지였던 조카 박진재도 1199년(신종 2) 무렵 벌써 수백 명의 문객집단을 거느리고 있었다. 최충헌 정권을 직접 위협하는 요소는 다름 아닌 이들이었다.

박진재의 문객집단을 약화시키는 방법으로 최충헌은 국가의 관직을 이용했다. 박진재의 문객집단에 가담한 국가상비군이나 무사들을 진급에서 소외시키거나 아예 무관직을 주지 않는 방법을 쓴 것이다. 반면 최충헌 자신의 문객집단은 특별히 우대했으니, 당연히 최충헌의 막하로 사람들이 몰려들기 마련이다. 이것은 최충헌이 국가의 상비군을 장악해가는 세 번째 방법이었다.

박진재가 최충헌에 대해 불만을 품은 것은 바로 이러한 차별대우 때문이었다. 쿠데타에 동참하여 성공시켰고, 형제간의 권력투쟁에서도 최충헌 편을 들어 싸웠지만 돌아온 것은 냉대뿐이었던 것이다. 1199

년(신종 2) 8월 박진재 문객집단의 핵심 인물인 이적중이라는 자가 반란에 가담한 것도 이 때문이었다. 이 사건이 박진재의 사주를 받아 일어난 것은 아니라 해도, 그의 문객 중 핵심 인물이 반란에 가담했다는 것은 최충헌에게는 큰 충격이었다. 쿠데타의 동지였던 박진재가 최충헌의 잠재적인 위협세력으로 다가온 것이다.

도방이 조직된 것은 바로 이 무렵인 1200년(신종 3)이다. 최충헌은 자신의 문객집단을 좀 더 조직화하고 체계적으로 관리할 필요성을 느꼈으며, 아울러 이 기회에 문객집단을 양적으로 확대할 필요도 있었다. 그 방법은 역시 국가상비군을 자신의 문객집단으로 더 많이 끌어들이고 유대관계를 더욱 강화하는 것이었다. 즉 국가상비군 안에서 문객집단의 외곽을 더욱 확대해나가는 방법이다.

국가상비군으로서 최충헌의 문객집단에 포섭된 자들은 주로 하급 무신들이었다. 군대 조직상 단위부대 지휘관들만 장악하면 말단 군졸들은 자연스럽게 따라올 것이기 때문이다. 이때 그의 문객집단 수가 얼마였는지는 알 수 없으나 6년 후인 1206년(희종 2) 3월의 기록에 무려 3천여 명에 이르렀다는 기록이 있다. 점차 늘어났을 가능성이 크니까 아마 이때는 3천 명에 조금 미치지 못했을 것으로 생각된다. 이 3천 명의 문객집단이 바로 도방의 구성원이다.

최충헌은 도방을 조직하기 이전에 국가상비군과 관련이 없는 순수 가병도 보유하고 있었다. 그리고 이 가병 중 소수이긴 하지만 최충헌의 사노비도 포함되어 있었다. 이들은 최충헌의 사저에서 숙식을 해결하며 매일 주군의 신변을 호위하는 순수 사병집단이었다.

이러한 가병은 규모에는 차이가 있지만 최충헌 이전의 무인집권자들도 누구나 보유하고 있었다. 하지만 최충헌은 이것으로 만족하지 않았다. 그래서 국가상비군을 문객집단으로, 도방의 구성원인 문객집단을 다시 국가상비군으로 서로 교류 중첩시키는 방법을 도입했는데, 도방의 조직이 그런 것이었다. 간단히 말하면 국가의 상비군을 사병화하기 위한 조직이 도방이라는 뜻이다.

도방에 포섭된 국가의 상비군은 그렇지 않은 군인들보다 진급 면에서 우대를 받고 여러 특권을 누렸으므로, 시간이 흐를수록 도방을 기웃거리는 무신들이 늘어갔다. 이는 달리 표현하면, 국가의 상비군이 도방의 공급원이자 사병의 온상이 되어버린 것이다.

이들은 6번番으로 나뉘어 날마다 교대로 최충헌의 사저에서 숙직했다. 전체 수를 3천 명으로 계산하면 매일 5백 명에 달하는 문객들이 번갈아 최충헌의 사저를 지킨 것이다. 비번일 때는 각자 본래의 국가상비군 위치로 돌아간다. 그러니까 도방의 구성원은 엿새마다 한 번씩 교대로 최충헌의 사저에서 숙위 근무를 한 셈이다.

도방의 구성원을 6번으로 나눈 것은 최충헌의 사저에서 수용할 수 있는 적절한 인원과 경비를 가늠하여 정한 것으로 보인다. 그 인원이 5백 명이었기에 전체 3천 명을 6개 조로 나눈 것이다. 그리고 최충헌이 외출을 할 때는 모두 호위하도록 했다. 그 모습은 전투에 나가는 것과 다를 바 없었을 것이다. 이렇게 6번으로 조직된 문객집단이나 혹은 그 지휘부를 도방이라 이름한 것이다. 최충헌은 도방으로써 국가상비군을 완벽하게 장악·통제할 수 있었다는 뜻이 된다.

도방의 허와 실

그런데 국가의 상비군을 사병집단인 도방의 구성원으로 만든 것은 약점도 분명 있었다. 그것은 대외적인 전쟁에서였다. 1216년(고종 3) 8월 거란족이 쳐들어왔을 때 그 허점이 드러나고 만다.

당장 문제가 된 것은 도방의 군사들이 전쟁에 나가야 한다는 사실이었다. 국가의 상비군이니 당연한 일이었다. 이를 방치했다가는 도방이 붕괴될 수밖에 없었고, 이는 곧 자신의 신변을 호위할 사병집단이 사라진다는 것을 의미했다. 최충헌 정권의 안위가 달린 절박한 문제였던 것이다.

거란족의 침입에 늑장으로 대처하고, 변방의 급보를 보내온 장수를 유배 보내기까지 한 것은 그런 사정 때문이었다. 그렇다고 이민족의 침입을 보고만 있을 수도 없는 노릇이었다. 그 자체가 정권에 대한 큰 위협이었기 때문이다.

최충헌은 우선 도방 군사들을 거란과의 전투에 참여하지 못하게 막았지만, 거란병이 계속 남하해오면서 더 버티기가 어려워졌다. 거란병이 개경 부근까지 압박해오는 위기 속에서 자신의 신변만 호위하도록 할 수는 없었던 것이다. 도방 군사들 중에는 최충헌의 저지를 무릅쓰고 전투에 자진 참여하려는 자들까지 생겨났다. 최충헌은 이들을 유배 보내는 등 강경한 탄압책을 썼지만 그것도 한계가 있었다. 그래서 나온 대책이 전시동원체제의 발동이다. 자신의 사병들을 그대로 온존시키고 전투에 투입할 새로운 군사를 충원하기 위한 조치였다.

사실 거란족의 군대는 그 규모야 5만 명이 넘는 대군이었다고 하지만 오합지졸이었다. 이들은 몽골 군사에 쫓겨 들어온 것으로 침략이라기보다는 피신에 가까웠다. 그러니 군인이나 관리들의 식솔, 부녀자, 어린아이, 노인들까지 포함되어 군대의 태반이 비전투요원이었다. 이들을 물리치는 데 전시동원령까지는 필요 없었는데 최충헌이 그것을 정치적인 목적으로 이용했던 것이다.

그런데 전시동원령이 또 다른 문제를 야기했다. 그것은 도방의 군사를 수적으로 압도하는 출정군의 탄생을 피할 수 없게 된 것이다. 최충헌은 침입한 거란병보다 이 출정군들이 군사적 변란을 일으킬까 전전긍긍했다.

그 대책으로 나온 것이, 출정군 중 용력이 뛰어나거나 신체가 장대한 자들을 다시 도방 구성원으로 포섭하는 것이었다. 은병이나 하급장교직으로 이들을 유혹하여 끌어들인 것이다. 그런데 이때는 최충헌보다는 아들 최이의 사병집단으로 많이 포섭된 듯하다. 이 때문에 출정군은 파리하고 연약한 군사가 대부분이었고 군대의 사기는 땅에 떨어졌다.

또한 출정군이 불의의 사태를 도모하지 못하도록 그 사령관을 자주교체하고, 자신의 심복을 반드시 출정군에 참여시키는 방법도 함께 구사했다. 그러니 출정군이 거란과의 전투에서 전심전력할 수 있었겠는가. 우여곡절 끝에 거란병을 물리치기는 했지만 민심은 최충헌 정권에 벌써 등을 돌리고 있었다. 외적의 침입에 대처해야 할 군대를 정권 수호를 위한 개인적인 사병으로만 이용했기 때문이다.

국가의 상비군을 도방의 구성원으로 한 것은 약점도 있었지만 이점도 있었다. 우선 그 규모를 거의 무한대로 확대할 수 있었다. 극단적으로 말하면 국가상비군 전체를 최충헌의 사병으로 중첩시킬 수도 있었던 것이다. 번의 수만 늘리면 가능한 일이었다. 물론 그렇게까지 무리하게 규모를 확대할 필요는 없었고, 도방에서 국가상비군을 장악할 정도면 충분했을 것이다.

또 하나 이점은 이들 도방 구성원에게 지급해야 할 복무에 대한 반대급부를 국가가 책임진다는 점이다. 국가의 상비군이니 당연한 일이었다. 최충헌은 이들을 승진에서 우대하거나 적절한 국가 관직을 주기만 하면 되었다. 주로 하급 무관직이 여기에 이용되어 남발되었다. 이렇게 하니 도방을 아무리 크게 확대하더라도 최충헌 자신의 재정적 부담은 크게 늘지 않았으며, 무엇보다도 도방 구성원의 출세 욕구를 만족시킬 수 있었다. 이는 최충헌에게 계속 충성을 유도할 수 있는 기반이 되었다. 도방에 참여하려는 자가 넘쳐서 탈이지 이탈하려는 자는 별로 없었다. 특권을 누릴 수 있는 길을 누가 마다하겠는가.

이것이 중세 서양의 기사집단이나 일본의 무사집단과 도방의 군사들이 가장 크게 다른 점이다. 도방의 구성원이 국가나 왕조정부와 완전히 단절되지 못한, 즉 완전하고 순수한 사병이 아니었던 것이다. 이런 사실은 최충헌 정권도 이전의 무인정권과 마찬가지로 왕조정부에 의탁한 정권이라는 사실을 말해준다.

내·외도방

최충헌이 죽고 아들 최이가 통치권을 세습한 후 도방은 어떻게 되었을까? 우선 최이도 아비가 죽기 전에 이미 사병집단을 거느리고 있었다는 사실을 염두에 둘 필요가 있다.

최충헌의 도방에 가담했던 핵심 무장들은 최이의 권력 세습에 반대했다. 그들은 이미 앞에서 언급했던 최준문, 김덕명, 유송절 등인데, 이들은 최이의 동생 최향이 통치권을 세습하기를 바랐다. 그 이유는 사병집단을 따로 거느리고 있는 최이가 통치권을 세습할 경우 자신들은 권력의 핵심에서 밀려날 수밖에 없었기 때문이다.

최향은 따로 사병집단이 없었다. 최충헌이 최이에게만 사병집단을 허용한 것은 그를 후계자로 미리 예정해두었음을 뜻한다. 최충헌이 죽을 즈음 최이에게 집안의 환란을 조심하라고 경고한 것은 그런 사실을 뒷받침한다. 최이는 아비의 경고를 듣고 집안에 틀어박혔다. 이는 자신의 사저가 가장 안전했다는 뜻인데, 여기에는 신변을 지켜줄 사병집단이 있었기 때문이다.

최이가 통치권을 세습하기 전에 거느린 사병집단이 아비 최충헌의 도방과 같은 조직이었는지 아니면 순수한 가병들이었는지는 불확실하다. 양쪽이 혼재된 것으로 보이지만, 중요한 점은 최이가 최충헌과는 별도의 사병집단을 거느리고 있었다는 사실이다. 그러면 최충헌이 죽은 후 그의 도방과 최이의 사병집단은 어떤 관계에 놓이게 되었을까?

최이로서는 당연히 아비의 도방보다는 자신의 사병집단을 더 중시했을 것이다. 하지만 아비의 도방에 가담했던 구성원들을 그대로 방치할 수는 없었다. 사적인 관계를 단절하고 국가의 상비군으로서만 전념하도록 허용할 수 없었다는 얘기이다. 무엇보다도 특권을 누려오던 그들 스스로 사적인 유대관계를 청산하고 상비군에만 전념하기는 힘들었을 것이다.

여기서 최이는 이들을 다시 포섭하는 방법으로 도방 조직을 재편성했다. 전체 도방의 구성원을 내·외도방으로 나눈 것이다. 내도방에는 자신이 본래 거느렸던 사병집단을 포함시키고, 외도방은 아비의 도방에 가담했던 자들로 조직했다. 당연히 최이의 도방은 규모에 있어서 최충헌의 도방을 능가했다. 물론 최이와의 사적인 유대관계는 내도방이 훨씬 강했고, 외도방은 소원해질 수밖에 없었다. 사실 외도방은 이탈이나 색다른 변란에 대비하여 하나의 조직으로 구성되었을 뿐 예전처럼 특권을 누리거나 크게 우대받지는 못했을 것이다. 심지어 잡역에 동원될 때도 많았다. 도방이 양적으로 팽창했으니 당연한 일이었다.

최이의 도방과 마별초

최이는 한편으로 내도방을 더욱 확대 강화했다. 거의 순수한 가병처럼 이용하면서 특별 대우했다. 다만 내도방과 가병의 관계가 조금 애매한데, 내도방이 곧 가병을 말하는 것인지, 아니면 내도방과는 별도로 또 다른 최이의 가병집단이 존재했는지 불확실하다.

최이와의 사적인 유대가 강화되면서, 내도방 중 일부가 가병집단으로 전환되지 않았나 싶다. 이 가병집단은 최이의 사저에서 숙식을 해결하고 매일 숙위근무를 하는 순수한 사병집단이었다.

최이가 죽기 1년 전인 1248년(고종 35) 아들 최항崔沆에게 권력을 물려주기 위해 자신의 가병 5백 명을 따로 떼어 주는데, 이런 기록에 비추어 보면, 최이의 가병집단은 전체 규모가 5백 명보다 훨씬 많았다는 얘기다. 처음부터 사저에서 숙식하는 가병이 그렇게 많을 수는 없을 것이므로, 최이의 내도방이 점차 가병으로 전환된 결과 대규모 가병집단이 형성된 것으로 보인다.

최충헌과 최이의 도방을 비교해보면 외도방은 최충헌의 도방 때보다 결속력도 약화되고 사적인 유대관계도 소원해졌지만, 내도방은 최이와의 사적 유대관계는 더 강화된 반면 국가와의 관계는 점차 단절되었다는 말이 된다. 그렇게 시간이 흐르면서 최이의 가병집단이 만들어진 것이다.

최이가 사적인 유대관계를 강화하는 방법으로 동원한 것이, 사저에서 격구나 활쏘기 등의 무술시합을 자주 실시하는 것이었다. 이런 무술시합에는 최이의 도방 구성원은 말할 필요도 없고, 떠돌이 무사에서부터 국가상비군 소속의 현직 군인, 문무관리의 자제들까지 수없이 몰려들었다.

이러한 무술 경연대회는 군사력을 과시하려는 정치적 목적과 함께 사병집단의 결속력을 강화하고 확대하는 것도 중요한 목적이었다. 의종 대에 국왕이 친위군 세력을 강화하려고 취한 수법과 같았다.

경연대회에서 우수한 성적을 낸 자는 그에 적절한 포상이나 합당한 무관직을 그 자리에서 바로 수여받고 최이의 도방에 참여하게 되었다. 그래서 출세하려는 자들은 최이의 눈에 들기 위해 장대한 신체나 뛰어난 무술은 기본이고, 화려한 기마장식이나 병장기를 마련하려고 혈안이 되었다.

이러한 조건에 가장 적합한 사람들이 바로 국왕의 친위군이었다. 국왕의 친위군은 장대한 신체나 남다른 무술을 지닌 사람들을 주로 선발하여 조직한 특수부대였기 때문이다. 이들 역시 최이가 개최한 무술대회를 마다하지 않았고, 누구보다도 실력이 앞섰다. 최이는 이들을 도방에 참여시키는 것도 결코 사양하지 않았다.

이것은 일석이조의 효과가 있었다. 국왕의 친위군을 약화시켜 자신에 대한 의존도를 높이고, 자신의 군사력은 더욱 강화할 수 있었기 때문이다. 최이는 아예 국왕의 친위군을 사저에서 직접 선발하기도 했으며, 때로는 친위군의 복색이나 의장을 좀 더 화려하게 치장하도록 아량을 베풀기도 했다. 이는 국왕의 친위군마저 최이에 의해 장악되었음을 말해준다. 국가상비군 전체가 최이에게 장악되었는데 친위군이라고 예외일 수 없었다.

최이가 도방을 확대·강화하는 과정에서 새롭게 등장한 사병집단이 마별초馬別抄이다. 그 명칭으로 보아 기마병임을 바로 알 수 있을 것이다. 그러니까 마별초는 최이의 도방에서 기마병만을 따로 조직한 사병집단이라고 할 수 있다. 최이의 도방이 확대 강화되면서 분화된 것이었다. 마별초는 최이의 도방에서 핵심적인 사병들이었다. 어쩌면 이즈음 몽골의 군사적 압력이 높아가면서 기병 위주인 몽골 군대를 모방한 것으로 생각되기도 한다. 몽골 기병의 가공할 위력은 이미 고려 조정에 널리 알려진 터였다.

최이는 자신의 무력집단을 대내외에 과시하기 위해 도방이나 마별초 가병집단의 군사를 총동원하여 대대적인 군사 퍼레이드를 벌이기도 했다. 이 퍼레이드가 끝나면 사냥을 위해 산을 에워싸고 들판을 누비거나 때로는 5군으로 나누어 전투 연습을 하기도 했다. 전투 연습은 실전과 마찬가지여서 인마의 살상도 불사할 정도였다.

이러한 최이의 사적인 무력집단을 대적할 세력은 없었다. 최이의 사적인 무력집단이 국가상비군을 이미 잠식하여 압도하고 있었기 때문이다. 사실 국가상비군이라고 부를 만한 것도 못 되었다. 상비군 체제가 아예 무너져버렸다고 보아도 크게 틀리지는 않을 것이다.

그런데 국가의 상비군이 유명무실하게 되는 것도 문제였다. 최소한의 치안유지는 반드시 필요했기 때문이다. 이를 위해 만든 것이 야별초이다.

야별초

야별초夜別抄는 최이가 1230년(고종 17) 무렵 조직한 것이다. '별초'는 특별히 가려뽑은 군사라는 의미로, 무신란 이전부터 무너지고 있던 국가 상비군을 대신하는 군대의 명칭이었다.

야별초는 애초부터 분명 국가의 군대로 만들어진 것이었다. 도방과 같은 사병집단이 아니었던 것이다. 당연히 국가로부터 복무의 반대급부로 군인전軍人田도 지급받았다. 최이가 이런 야별초를 조직하여 내세운 명분은 도둑을 막기 위해서였다. 다른 정치적 의도도 있었겠지만 겉으로 내세운 명분은 그랬다.

이 무렵 도성 안에는 도둑이 횡행했는데, 그 여파가 심상치 않았다. 앞서 말했듯이 이들은 상비군에서 이탈한 전·현직 군인들로 최이 정권에 대한 반감을 갖고 대창이나 태묘 등을 방화하며 사회불안을 부추겼다. 이들은 무사적 자질을 갖춘 자들로 간단히 제압할 수 있는 무리가 아니었다. 최이 정권에 결정적인 위협을 가할 수 있는 존재들이었기에 그대로 방치할 수 없었던 것이다.

그래서 이들을 막기 위해 만든 것이 야별초였다. 당연히 그 구성원은 국가상비군에서 특별히 가려뽑았다. 국가상비군이 건실하게 유지되고 있었다면 야별초는 필요 없었을 테니, 이는 상비군의 와해를 반증하는 사실이기도 하다.

그런데 참 재미있는 것은, 야별초의 구성원과 정체불명의 도둑들이 같은 뿌리의 사람들이라는 점이다. 국가의 군대에서 이탈한 도둑들이나 그 군대에서 특별히 선발한 야별초가 무엇이 다르겠는가. 조금 극단적으로 말하면 그 도둑들이 야별초의 구성원이 될 수도 있는 것이다. 이 대목에서 최이가 야별초를 조직한 정치적 의도를 감지할 수 있다.

최이는 도둑이 횡행하는 것보다는 국가의 군대에서 군인들이 이탈하는 사실을 더 우려했다. 이 문제를 근본적으로 해결하려면 그 뿌리를 잘라야 했다. 그러려면 그들의 불만을 해소시켜 군대에서 이탈하는 무리를 막아야 했다. 야별초를 조직한 것은 그런 이유도 있었다.

하지만 이미 군대에서 이탈하여 떠도는 군인들을 그냥 방치할 수는 없었기에, 이들도 야별초의 구성원에서 제외될 수 없었다. 다만 야별초는 선발된 군대이므로 모든 전·현직 군인을 무조건 망라하지는 않았다. 특별한 선발기준이 있었던 것이다. 군인으로서의 자질, 이전의 전력, 최이 정권에 대한 성향 등을 점검했을 것이다. 또한 야별초가 조직된 이후 이전의 국가상비군 체제는 유명무실해졌을 것도 뻔한 일이다. 그래서 야별초가 국가상비군의 중심에 서게 된다.

야별초는 후에 그 규모가 커져 좌·우별초로 분리되며 최씨 정권 말기에 신의군神義軍이 또 조직되어, 이들을 삼별초라고 불렀다. 그런데 삼별초도 결국 최이 정권의 군사적 기반으로 작용하여 사병 기능에서 크게 벗어나지 못한다. 정치적인 목적을 염두에 두고 조직된 군대이니 이는 필연적인 결과이기도 했다.

강력한 통치기구

교정도감

교정도감敎定都監은 최충헌이 정보 사찰업무를 위해 창설한 기구다. 애초에 교정도감을 만든 경위에서 보면 그렇다.

1209년(희종 5) 4월, 청교(경기 개풍군)의 역리驛吏 세 명이 최충헌 부자를 제거하기 위해 반란을 기도했다. 역리는 육상교통의 중심지에 설치된 역驛에서 역마를 사육·관리하고, 때로는 국가 공문서를 접수·전달하는 아전을 말한다. 이들은 교통과 통신망을 관리하는 자들로, 지금으로 말하면 국가의 중추신경을 담당한 사람들이었지만 고려시대에는 그곳에 사는 주민과 함께 천시되었다.

청교의 역리들은 무리를 끌어모으기 위해 사찰의 승도들을 소집한다는 가짜 공첩을 만들어 여러 곳에 띄웠다. 말단 역리가 이러한 음모를 주도적으로 추진할 수는 없었을 테니, 그 배후에서 누군가가 사주한 것이 분명했다. 그런데 그 가짜 공첩이 귀법사에 이르자, 승도 한 사람이 이상하게 여겨 공첩을 전달한 역리를 붙잡아두고 최충헌에 밀고해버렸다.

귀법사는 도성 북동쪽의 탄현문 밖에 있는 유서 깊은 사찰이었다. 아마 이 거사의 주모자는 역리들을 이용해 주로 개경 근교 사찰의 승도들을 동원하여 최충헌 부자를 제거하려고 마음먹은 듯하다. 이때는 최충헌이 집권한 지 벌써 10여 년이 지난 무렵으로, 그가 도방을 통해 군대를 완전히 장악하고 있어 군사를 동원하여 거사한다는 것은 거의 불가능했다.

개경은 도성 안팎에 수십 개의 사찰이 밀집되어 있어 사찰에 에워싸인 형국이었다. 그 사찰의 승도들만 일사분란하게 움직일 수 있다면 군사를 동원하는 것 못지않은 큰 변란을 도모할 수 있었다. 청교 역리의 가짜 공첩은 그렇게 나온 아이디어였다.

하지만 그 계획은 맨 처음 귀법사에서부터 좌절되고 말았다. 최충헌은 사찰의 승도들이 반란에 동원될 계획이었음을 알고 깜짝 놀랐다. 그것까지는 미처 생각지 못했던 것이다. 군대만 장악해서는 정권에 대한 저항을 막을 수 없다는 사실을 새삼 깨우쳐준 사건이었다.

이때 최충헌이 그 사건에 연루된 자들을 색출하기 위해 만든 것이 바로 교정도감이다. 교정도감은 영은관에 설치되었다. 영은관은, 최충헌이 맨 처음 쿠데타를 일으킬 당시 거사 본부로 삼았던 인은관, 거란족을 물리치기 위해 출정군이 총집결한 순천관 등과 함께 외국 사신이 왔을 때 숙박하는 곳으로서, 시의 적절하게 정청으로 이용하기 편한 곳이었다.

교정도감에서 역리를 잡아들여 신문한 결과, 우복야(정2품) 한기韓

琦와 장군 김남보金南寶가 주모자임을 밝혀냈다. 이 두 사람에 대해서는 사서에 별다른 언급이 없어, 최충헌 정권에 불만이 많은 자들이라는 막연한 추측만 할 수 있을 뿐이다. 이들은 신문하는 과정에서 당연히 심한 고문이 뒤따랐는데, 그런 일도 교정도감의 중요한 임무였다. 한기는 이 사건으로 아들 셋과 함께 주살되었고 그 밖의 관련자 9명도 모두 죽음을 면치 못했다.

교정도감은 이후 민간인을 사찰하고 유사한 사건에 대한 정보를 미리 탐지하거나 밀고를 받는 일도 수행했다. 하지만 시간이 흐르면서 업무 범위가 점차 확대되어 국정 전반에 관여하지 않는 일이 없었다. 예를 들면 관리들의 비위를 규찰하거나 조세 징수, 인재 발탁 등에 이르기까지 실로 다양한 방면의 일에 관여했으니, 유신 시절의 중앙정보부와 비슷하지 않았나 싶다.

그런데 이러한 전반적인 국정 관여는 교정도감의 본래 기능이 아니라 권력 남용에 의한 월권행위였다. 정보 사찰을 위한 권력기관으로 만들어졌으니 어찌 보면 자연스런 일이었다. 하지만 특별한 업무가 일상화되면 그것이 정상적인 관례로 굳어지는 것이 최씨 정권의 정치행태였다.

그런 까닭에《고려사》에는 교정도감이 최씨 정권의 최고 집정기관으로 기술되어 있다. 다만 이 교정도감이 최고 집정부 기능을 한 것은 최충헌 집권기가 아니라 그 이후부터였다. 이것은 교정도감의 장관 임명을 통해 알 수 있다.

교정별감

교정도감의 장관을 교정별감敎定別監이라고 하는데, 최충헌과 최이는 이 별감직을 차지하지 않았다. 최고 집정부라면 이들 부자가 이 자리를 놓칠 리가 없을 텐데 이상한 일이다. 최이 때까지는 교정도감이 최고 집정부가 아니었든지, 아니면 교정별감을 차지하지 않더라도 국정 장악이 가능했기 때문일 것이다. 최충헌이 교정도감을 창설하기는 했지만, 그 기능이 국정 전반을 간섭한 것은 시간이 흐르면서 점차 확대된 결과가 아닌가 한다. 완벽한 통치체제를 갖춘 최충헌 부자로서는 그 장관직에 연연해할 필요가 없었을지도 모른다.

최씨 집권자 중 최초로 교정별감에 오른 이는 기록상으로는 최이의 아들인 최항이다. 최항 이후부터는 집권자가 반드시 교정별감직을 차지했다. 최씨 집권이 끝나고 그 뒤를 이은 무인집권자 김준金俊, 임연林衍, 임유무林惟茂도 모두 교정별감직을 세습적으로 차지했다. 마치 교정별감에 임명되는 것이 최고 집권자의 위치에 오르는 공식적인 증거 같았다.

이 별감직은 형식상으로는 국왕이 임명했는데, 이를 보면 교정도감이 국가기관이었다는 것을 알 수 있다. 사설기관이라면 국왕이 임명권을 행사하지 않았을 테니까 말이다. 그런데 별감직은 반드시 장군(정4품) 이상의 무신계급으로 겸직했는데, 별감직은 관품이나 그에 소속된 관리의 수 등을 전혀 알 수 없다. 이런 점으로 보면 교정도감이 과연 국가기관인지 의심스럽기도 하다. 아마 최충헌이 만든 도방과 같이 처음에는 사적 기구로 출발하여 점차 국가기구로 발전하다가 최항이 집권한 때부터 국가의 특별기구로 전환된 것 같다.

최충헌이나 최이가 교정별감에 임명되지 않은 것도 이 때문이었다고 생각된다. 최충헌·최이 부자의 사적인 기구에 대해 국왕이 임명권을 행사하는 것은 오히려 이상한 일이 아니겠는가. 달리 표현하면 최충헌 부자는 교정별감에 임명받을 필요가 전혀 없었던 것이다. 국가의 공식적인 기구가 아니었기 때문에 당연히 최충헌 부자가 그 주인이었던 것이다.

최항 때부터 교정도감이 국가기관으로 전환되고, 그 별감직을 국왕이 임명하게 된 것은 최씨 정권의 사적인 권력기관이 국가에 흡수되었음을 뜻한다. 이는 최씨 정권의 사적인 통치기구가 그때부터 이미 약화되고 있었다는 증거이기도 할 것이다.

교정도감은 강화도로 천도한 이후 그 권능을 십분 발휘한다. 특히 교정도감에서 임명하는 교정수획원教定收獲員은 각 지방에 파견되어 조세나 공물을 징수하는 중요한 일을 맡았다. 몽골과의 전쟁이 장기화되면서 지방 행정체계나 질서가 갈수록 마비되어 기존 체제로는 조세 수취가 어려웠기 때문이다. 교정수획원은 이것을 대신한 특별 조세징수관이라고 할 수 있다.

인사권 문제

최씨 정권을 뒷받침하는 새로운 통치기구로서 정방政房을 빼놓을 수 없다. 정방은 인사행정 기구로 1225년(고종 12) 6월 최이가 창설했는데, 그의 사저에 설치되었으므로, 국가의 관청이 아닌 사설기구가 분명했다.

동서고금을 막론하고 강력한 통치는 인사권의 배타적인 확보 없이는 불가능하다. 인사권은 통치의 시작이다. 하지만 역설적이게도 완벽한 통치권이 확립되면 인사권은 별 의미가 없게 된다. 인사권은 통치권을 확립하기 위한 수단일 뿐이기 때문이다. 최이가 만든 정방이 그런 것이었다.

정방이 최이 집권기 때 만들어졌다고 해서 그 이전에 국왕이 인사권을 행사했던 것은 아니다. 최충헌은 정방이 없어도 자신의 사저에서 인사행정을 독단했다. 국왕의 재가를 받기는 했지만 그것은 유명무실한 형식적인 절차에 불과했다. 국왕의 재가는 오히려 최충헌의 인사권을 정당화시켜주는 장치였다.

고려시대 관리들의 인사는 매년 6월과 12월 두 차례 이루어졌다. 앞서 언급한 바 있지만, 6월의 인사는 권무정權務政이라 하여 임시적인 성격이 강하고, 12월의 인사가 대정大政이라 하여 정기적인 인사였다. 6월의 권무정은 일종의 보완적인 인사였다. 그런데 이러한 정례적인 인사 시기는 최충헌 집권 때부터 무너지기 시작했다. 최충헌은 인사 시기를 마음대로 정함으로써 인사권의 독단을 자행했다.

전통적인 인사행정에 의하면 중요한 조관朝官이나 지방장관은 국왕이 직접 인사권을 행사하는데, 이처럼 국왕이 직접 주관하는 인사안을 비목批目이라 했다. 기타 중·하급관리나 지방관리는, 문관의 경우 이부의 장관인 판이부사判吏部事가, 무관의 경우 병부의 장관인 판병부사判兵部事가 인사안을 만들어 국왕의 재가를 받아 시행했다(인사행정에 대한 구체적인 내용은 1권 참조). 이런 인사행정제도 역시 최충헌 집권 때부터 유명무실해졌다.

최이는 통치권을 세습한 이후, 사저에서 인사안을 작성하여 국왕의 재가를 받아 시행하는 아비의 방식을 그대로 좇았다. 비목도 자신이 주관하여 사후에 국왕의 재가를 받았다. 물론 인사권을 맡고 있는 이부와 병부의 판사도 자신들의 권한을 제대로 행사하지 못했다.

정방이 설치되기 전까지 최이나 최충헌은 그렇게 인사권을 독단했다. 하지만 형식적이나마 국왕의 재가를 거쳤다는 점에서 인사권을 사유화한 것은 아니었다. 어찌됐든 국가의 공식적인 행정체계 안에서 인사권을 행사했기 때문이다. 최충헌·최이 부자도 그것만은 지켰다.

그러나 정방의 설치는 인사권의 완전한 사유화를 의미했다. 최이의 통치권이 점차 강화되면서 정방이 설치될 무렵 그 인사절차부터 완전히 다르게 나타났다.

정방

최충헌 집권기 때부터 이미 독자적으로 인사권을 행사하고 있었던 최이가 별도의 정방을 만든 이유는 무엇일까. 그것은 국왕의 형식적인 재가마저 거치지 않고 완전히 독자적인 인사권을 행사하겠다는 뜻이었다. 이는 최이의 사저에서 인사행정이 이루어지는 과정을 보면 알 수 있다.

인사철이 되면 이부와 병부의 장관은 인사안인 정년도목政年都目을 만들어 최이의 사저를 찾는다. 이때 이부와 병부의 장관은 문무백관을 거느리고 갔다. 최이는 사저에서 기다리고 있다가 문무백관의 하례를 받는데, 6품 이하관은 당하에서 재배하고 최이를 감히 우러러보지도 못했다. 6품 이상의 조관들만 직접 최이에게 재배하고 여기서 이부와 병부의 판사가 인사안을 올려 최이의 재가를 받아 시행했다.

이것이 관례화되면서 정방이 설치되었다. 그러니까 정방은 어느 날 갑자기 만들어진 것이 아니라, 최이의 통치권이 확고해지고 그의 사저가 권력의 심장부가 되면서 자연스럽게 만들어진 것이다. 정방이 설치되면서 가장 크게 달라진 점은 인사행정 절차에서 국왕의 재가를 최이가 대신한 것이다.

이는 흥미로운 현상으로 달리 말하면 정방이 설치되면서 인사행정이 오히려 정상적인 절차를 밟았다고도 볼 수 있다. 최이의 사저에 설치된 정방이 국왕의 정전을 대신하고, 최이가 국왕의 재가를 대신한 것뿐이다. 알기 쉽게 말해서 최이는 인사권 행사에서는 말할 필요도 없고 형식적인 의례에 있어서도 국왕과 다를 바가 없게 된 것이다.

이제는 애써 사적으로 가까운 사람들을 발탁하고 비판적인 사람을 멀리하는 사사로운 인사를 굳이 자행할 필요가 없었다. 최이라는 통치자가 군림하는 것만으로도 모든 정치가 순조롭게 이루어지는 것처럼 보일 정도였다. 정방의 설치는 어찌 보면 자연스런 귀결이었다.

정방이 설치될 무렵부터 막상 최이 자신은 인사발령에 나타나지 않는데, 이는 당연한 일이었다. 모든 문무관리에 대한 인사권을 갖고 있는 그가 스스로를 인사발령한다는 것이 얼마나 우스운 일이겠는가. 국왕이 스스로를 임명할 수 없는 것과 마찬가지다. 최이는 국왕은 아니지만 최고통치자로서 관료질서 밖에 존재하는 초월적인 존재였다. 그런 초월적인 지위를 뒷받침해주는 인사행정 기구가 정방이었다.

권력은 어느 수준에 오르면 자가발전이 가능해진다. 통치자가 권력을 강화하려고 애쓰지 않더라도 권력 자체의 속성으로 더욱 강화되고 배타적으로 행사된다는 뜻이다. 1인 통치자에 의존한 독재 권력일수록 더욱 그렇다.

정방 설치 이후, 대부분의 문무관리들은 왕조정부의 관료이면서 한편으로는 최이 정권의 사적인 관료이기도 했다. 이것은 도방이 설치되면서 국가상비군의 대다수가 최씨 정권의 사병으로 전락한 것과 비슷한 이치다. 누구든 어떤 자리에 임명받으려면 먼저 최이의 선택을 받아야 했다. 극단적으로 말해 최이 정권에 봉사하지 않는 관료는 없었던 것이다.

그런 인사행정의 사유화 과정을 보여주는 가장 좋은 사례가 인사권을 장악한 정방이었다. 인사권을 장악하기 위해 정방을 설치한 것이 아니라, 인사권이 점차 사유화되면서 정방은 나타날 수밖에 없었다는 얘기다. 정방은 그런 사유화된 인사권을 정당화, 혹은 합리화시켜주는 기구였다. 사적으로 인사권을 행사하면서도 인사의 공정성은 필요했기 때문이다. 정방은 사실 국가기구로도 전혀 손색이 없을 만큼 치밀하고 합리적인 행정체계를 갖추고 있었다. 그래서 최씨 정권이 붕괴된 후에도 정방은 국가기구로 전환되어 공민왕 때까지 존속한다.

서방

서방書房은 최이가 사저에 설치한 문인집단으로, 보통 무인집단인 도방과 대칭적인 조직으로 보고 있다. 그에 관계된 기록이 많지 않아 자세하게 언급하기는 어렵지만 추측이 허락된다면 이런 것이라 생각한다.

서방은 최이가 만든 것이지만, 그 단서는 최충헌 정권에서 이미 시작되었다고 볼 수 있다. 그 계기는 1200년(신종 3) 최충헌이 문객집단을 확대·개편하여 도방을 조직할 때 시작된 듯하다.

최충헌은 도방을 조직할 때, 기존의 문객집단에다가 문무관리나 군졸들까지 불러모았었다. 여기서 문무를 가리지 않고 문객집단에 포섭되었다는 사실에 주목해야 한다. 아마 출세를 원하는 자들은 문무를 가리지 않고 문객집단에 가담하는 것을 마다하지 않았을 것이다. 그래서 최충헌의 도방에는 무인들뿐 아니라 문인들도 참여하고 있었다. 도방에 참여한 문인들이 어떤 기능을 했는지는 사서에 아무런 언급이 없는데, 최충헌의 사저에서 문한 기능을 담당했거나 글짓기와 같은 문학 행사에 참여하지 않았나 싶다.

이러한 기능을 좀 더 활성화하고 전문화하기 위해 문인들만 따로 조직하여 만든 것이 서방이었다. 서방이 독립적으로 만들어진 것은 인사행정 기구인 정방이 만들어진 직후였다. 그래서 정방과 서방은 그 기능이나 업무에서 밀접한 관련이 있었다고 본다. 쉽게 말해 서방도 인사행정과 결코 무관하지 않았다는 뜻이다.

최이 정권은 사저에서 수시로 수많은 문인들을 초대하여 글짓기 대회를 개최하곤 했다. 그런 문학행사는 단순한 글짓기 놀이가 아니라 문학적 재능을 시험하여 등급을 매기는 자리였다. 그러한 문학행사에서 중요한 심사기준은 문장력만이 아니었다. 우수한 글의 요건은 최이 정권에 대한 찬미를 얼마나 멋지게 하느냐에 달려 있었다. 즉 문장으로써 충성심을 유도하고 심사하는 자리였던 것이다. 그래서 문학행사는 최이 정권에 충성스런 문인들을 발굴하고 선발하는 자리로 이용될 수밖에 없었다.

서방의 일이 그러한 문학행사를 주관하고 심사하는 것이었다. 서방에서 등급이나 성적을 매겨 정방으로 보내면, 정방에서는 그 성적을 기준으로 관리의 인사나 승진에 반영했다. 이런 점에서 서방이 인사행정을 맡은 정방과 업무상 긴밀한 협조관계에 있었다고 보는 것이다.

무신란 직후 낙향했거나 무인정권에 등을 돌리고 있던 수많은 문인들이 이러한 문학행사를 기웃거렸다. 그때까지 암울하게 지내던 문인들에게 문학행사는 새로운 희망이자 최이 정권과 연결될 수 있는 절호의 기회였다. 최이 정권으로서도 정권에 비판적인 재야 문인들을 다시 끌어모으는 효과가 있었고, 새로운 인재를 등용하는 데도 유효적절하게 이용되었다.

이런 기회를 잘 포착하여 등용된 인물이 바로 이규보이다. 그는 서방 출신 문인으로서 최이 정권의 인사행정에도 깊이 관여했다.

과거제도를 통한 문인 통제

문인들의 탈출구, 과거

최충헌·최이 정권의 통치공학에서 빼놓을 수 없는 것이 과거제도의 운용이다. 우리 역사에서 과거科擧는 광종 9년(958)에 처음 실시되었다. 호족과 공신세력을 약화시키고 왕권을 강화할 목적으로 시행된 과거는 시험성적에 의해 관리를 선발하는 제도였다. 그러한 과거가 최씨 무인정권하에서는 어떻게 운용되었을까?

우선 조금 번거롭지만 다음의 도표를 살펴보자. 이 통계는 인용자료에 따라 수치가 조금씩 다를 수 있는데, 여기서는 《고려사》〈선거지選擧志〉라는 편목을 근거로 삼아 작성했다. 〈선거지〉는 고려 전 시대에 실시되었던 과거의 고시관과 수석합격자, 급제자 수를 모두 기록한 자료이다. 금석문이나 문집 등 다른 자료에서 여기에 누락된 것이 소수 확인되고 있긴 하지만 전체 과거 운용의 흐름을 파악하는 데는 문제가 없을 것이다.

먼저, 눈에 띄는 것은 신종, 희종, 강종, 고종 네 왕대의 과거급제자 수가 어느 왕대보다 많다는 사실이다. 이 시대가 바로 최씨 무인집권 기였다. 최씨 정권에서 이렇게 과거 합격자가 많이 배출된 데는 두 가지 요인이 작용했다. 하나는 매회 합격자 수가 다른 때에 비해 많았다는 것이고, 또 하나는 실시 빈도가 높았다는 점이다.

고려시대 매 회당 평균 과거 합격자 수는 27.7명인데, 최씨 정권에서는 30명을 훨씬 웃돌고 있다. 그래서 연평균 합격자 수도 다른 때에 비해 많게 나타난 것이다. 다만 고종 대에 연평균 합격자가 21.1명으로 상대적으로 낮게 나타난 것은 실시 횟수가 적었기 때문이다. 이는 몽골과의 전란을 피해 강화도로 천도한 정치적 상황과 관계가 있다. 하지만 이것도 고려시대 연평균 합격자 수 15.5명에 비하면 적지 않은 수이다. 강화도로 천도한 전란 중에도 과거가 중단되지 않았다는 사실이 오히려 중요하다.

그 다음 실시 빈도를 보면, 이 표에는 나타내지 않았지만 고려시대에 평균 1.8년에 한 번꼴로 과거를 실시했는데, 최씨 정권에 해당하는 신종 대부터 고종 대까지는 1.6년에 한 번꼴로 더 자주 실시했다. 아마 전란이 없었다면 그 빈도는 더욱 높게 나타났을 것이 틀림없다.

그런데 정작 궁금한 것은, 최씨 정권에서는 왜 이렇게 과거를 자주 실시하고 합격자를 많이 선발했을까 하는 점이다. 무인정권이라는 사실을 감안하면 얼른 설명하기가 곤란하다. 다른 정권도 아닌 무인정권에서 문신을 더 많이 등용했으니 그 배경이 궁금하지 않을 수 없다.

하지만 이는 조금도 이상할 것이 없다. 최충헌 정권은 그 출발부터 기존의 문신들을 소외시키거나 탄압할 수 없었다. 여러 차례 언급했지만, 최충헌 정권은 무신들보다는 문신들을 가까이하는 정책을 폈고, 문인들보다는 무인들을 더 잠재적인 적대세력으로 간주하고 있었다.

최충헌의 그러한 정책은 최이, 최항, 최의에게 그대로 계승되었으며 특히 최이 정권에 와서는 더욱 심화된 경향마저 있었다. 게다가 고려시대 과거제도는 도입 초기부터 무신들을 위한 무과는 없이, 문신들을 위한 문과만 시행했다. 고려가 멸망할 때까지도 무과는 시행되지 않았다. 이것 역시 궁금한 문제가 아닐 수 없는데, 최씨 정권은 이런 문신 중심의 과거제도를 정치적으로 십분 활용했던 것이다.

과거를 빈번히 실시하고 그 합격자 수를 대폭 늘인 것은, 관직 진출을 노리고 있는 많은 문인들에게 분명 새로운 기회였다. 대다수 문인들은 최충헌이 집권하기 전까지는 무인정권으로부터 소외받고 억눌려 있었다. 무신란 이후 무인정권에 불만을 가졌거나 저항하여 재야에 묻혔던 문인들도, 이제 감정을 누그러뜨리고 차츰 과거에 관심을 가졌을 법하다.

더구나 관료 지향적이고 권력 지향적인 문인들은 과거를 도저히 외면할 수 없었을 것이다. 그러면서 최충헌·최이 부자를 '무인' 집권자로 보는 문인들의 거부감이나 위화감도 점차 누그러졌다. 어쩌면 과거에 응시한 문인들은 최충헌의 집권을 새로운 시대의 시작으로 여겼을지도 모른다. 이전의 무인집권과는 분명히 달랐기 때문이다. 최충헌·최이 부자는 과거를 그렇게 이용했다. 문인들의 정치·사회적 불만을 해소시켜주고 욕구를 충족시켜주는 탈출구로서 과거제도를 이용한 것이다. 여기에 덤으로 널리 우수한 인재를 충원할 수도 있었으니 이 또한 정치·사회적 의미가 적지 않았다.

과거를 빈번히 실시하고 합격자가 늘어나면서 아울러 문제점도 드

■ 고려시대 과거 실시 통계

국왕 (재위년수)	실시 횟수	선발 인원	1회 평균 선발위원	연 평균 선발위원
광종(18)	8	33	4.1	1.8
경종(6)	1	6	6.0	1.0
성종(16)	13	113	8.7	7.1
목종(12)	7	191	27.3	15.9
현종(22)	14	167	11.2	7.6
덕종(3)	2	25	14.5	8.3
정종(12)	6	97	16.2	8.1
문종(37)	20	438	21.9	11.8
선종(11)	7	213	30.4	19.4
헌종(1)	1	32	32.0	32.0
숙종(10)	6	234	39.0	23.4
예종(17)	11	383	34.8	22.5
인종(24)	16	475	29.7	19.8
의종(24)	14	426	30.4	17.8
명종(27)	17	567	33.4	21.0
신종(7)	5	166	33.2	28.4
희종(7)	5	194	38.8	23.7
강종(2)	2	71	35.5	35.5
고종(46)	27	969	35.9	21.1
원종(15)	8	262	32.8	17.5
충렬왕(34)	20	606	30.3	17.8
충선왕(5)	1	33	33.0	6.6
충숙왕(25)	4	165	41.3	6.6
충혜왕(6)	5	169	33.8	28.2
충목왕(4)	1	33	33.0	7.5
충정왕(3)	0	0	0	0
공민왕(23)	11	304	27.6	13.2
우왕(14)	7	231	33.0	16.5
창왕(1)	2	66	33.0	66.0
공양왕(3)	2	66	33.0	22.0
계 (435)	243	6,735	27.7	15.5

러났다. 과거에 급제하고도 관직을 얻지 못하는 미입사자가 점차 누적된 것이다. 관직 수는 한정되어 있었으니 당연한 결과였다.

고려 과거제도를 연구한 어느 분석에 따르면, 강화도로 천도하는 1232년(고종 19) 직전에는 합격자 누적 수가 5백 명이 넘어서 고려시대 전체를 통해 최고조에 달한다고 한다. 합격자를 양산했으니 당연한 결과였다. 과거 합격자 누적 수가 많았다는 것은 합격하고도 관직을 얻지 못한 문인이 그만큼 많았다는 뜻이다.

사실 과거는, 관직 수가 한정되어 있으므로 융통성 있게 운용할 수 있었다. 즉 실시 빈도나 합격자 수를 수요에 맞게 적절히 조절할 수 있었던 것이다. 그런데도 최충헌·최이 부자는 무조건 과거시험을 남발하여 합격자를 양산했다. 그렇게 했던 이유는 많은 문인들을 과거로 유인하기 위해서였다. 이런 사실에서도 최충헌 부자가 과거제도를 정치적으로 이용했음을 확인할 수 있다.

과거에 합격하고도 관직을 얻지 못한 문인들은 앞서 이야기한 대로 최이의 사저에서 서방이 주최하는 문학행사를 기웃거리거나, 혹은 권력자에게 줄을 대 천거받기를 기다려야 했다. 이러한 현상 역시 정치적 효과가 적지 않았다. 과거 합격은 관리로 등용되는 1차 관문에 불과했던 것이다. 그럼에도 많은 문인들이 과거시험으로 몰린 것은, 예비 관료로서 과거라는 것을 도저히 외면할 수 없었기 때문이다. 최씨 정권은 합격자를 양산하고 실시 횟수를 늘림으로써 그들의 욕구를 충족시켜주었던 것이다.

이규보의 관직 청탁

과거에 급제하고도 관직을 얻지 못하는 사람이 늘어가면서 관직을 청탁하는 사람도 많아졌다. 관직 청탁 하면 타의 추종을 불허하는 인물이 이규보였다. 이규보는 앞서 신라부흥운동에서도 언급한 바 있지만, 그를 통해 당시 문인들의 세태를 느껴볼 수 있다는 점에서 다시 살펴볼 필요가 있다.

이규보는 여주 이씨로 무신란이 일어나기 2년 전인 1168년(의종 22)에 태어나, 강화도로 천도하여 몽골과의 전쟁이 한창이던 1241년(고종 28)에 죽는다. 아홉 살 때 글을 지어 신동이라는 말을 듣고 자란 그는 이후 학문에 정진하여 유교 경전이나 역사서, 제자백가, 불교, 노장사상 등 미치지 않는 데가 없었다. 그의 문집인 《동국이상국집》에 학문과 문장에 대한 자긍심과 포부가 지나칠 정도로 강하게 드러나 있다.

하지만 과거에는 23세 때인 1190년(명종 20)에야, 그것도 말석으로 합격한다. 말석으로 합격한 것이 얼마나 자존심이 상했던지 합격을 사양하려고까지 했으나, 아비의 간곡한 만류도 있고 그런 전례도 없어 그만둔다. 그런데 과거에 합격하고서도 관직을 제수받지 못해 관직만을 학수고대하며 술로 세월을 보냈다. 독선적인 성격 때문인지 그는 술을 마시면 주사도 꽤 심했던 듯하다. 그의 문집에 언뜻 언뜻 그에 대한 반성도 비치고 있다.

이규보의 관심은 오로지 국가의 관직을 얻고 이를 통해 문명을 드러내는 것이었다. 그러니 하찮은 관직은 눈에 들지 않았고 특히 문한직을 원했다. 하지만 인간관계 탓인지 그에게는 지방의 말단 관직 하나도 떨어지지 않았다. 그러던 중 최충헌의 쿠데타가 성공하여 정치상황이 바뀌는데, 이때부터 그의 집요한 관직 청탁이 본격적으로 시작된다.

최충헌이 집권한 후 이규보가 최초로 관직을 청탁했던 대상은 조영인이다. 1197년(명종 27) 그의 나이 30세 때인데, 최충헌의 쿠데타가 성공하고 조영인이 쿠데타 정권의 첫 재상으로 발탁된 직후이다. 이때 이규보는 조영인에게 보내는 글에서, 자신에게 관직을 제수한다는 소식을 이미 들었는데 성사되지 않아 서운하다면서 재차 인사 청탁을 했다.

그 글에 의하면 사정이 이러했다. 조영인과 최당, 임유 3인의 재상이 연명으로 자신에게 관직을 제수하는 차자箚子(신하가 임금께 올리는 공문서의 한 형태)를 올린 것을 알고 기다렸는데, 반정頒政(인사발령) 후에 보니 자신의 이름이 빠져 있더라는 것이었다. 알고 보니 여러 사람들의 시기와 질투, 모함으로 이 차자가 인사 담당 관부인 이부에 전달되지 못하고 중간에 누락되어버렸다고 했다.

이규보가 관직 제수에 얼마나 애달아했는지 알 수 있는 대목이다. 아울러 이규보는 이전에도 조영인에게 관직 청탁을 했었고, 이런 청탁은 이규보뿐만 아니라 여러 사람들에 의해 만연되고 있었음도 짐작하기 어렵지 않다. 그러니 관직이 제수되기 직전 시기, 질투나 모함에 의해 좌절되는 경우도 허다했을 것이다. 조영인에게 보내는 이 청탁의 글에서 이규보는, 자신의 다양하고 깊은 학문 이력을 구구하게 늘어놓기도 하고, 국왕을 측근에서 보필할 수 있는 문장력과 기개를 갖추고 있다고 자부하기도 했다.

그러나 어쩐 일인지 이규보에게는 쉽사리 관직이 오지 않았다. 그러다 조영인에게 청탁의 글을 올린 지 2년 만인, 1199년(신종 2) 정식으로 지방의 미관말직 하나가 겨우 떨어졌다. 전주의 사록 겸 장서기(7품)였다. 과거에 급제한 지 10년 만인데 벌써 그의 나이도 32세였다. 너무

늦은 나이이기는 하지만 보통 과거 급제자가 초직으로 받는 평범한 자리였다.

그런데 이규보는 이 관직도 오래 유지하지 못한다. 보통 지방의 관리로 부임하면 3년이 만기인데 중도에 다른 사람으로 교체되어버린 것이다. 그의 열전에는 다른 사람들의 지탄 때문이었다고 했는데, 아무래도 인사 청탁 경쟁에서 밀려난 듯하다. 이규보는 다시 야인생활로 돌아갈 수밖에 없었다.

그 후 이규보는 1202년(신종 5) 12월 경주에서 일어난 신라부흥운동 진압에 문인으로서는 특이하게 자진 종군한다. 그런데 1204년(신종 7) 3월 반란 진압에 참여하고 돌아와서도 그에게는 아무런 포상도 주어지지 않았다.

반란 진압에서 돌아와 놀고 있던 이규보는 1204년 말 다시 최선에게 관직 청탁의 글을 올린다. 그의 나이 37세 때였다. 이전에도 그는 임유나 최당(최선의 형) 등에게 청탁성 글을 수차례 올린 바 있었다. 모두 최충헌 정권에 재상으로 중용되어 인사권 행사에 영향을 미친다고 판단되는 인물들이었다. 이규보는 청탁의 귀재답게 요로 요로를 정확히 찾아 청탁한 것이다.

이규보는 이번 글을 올리기 이전에 최선의 집을 방문하여 직접 대면까지 했다. 최선에게 보내는 청탁의 글에서 이규보는 우선 그 점을 상기시키고, 전주의 사록으로 있을 때 중도에 그만둔 것은 동료의 무고 때문이었다고 했다. 그리고 자신이 벼슬을 구하는 것은 한몸의 영화를 위해서가 아니라 경국제세經國濟世와 보국을 위해서라고 하여 청탁의 정당성까지 설파하고 있다. 게다가 자신은 이미 나이 들어 미관으로는 자신의 포부를 펼 기회조차 없을 것이라는 말을 곁들여, 은근히 요직을 기다린다는 뜻도 숨기지 않았다.

하지만 안타깝게도 이번 청탁도 효과가 없었다. 그가 이후에도 계속 청탁성 글을 쓴 것을 보아 그렇다. 시기는 잘 모르겠지만, 이규보는 조영인의 아들로서 거란족과의 전투에서 공을 세운 조충에게도 관직 청탁의 글을 보낸다. 이 글에서 조충을 낭중(정5품)이라는 직책으로 호칭하는 것으로 보아, 조충이 현달하기 한참 전 일로 최선에게 관직 청탁을 한 직후가 아닌가 싶다.

그런데 이규보가 재상급도 아닌 조충을 청탁 대상으로 삼은 것은 중요한 이유가 있었다. 조충은 이규보보다 세 살 아래였지만, 같은 해에 과거에 급제한 동년생이었기 때문이다. 청탁의 글에서 표현한 대로 과거 동년생끼리는 특별한 친분관계가 형성되어 있었다. 이규보는 이 글에서 두 사람이 형제간의 의리를 약속한 사이였다는 사실도 빼놓지 않고 상기시킨 것이다.

이해할 만한 일이다. 같은 해에 과거에 급제하고도, 재상의 아들이고 명문 출신인 조충은 30대 중반의 나이에 벌써 중견관리가 되었지만, 명문 출신도 아니고 아비가 재상도 아니었던 이규보는 40대가 다 되도록 미관말직 하나 떨어지지 않았으니 말이다. 이규보가 매달릴 것이라고는 청탁밖에 없었다.

이규보가 관직을 청탁한 글들을 읽다 보면 참 재미있다. 어찌 그리 적절한 비유를 잘 구사하는지 놀랄 지경이다. 대상 인물의 성품이나 직위에 맞춰서 구구절절하게, 때로는 간곡하게, 때로는 당당하고 거만하게, 혹은 슬프게 연민의 정에 호소하면서, 그러면서도 어떤 때는 협박성의 배짱까지도 숨김없이 드러낸다. 한참 읽다 보면 이규보가 청탁을 하려는 것인지 자신의 문장력을 자랑하려고 하는 것인지 아리송할 때가 한두 번이 아니다.

그런데 이런 관직 청탁이 어찌 이규보에게만 국한된 일이었겠는가. 과거에 합격하고 문장과 학문으로 이름 높던 그가 이 정도였다면 다른 문인들이야 말할 필요가 없었을 것이다. 이규보는 과거 급제 동년생들의 관직 청탁에도 힘을 썼는데, 이를 보면 과거에 급제하고도 관직을 제수받지 못한 문인들이 수없이 많았음을 알 수 있다. 그래서 관직 청탁은 당시 자연스러운 사회풍조로 일종의 '천거제도'로 작용했다고 볼 수 있다.

그랬다. 관직을 얻는 정말 중요한 관문은 과거 급제가 아니라 천거였다. 천거는 사적인 인맥이나 혈연, 학연을 어떻게 동원하느냐가 중요한 관건이었다. 과거 급제자가 남아도는 상태에서는 당연했음 직하다. 최충헌·최이 부자는 이를 통해 더욱 충성심을 유도하고, 권력을 강화하는 데 적절히 활용했다.

문인 클럽

무인집권기에는 세상을 등지고 유유자적하는 문인들이 많았다. 이들이 소일거리로 만든 것이 자신들만을 위한 문인 클럽이다.

이인로李仁老, 오세재吳世才, 임춘林椿, 조통趙通, 황보항皇甫抗, 함순咸淳, 이담지李湛之 등 7명이 결성한 문인 클럽이 있었다. 이들은 서로의 나이를 묻지 않는 벗이라고 하여 망년우忘年友라 칭했고, 시와 술로써 즐기며 속세를 등지니 세상 사람들은 이들을 '강좌칠현江左七賢'이라고 불렀다. 중국의 '죽림칠현'을 모방한 것이다.

이 칠현의 문인 클럽은 명종 재위 후반기쯤, 그러니까 이의민이 집권하던 시절에 만들어졌다. 문인들에게 이의민 집권기는 그처럼 암울한 시대였다. 이들 강좌칠현 중에는 당시 관직에 있는 자도 있었지만 대부분 관직에 나가는 것을 아예 거부하고 초야에 묻혀 있었고, 과거시험이나 관직을 기다리며 암중모색하는 자도 있었다.

재미있는 것은, 최충헌이 쿠데타를 성공시키면서 이들도 관직에 대한 열망을 드러낸다는 점이다. 다만 오세재는 최충헌이 집권하기 전에 죽은 듯하므로 여기에 해당되지 않는다.

이인로(1152~1220)는 유명한 인주 이씨로, 무신란이 일어나자 머리를 깎고 중이 되었다가, 1180년(명종 10) 과거에 장원급제한다. 급제 후 직사관(정8품)이라는 사관직에 들어갔으나 10여 년 동안 승진하지 못했다. 그가 승진한 것은 최충헌이 정권을 잡은 이후였다. 그는 예부원외랑(정6품)을 거쳐 최이 정권에서는 간의대부(정4품)까지 올랐다.

이인로의 이러한 관직 이력은 현달했던 그의 선조에 비하면 보잘것없지만, 무인들 치하에서 주로 문한직과 대간직을 지낸 것으로 보아 그런대로 순탄했다고 볼 수 있다. 그는 시로써는 이름을 떨쳤으나 성품이 편협하고 좌충우돌하여 크게 중용되지 못했다고 한다. 그러면서도 그는 여러 문집을 남겼는데 익히 잘 알려진 《파한집》도 그중 하나이다.

오세재(1133~?)는 고창(전북) 출신으로 명종 대에 늦게 과거에 급제했으나 관직을 얻지 못했다. 성품이 호방하면서도 어질고, 거칠면서도 준엄하여 구속을 싫어한 탓이라고 했다. 이인로가 그를 세 번이나 추천했으나 벼슬을 마다하고 외가인 경주로 낙향하여 곤궁하게 살다가 생을 마쳤다. 그는 이규보보다 서른다섯 연상이었으나 친근한 벗으로 사귀었고, 그의 마지막 소식을 들은 이규보는 슬픈 애사哀詞로 보답했다.

오세재는 칠현 중에서 그렇게 제일 먼저 세상을 떴다. 그런데 그가 죽자 칠현의 자리가 하나 비게 되어, 이 자리를 이규보에게 권했으나, 거절당하고 말았다. 이규보는 비웃음까지 보내며 시로써 조롱하고 거절해버린다. 수재들은 독선과 거만함을 당연한 권리로 생각하는 것이 보통일까. 아니면 칠현들의 앞날을 벌써 꿰뚫어본 때문일까.

한편 임춘은 무신란 때 일가가 화를 입고 토지까지 빼앗겼다. 그 역시 시와 문장에 뛰어났으나 여러 차례 과거에 낙방했고, 결국 뜻을 얻지 못한 채 요절하고 만다. 그가 남긴 글로는 유명한 〈국순전〉과 이인로가 유고를 모아 편찬한 《서하집》이 있다. 최이는 그의 문집에 특별히 발문을 써주고 서적점에 명하여 인쇄하고 널리 배포하도록 배려하기도 했다.

임춘의 문집에 보면 문장과 음율에만 치우친 당시 과거시험에 대한 비난이 곳곳에 드러나 있다. 그러면서도 그 자신 역시 과거를 외면하지 못했던 것이다. 그의 글 속에는 세 번이나 과거에 낙방했다는 자괴감과, 나이 들고 병든 몸에 대한 절망과 외로움이 진솔하게 표현되어 있다. 임춘은 칠현 중에서 가장 불우하게 생을 마친 문인이었다.

조통은 옥과(전남 곡성) 출신으로 문인답지 않게 신체가 장대하고 다른 사람에게 신뢰를 받았으며, 학문도 경서, 역사, 제자백가 등 통달하지 않은 것이 없었다. 명종 대에 급제하여 요직인 정언(종6품), 고공랑중(정5품)을 거쳐 최충헌 집권 이전부터 순조로운 관직생활을 했다. 칠현 중에서 가장 순탄한 길을 걸은 듯하다. 다만 최충헌 집권 이후 오히려 퇴보한 느낌이 들어 칠현 회원 중 조금 특이한 경우라 할 수 있다.

최충헌이 정권을 잡은 후, 조통은 명종 폐위와 신종 즉위를 승인받기 위해 금나라에 사신으로 파견되었다. 그런데 귀국 후 웬일인지 그는 장작소감(정4품)이라는 한직에 머물렀고, 1200년(신종 3) 5월 진주에서 일어난 정방의의 반란을 진무하기 위해 파견되었다가 손도 쓰지 못했다. 이후 그의 행적이 드러나지 않는다. 아마도 실각하지 않았나 싶다.

황보항은 관찬사서에 행적이 전혀 나타나지 않는다. 다만 임춘의 서간문 중 황보항에게 보내는 글이 한 편 남아 있는데, 이에 의하면 황보항은 과거에 낙방하고도 계속 시험 준비를 위해 개경에 머무른 듯 싶다. 과거 응시를 부정적으로 본 젊은 황보항에게, 전도가 밝을 것이라며 희망을 안겨주기도 했다. 황보항은 결국 과거에 급제하여 충주의 지방관으로 부임했다. 그가 충주의 지방관으로 나간 것이 어느 때인지는 알 수 없지만, 여러 정황으로 보아 역시 최충헌 집권 초기일 가능성이 많다.

함순은 항양(경기 광주) 출신으로, 명종 대에 청백리로 이름 높은 함유일咸有一의 아들이다. 임춘이 함순에게 보낸 글에 의하면, 어느 때인지는 모르겠지만, 그 역시 과거에 급제하여 지방 관리로 부임했음이 틀림없다. 함순이 임춘보다 후배인 것으로 보아 역시 최충헌 집권기 때의 일이 아닌가 싶다.

마지막으로 이담지는 관찬사서에는 전혀 언급이 없고 임춘의 글에만 몇 차례 등장한다. 특히 임춘이 이담지에게 보내는 서간문 중 매우 격한 감정을 토로한 글이 눈에 띄는데, 이담지가 편지로써 임춘을 질책한 데 대한 답장으로서, 간단히 말해 절교해도 좋다는 내용이다.

답장의 내용으로 미루어보건대, 이담지는 과거에 급제하여 관직에 나아간 후, 임춘더러 여러 사람과 교유하고 세상과도 화합하라는 조언을 했음직하다. 어렵게 지내는 친우를 안타깝게 여겨 생각을 바꾸라

충언한 것이었지만 임춘은 그렇게 받아들이지 않은 것이다. 이 대목에서, 어느 때인지는 불확실하지만 이담지도 과거에 응시하여 관직을 얻었음을 알 수 있다.

이렇게 보면 칠현 중에서 끝까지 관직에 나가지 않은 사람은 오세재와 임춘뿐이다. 나머지 사람들은 관직을 멀리한 듯했지만 모두 과거에 응시하여 합격했고, 결국 관직의 유혹도 뿌리치지 못했다.

오세재와 임춘 두 사람도 실은 크게 다르지 않다. 임춘이 유일하게 과거 급제에 끝까지 성공하지 못했지만, 두 사람 모두 결코 관직에 초연하지는 못했다. 그런 모습은 관직을 청탁하는 글이나, 혹은 타인의 추천을 받은 글이 들어 있는 문집류 곳곳에 강하게 묻어나 있다.

그런데 재미있는 것은 이들이 관직에 대한 생각을 바꾸거나 관직에 나아간 시기가 대부분 최충헌의 집권이라는 정치적 변화와 맞아떨어진다는 사실이다. 최충헌의 집권이 여러 재야 문인들이 과거나 관직에 몰려드는 계기가 되었던 것이다.

이것은 중요한 의미가 있다. 당시 문인들이 이의민을 제거하고 집권한 최충헌을 이전의 무인정권과는 다르게 보았다는 뜻이며, 아울러 문인들에 대한 최충헌 정권의 회유정책도 성공했음을 엿볼 수 있다. 이점이 최충헌 정권의 공이라면 공일지도 모르겠다. 숨어 있는 인재들을 다시 구했다는 점에서 말이다.

문생과 좌주

이 무렵 과거시험을 매개로 스승과 제자의 사적인 관계가 새롭게 형성된다. 문생門生과 좌주座主가 그것이다. 좌주는 과거시험의 고시관이고, 문생은 그 고시관 밑에서 급제한 합격자이다.

고시관은 과거시험 문제 출제와 합격 여부, 때로는 등급까지 매긴다. 등급은 보통 국왕이 직접 주관하는 면접시험인 복시覆試에서 정해졌다. 그러나 무인들이 집권하면서 복시가 왕정복고의 소지가 많다는 이유로 폐지되고 말았다. 따라서 무인집권기는, 특히 최씨·무인정권에서는 고시관이 급제자의 등급까지 정했을 것으로 보인다. 즉 고시관은 응시자의 운명을 좌우할 수 있는 위치에 있었던 것이다.

게다가 과거 급제가 1차 관문에 불과하게 되고, 실제 관직을 제수받는 데는 주변 동료나 선배 문인들의 천거가 더 중요하게 작용했던 시절이라, 이러한 문생과 좌주의 관계는 과거 급제 동년생과의 관계와 함께 중요한 관직 진출의 배경이 되었다. 그래서 문생과 좌주의 관계는 스승과 제자의 관계처럼 돈독했고 부자 사이처럼 친밀했다.

앞서 이규보가 관직 청탁을 했던 조충은 급제 동년생이었고, 임유는 바로 그의 좌주였다. 서로 밀어주고 끌어주며, 보호하고 보살펴준 것이다. 이러는 가운데 문생과 좌주의 관계는 더욱 깊어지고, 죽은 후에도 그 관계는 끝나지 않았다.

고시관이 살아 있는 동안 그 급제자가 성장하여 다시 고시관을 맡는 경우도 있었다. 즉 좌주의 문생이 다시 좌주로 등장하는 것이다. 예를 들어 임유가 1190년(명종 20) 고시관으로 있으면서 조충을 발탁했는데, 1211년(희종 7)에는 조충이 고시관이 되었다.

이럴 때는 대단한 경사로 여겨, 합격자가 발표되면 고시관이 새로운 급제자들을 이끌고 자신의 옛날 고시관을 찾아 뵙고 예를 올렸다. 문생이 좌주가 되어 새로운 문생을 이끌고 옛날의 좌주를 찾는 것이다. 그 자리에서 새로운 좌주는 자신의 새로운 문생들과 함께 옛 좌주에게

송수의 술잔을 올렸다. 과거시험이라는 학연으로 맺어진 3대가 자리를 함께하는 것이다.

그런데 고시관은 한 번만 맡는 것이 아니라, 두 번 세 번 반복해서 맡는 경우가 허다했다. 무인집권기에 들어와 그런 현상이 심해지고, 최씨 정권에서는 더욱 심해진다. 집권 무인들은 이런 방법을 통해 과거시험을 효과적으로 통제하고 관리했던 것이다.

앞서의 임유는 고시관을 네 번이나 역임했는데, 조충과 이규보는 그가 맨처음 고시관을 맡았을 때 발탁한 문생들이었다. 매회 과거시험마다 급제자가 30명 내외이니까, 임유는 최소한 1백여 명 이상의 문생을 거느린 셈이다.

게다가 임유의 문생인 조충이 또 고시관이 되었으니 임유 산하의 문생이 얼마나 되는지 짐작조차 하기 어렵다. 여기에 더하여 조충도 두 번이나 고시관을 역임했다. 다만 조충이 두 번째 고시관을 역임한 1219년(고종 6)은 임유가 죽은 후였다.

임유는 고시관을 여러 차례 역임하여 제자를 많이 둔 문인으로 고려 전 시대를 통해 유명한 인물이었다. 이렇게 임유가 최충헌 정권에서는 세 번 이상 고시관을 역임했고, 강화도로 천도한 후 최이 정권에서는 이규보와 임경숙任景肅이 세 번 이상 고시관을 역임했다. 그런데 임경숙은 바로 임유의 아들이었다.

이처럼 최충헌·최이 부자는 과거시험 고시관을 소수의 사람에게 집중해서 중임시켰다. 정권에 순응하는 문인들을 총애하고 심복으로 삼아 여러 번 혹은 그 아들에게 세습해서 고시관에 임명했다. 이를 통해 문생과 좌주라는 학연의 상하관계까지 더불어 관리할 수 있었고, 많은 문인들을 통제할 수 있었던 것이다.

최충헌의 핵심 참모, 금의

고시관을 세 차례 이상 역임한 인물로 빼놓을 수 없는 인물이 또 있다. 금학사琴學士라는 별칭으로 당시 많은 사람의 입에 오르내린 금의琴儀이다.

봉화현(경기 김포) 출신으로 1153년(의종 7)에 태어나 1230년(고종 17) 강화도로 천도하기 직전에 죽은 금의는, 무인풍의 기이하면서도 시원스러운 외모에, 재기와 도량이 넘쳤다고 한다. 어려서부터 학문에 힘써 문장이 뛰어났지만 과거에 여러 차례 낙방하다가 서른이 넘은 1184년(명종 14)에야 장원급제하여 내시에 소속되었다. 내시는 거세한 환관과는 다른 궁내직으로 엘리트 코스였다.

그런데 그가 최충헌의 눈에 든 것은 역시 천거에 의해서였다. 장원급제한 그도 다시 천거를 거쳐야 요직에 갈 수 있었으니 당시는 천거가 보편적인 관직 진출 수단이었음이 분명하다. 그는 이학사二學士 삼대부三大夫, 즉 두 개의 학사직과 세 개의 대부직이라는 화려한 요직을 두루 거쳤다. 보통사람은 평생에 그중 하나도 맡기 힘든 일인데 금의는 다섯 개의 요직을 모두 거친 것이다.

그것은 철저하게 최충헌 정권에 봉사한 덕이었다. 그는 최충헌의 심복이 된 후 그 사저를 마음대로 왕래하는 몇 안 되는 사람 중 하나였다. 재상이 된 다음에도 최충헌의 사저를 맴돌아 당시 사람들이 비루하게 여겼지만 개의치 않았다.

특히 최충헌이 사저에서 인사권을 행사하면서, 금의는 그 인사안에 대해 국왕의 재가를 받는 중요한 임무를 맡았다. 인사권에 있어서 최충헌의 대리인과 같은 위치였다. 한때 월권을 저질러 좌천되기도 했지만 그만한 인물이 없었던지 다시 심복으로 복귀한다.

이런 금의가 최충헌 정권에서 세 번이나 과거시험의 고시관을 역임했던 것이다. 그런데 1208년(희종 4) 윤4월, 그가 맨 처음 고시관으로서 급제생을 선발할 때 새로운 관례가 하나 만들어진다. 고시관이 급제생을 이끌고 최충헌의 사저로 가서 배알하는 것이었다. 여기에는 최이도 동석했다. 그런 자리에는 국왕도 함께했는데, 급제생들이 국왕을 뵈러 가는 것이 아니라 국왕이 최이 사저로 와서 행했다. 이는 마치 국왕이 하는 면접시험인 복시를 최충헌·최이 부자가 대신한 것과 다를 바 없다.

이 행사에서 최충헌 부자는 급제자들에게 각각 은병을 하나씩 나누어주고 푸짐한 술과 음식을 마련해 성대한 잔치를 벌였다. 역시 국왕의 권한을 대신한 행위였다. 이때 최충헌은 장원급제한 황보관皇甫瓘을 특별히 내시에 소속시켰다. 금의의 문생인 황보관까지 이렇게 총애했던 것이다. 이런 일은 모두 고시관인 금의에 의해 주도되었다.

그런데 후일 황보관은 좌주인 금의에게 그만 퇴직하라고 종용했다가 오히려 자신이 퇴출당하고 만다. 괘씸하게 생각한 금의가 최충헌에게 이 일을 고자질하여 황보관을 섬으로 유배시켜버린 것이다. 금의의 후계자가 되고 싶은 황보관의 욕심이 지나쳤던 모양인데, 어쨌든 최충헌이 금의를 얼마나 신임했는지 알 수 있다.

금의는 최이가 정권을 이으면서 공신으로 책봉되고 관직에서 물러났다. 1220년(고종 7) 정월의 일이다. 최이가 그를 공신으로 책봉한 것은 아버지에 대한 공로를 인정한 것이겠지만, 아비의 심복을 계속 중용하지 않겠다는 의지가 더 강하게 반영된 결과였다.

정권 예찬과 필화 사건

최충헌과 최이가 사저에서 개최한 글짓기 경연대회는 단순한 문학 백일장이 아니라 문인들이 글재주를 통해 정권을 예찬함으로써 요직으로 나갈 수 있는 절호의 기회였다.

최이는 어느 해 단옷날에 사저에서 나흘 동안이나 문무관리들을 불러놓고 잔치를 베푼 적도 있었다. 이럴 때마다 글짓기와 창화가 빠지지 않았다. 과거에 합격하고도 관직을 기다리는 문인들은 넘쳐나고, 문장력을 자랑할 만한 기회는 이때뿐이니, 주저할 바가 아니었던 것이다. 가끔 국왕도 몸소 행차하여 이 자리를 지켜주어 문학 백일장을 더욱 빛내주었다. 국왕 고종은 그런 화려한 장식품으로서도 이용가치가 컸다.

이런 행사는 최충헌 부자의 사저에서 화려하게 치러졌던 무술 경연대회를 연상케 한다. 도방의 군사를 양성하는 방법과 조금도 다르지 않은 것이다. 문인으로만 구성된 서방이라는 문객집단이, 도방과 별도로 만들어진 것은 앞서 언급했듯이 이러한 문학행사 때문이었다. 글짓기와 무술 경연대회는 최충헌·최이 부자가 문인과 무인집단을 관리하는 또 다른 유효적절한 수단이었다고 할 수 있다.

그런가 하면, 최충헌 부자에게 자청해서 글을 지어 바치는 인물도 있었다. 윤세유라는 인물이 그랬다. 윤세유는 앞서 언급했듯이, 국왕 행차와 관련된 '술 사건'으로 좌천되었던 사람이다.

1215년(고종 2) 11월 어느 날, 예부의 원외랑(정6품)으로 있던 윤세유가 최충헌의 사저를 방문하여 시 짓기를 청했다. 그는 '술 사건'으로 지방에 좌천되었다가 다시 중앙 관직으로 복귀했지만, 6년 동안이나 승진하지 못한 상태였다. 그러니 승진하고픈 욕심에서 그랬는지 모르겠다.

윤세유도 문장이라면 남부럽지 않은 호기가 있는 인물이었다. 그가 좌천되었다가 돌아온 후, 함께 '술 사건'으로 좌천되었던 최부에게 이런 시를 한 편 보낸 적이 있다.

> 어가 지난 뒤의 술 한잔에 두 사람이 같이 취해,　駕後一樽二人同醉
>
> 영남좌천 삼 년에 천 일 동안 술은 깨지 않았어라.　嶺南三載千日未醒

멋진 관조의 시가 아닌가. 술과 여자를 좋아하는 호방한 성격의 윤세유는 최충헌에게 아부할 사람이 결코 아니었다. 그래서 최충헌에게 시 짓기를 자청한 것은 평소 그답지 않은 일이었다. 윤세유가 방문한 그때 최충헌이 마침 어느 승려와 바둑을 두고 있었기에 시제는 자연스레 '관기시觀碁詩'로 정해졌다. 최충헌은 이규보와 진화陳澕, 바둑을 두던 승려까지 포함하여 4인이 함께 시를 짓게 하고, 심사는 최충헌의 인사 참모인 금의에게 부탁했다.

결과는 이규보가 1등, 진화가 2등(이 사람도 당대의 문장가였다), 윤세유가 3등이었다. 썩 좋은 성적은 아니었지만 윤세유는 기뻤다. 최충헌과 대면했다는 사실이 중요했기 때문이다. 그런데 일이 어긋나고 말았다.

최충헌을 직접 대면하고 무슨 대단한 권력이라도 얻은 듯 허망한 착각을 했는지, 평소 사감이 많던 최충헌의 사돈 정숙첨 형제를 모함한 것이다. 윤세유는 모함으로만 그치지 않고 국왕을 찾아가 자신에게 교정별감을 맡겨주면 이들을 모조리 쓸어버리겠다고 호언했다.

이 말이 최충헌의 귀에 들어가지 않을 리가 없었다. 윤세유는 바로 체포되어 국문을 당하고 무고죄로 섬에 유배되었다. 그는 국문을 당하면서도 술에 취해 말을 제대로 하지 못했다. 어쩌면 그가 했던 호언도 술에 취해 저지른 일이 아닌가 싶다.

한편, 글을 잘못 지어 필화를 입는 경우도 많았다. 유택柳澤이 그런 사람이었다. 1216년(고종 3) 3월 선경전에서 열린 장경법회에서 한림학사(정4품)로 있던 유택이 소문疏文을 지어 바쳤다. 소문은 국왕에게 바치는 건의문의 일종이다. 유택이 지은 그 건의문 중 다음과 같은 구절이 문제가 되었다.

> (국왕께서) 비록 스스로 부지런하려는 생각을 돈독히 하여 감히 게을리하지는 않았으나, 불행히도 다난한 시기를 당해 능히 제어하지는 못했습니다《고려사절요》14, 고종 3년 3월조).

"다난한 시기를 당해 능히 제어하지는 못했습니다." 다난한 시기는 무엇을 말하며, 또 누구를 제어하지 못했다는 것인가. 그 대상을 최충헌으로 놓고 보면 정확히 맞아떨어지니 문제가 될 소지가 분명 있었다. 하지만 앞에 서술된 문장의 내용에 따라 달리 해석될 여지는 얼마든지 있었다.

유택은 이의민 정권에서 아부하지 않고 강직했던 유공권柳公權의 아들로, 아버지와 마찬가지로 과거에 급제하고 학문과 문장에 뛰어난 인물이었다. 그리고 그의 아들 유경柳璥은 훗날 최항 정권에서 한때 정방에도 참여했으나, 결국 최의를 제거하고 최씨 무인정권의 막을 내리게하는 인물이다.

이러한 가문의 기풍을 보았을 때 유택이 최충헌 정권에 크게 아부하여 봉사했을 것 같지는 않다. 이런 점에서 보면 위의 건의문은 은근히 최충헌을 염두에 둔 표현 같기도 하나, 감히 최충헌을 두고 그처럼 대담하게 표현했을지 의문이 드는 것도 사실이다. 그러나 사감을 가지고 모함하려는 자에게는 당해낼 수 없다. 유택과 평소 사이가 좋지 않은 간의대부(정4품) 박현규朴玄圭란 자가 이 부분을 문제 삼아 최충헌에게 고해바쳤다. 의심의 여지없이 최충헌을 두고 한 말이라는 것이었다. 간의대부는 대간직으로 국왕에게 직언을 하는 것이 본분인데, 그 소임을 맡은 자가 오히려 최충헌에게 아부하고 있으니 두 사람은 직책이 뒤바뀐 듯하다. 어쩌면 두 사람은 승진을 놓고 경쟁관계에 있었을 수도 있다.

어쨌든 최충헌이 즉시 유택을 소환하여 물으니 유택은 껄껄 웃고 말았다. 너무나 뻔한 모함임을 알아채고 실소를 금치 못했던 모양이다. 하지만 최충헌은 그냥 지나칠 수 없어 유택을 지방으로 좌천시켜버렸다. 유택은 그 후 최이에게 정권이 넘어오면서 재상급으로 다시 중용되지만, 박현규는 중도에 탈락하고마니 이것도 재미있는 일이 아닐 수 없다.

최이와 이규보

앞서 이규보에 대한 이야기를 계속해보자. 흥미롭게도 이규보가 관직을 얻은 것은 최충헌과 직접 대면을 통해서야 가능했다. 그가 과거에 합격하고도 그때까지 야인으로 시간을 흘려보낸 것은 최충헌을 향한 줄서기에서 실패한 때문이 아닌가 한다.

이규보가 최충헌과 만난 것은 1205년(희종 원년) 4월의 일이다. 최충헌은 이때 자신의 남산리 사저에 대형 정자가 완공된 것을 기념하여 그 정자 곁에 소나무 한 쌍을 심어놓고 여러 문신관료와 문인들을 초빙해 시詩와 기문記文을 짓는 문학 백일장을 대대적으로 개최했다. 여기에 이규보가 끼게 된 것이다.

문장이라면 자신이 넘치는 이규보에게 절호의 기회가 온 것이다. 다행히 기문 분야에서 이규보의 작품이 첫째로 뽑혔다. 이때 그가 지은 '모정기茅亭記'의 전문이 그의 문집에 실려 있다. 이규보는 그 기문의 마지막 부분을 다음과 같이 최충헌에 대한 예찬으로 끝맺고 있다.

> 정자는 날개가 달린 듯 봉황이 나는 것 같으니, 누가 지었겠는가, 우리 진강후(최충헌)의 어짊이로다. 잔치를 베푸는데 술이 샘같이 나오고 잔을 받들어 권하니 객은 천명이로다. 잔 들어 만수무강을 비노니 산천이 변한다 해도 정자는 옮겨지지 않으리라(《이상국집》 권23, 진강후모정기; 《고려명현집》 1, 253쪽).

이규보는 조금도 주저하지 않고 최충헌 정권을 찬미하고, 이후 애초에 뜻한 바대로 중앙의 문한직을 얻는다. 40세가 다 된 늦깎이 출발이었지만, 그 후에는 순탄한 관직생활을 계속했고 승진도 순조로웠다. 다만 1219년(고종 6) 최충헌의 미움을 받아 잠시 지방관으로 좌천되기도 했다.

그런 이규보를 다시 불러 중용한 사람이 최이이다. 최이가 정권을 계승한 직후인 1220년(고종 7) 6월이었다. 공교롭게도 이때는 최충헌의 심복이었던 금의가 관직에서 물러난 직후이다. 최이가 권력을 이어받으면서 아비의 심복인 금의를 내쫓고 이규보로 대신한 것이다. 그렇다면 최충헌 정권에서 금의가 했던 일을 최이 정권에서 이규보가 했을 것으로 짐작해볼 수 있다.

어쩌면 최이는 아버지 대에 금의가 주도했던 인사정책을 바꿔보고 싶었을지도 모른다. 아비의 인사정책은 비난을 많이 받았기 때문이다. 그러려면 당연히 새로운 인물이 필요했는데, 그가 바로 이규보였던 것이다. 이규보의 정권 예찬은 최이의 강화 천도를 찬양한 글에서 절정에 오른다. 그리고 강화도 천도 후에 마침내 재상에까지 오른 이규보의 정권 예찬은 강화도에서 화려하게 피어난다.

어떤 학자는 그런 이규보를 영국의 크롬웰을 찬미했던 시인 밀턴에 비유하기도 했다. 그에게도 개인적으로 암울한 시절은 분명 있었고 가난한 농민들에 대한 연민의 정도 여러 글에 더러 묻어나 있다. 하지만 그렇게 시대를 고뇌하면서도 정권을 찬미하는 데 있어 번민하는 모습은 조금도 보이지 않는다. 최이가 그처럼 충성스런 이규보를 만난 것은 큰 행운이었다.

퇴직관료 클럽

앞서 설명한 '칠현'의 문인 클럽과는 별도로 기로회耆老會라는 퇴직관료들의 모임이 있었다. 그 회원은 최당·최선·장자목張自牧·이준창李俊昌·백광신白光臣·고영중高瑩中·이세장李世長·현덕수玄德秀·조통趙通·유자량庾資諒 등 모두 10명이었다.

최당과 최선은 앞서 누차 언급했던 인물인데 둘 다 최유청의 아들로 형제이다. 두 형제 중 최당은 최충헌의 쿠데타 직후 재상급으로 중용되었다가 얼마 안 있어 퇴직하고, 동생 최선은 몇 년 더 관직에 있다가 관직 서열 1위에까지 오른다.

장자목은 행적이 별로 드러나지 않은 인물이다. 다만 이규보가 그를 위해 지은 제문祭文이 한 편 남아 있는데, 이 내용에 의하면 그는 최충헌이 권력을 잡고 얼마 안 있어 죽은 듯하다. 장자목은 시와 문장에 뛰어나 문한직에 있었으나, 태복경(종3품)에 그쳐 크게 현달하지는 못했던 것 같다.

이준창은 그 어머니가 궁인의 소생이었는데, 명종의 총애를 받아 젊은 나이에 이미 추밀원사(종2품)에까지 올랐던 인물이다. 그 후 최충헌이 집권하면서 관직에서 물러난 듯하다. 너무 일찍 피었다가 좌절된 셈이다.

백광신은 문장으로 유명하여 1205년(희종 원년) 4월 최충헌이 주최하는 글짓기 경연대회의 심사를 맡았으며, 이규보가 최충헌의 사저에서 '모정기'를 지을 때 시 분야의 심사를 맡기도 했다. 그 이후 행적이 드러나지 않는 것으로 보아 관직을 그만둔 듯하다. 그의 최종 관직은 비서성의 판사(정3품)였다.

고영중 역시 행적이 자세하지 않은데, 최종 관직이 동궁의 시독학사(정4품)였던 것으로 보아 학문과 문장에는 남달랐던 것으로 보인다.

이세장은 명종 대 말에 국자사업(종4품)으로 있던 중, 금나라의 황후가 죽자 이에 대한 제문을 지었던 인물이다. 역시 문한직에 있었다고 보이는데, 최종 관직이나 언제 관직을 그만두었는지는 알 수 없다.

현덕수는 조위총의 난 때 젊은 나이로 끝까지 조위총에 저항했던 일로 이름이 높은 인물이다(이에 대해서는 1권 참조). 그는 조위총 난의 진압에 공로가 있었지만 서북면 출신이라는 이유로 차별대우를 받아 과거에도 응시하지 못했다. 병부상서(정3품)에까지 오르긴 했지만 그가 갖춘 능력과 청렴결백한 성품에 비하면 크게 현달하지 못한 것이다.

조통은 앞서 '칠현'의 문인 클럽에도 가입했던 인물이다. 학문과 문장에 뛰어나 비교적 순탄하게 여러 관직을 역임했으나 최충헌 정권이 공고해지면서 국자감 대사성(종3품)을 마지막으로 관직을 그만둔다.

마지막으로 유자량은, 무신란 직후 금나라에 사신으로 파견되어 의종 폐위에 따른 왕위 교체를 승인받고 돌아온 유응규의 친동생이다. 그는 기로회의 회원 중 가장 늦게까지 관직생활을 했는데, 고종 때 상서좌복야(정2품)를 제수받았으나 사양하고 퇴직했다.

이들 퇴직관리들이 언제 기로회를 만들었는지는 정확히 알 수 없지만 대략 짐작해볼 수는 있다. 이 기로회의 중심인물인 최당이 1199년(신종2) 6월에 관직을 그만두었으니, 이때쯤 결성된 듯하다.

이때는 최충헌이 정권을 잡은 지 3년, 명종이 강제 폐위된 지 2년이 지난 시점으로 최충헌의 권력이 확고해진 무렵이다. 그래서 기로회의 결성이 명종 폐위 사건이나 최충헌의 권력 기반 강화와 무관하지 않다고 생각되지만 구체적인 상황은 정확히 드러나 있지 않다.

그런데 이들에게는 몇 가지 공통점이 있었다. 우선 이들이 대부분 문한직에 있었던 것으로 볼 때 문학적 재능이 뛰어났다는 점을 들 수 있다. 이준창이나 현덕수 같은 경우 문한직에 있었는지 정확하게 확인되지 않지만 학문과 문장에 능했던 것만큼은 분명하다.

다음으로 이들은 모두 비슷한 나이로 한참 고위직에 오를 무렵 관직을 그만두고 물러났다. 이들 중 가장 높이 오른 최당과 최선 형제는 재상급에까지 올라 외형적으로는 현달한 듯 보이지만, 권력의 핵심에는 접근하지 못했다. 따라서 이들은 모두 관직생활 중에 뜻하지 않은 좌절을 맛본 것이 아닌가 한다.

그리고 이들은 관직을 중도에 그만두긴 했으나 특별히 어떤 사건에 연루되거나 정권에 저항한 흔적이 없다는 점도 비슷하다. 관직을 유지하기는 했지만 최충헌 정권에 대한 봉사에는 적극적이지 못했던 것이다. 곧 기로회 회원들이 중도에 관직을 그만둔 것은, 시점은 모두 다르지만 최충헌 정권을 예찬하는 데 소극적이었거나 부정적인 태도 때문이 아니었을까 싶다.

앞서 칠현의 회원들이 최충헌 집권 이후 활발하게 관직에 진출했던 데 비해, 이들 기로회 회원들은 최충헌 정권의 핵심에 들지 못하여 좌절을 맛본 것으로 생각된다. 유유자적하며 여생을 보내는 이들을 당시 사람들은 지상의 신선이라고 일컫고 바위에 그 이름을 새겨 후세에 전했다고 한다.

기로회라는 퇴직관료들의 모임은, 현실 정치의 높은 벽을 실감하고 권력의 무상함으로 내면의 갈등을 겪었을 그들에게 편안한 안식처가 되었을 것이다.

새로운 인사 기준

최이는 아비로부터 권력을 이어받은 후 최충헌 정권의 폐단을 극복하기 위해 새로운 인사정책을 마련했다. 실제 최충헌은 뇌물의 많고 적음에 따라 관리인사를 하는 경우가 허다했다. 게다가 관직을 얻으려는 자는 많고 수여할 관직은 한정되어 있어, 때로는 고려 전통의 관제를 변경하면서까지 관리를 임명하기도 했다.

최이는 우선 이렇게 문란해진 관제부터 원상 복구시켰는데, 무엇보다 중요한 일은 공정한 인사 기준을 마련하는 것이었다. 그렇게 해서 다음과 같은 관리로서의 자질 기준이 나왔다.

- 제1급: 문학적 재능과 행정능력이 모두 우수한 자
- 제2급: 문학적 재능은 우수하나 행정능력이 부족한 자
- 제3급: 행정능력은 우수하나 문학적 재능이 부족한 자
- 제4급: 문학적 재능과 행정능력 모두 부족한 자

그런데 문학적 재능과 행정능력을 어떻게, 무엇을 기준으로 판단하는가가 문제였다. 문학적 재능이란 글짓기 능력을 말하니, 이에 대한 객관적인 판단 기준이 있었을 것 같지 않다. 문학적 재능은 고려시대 문신관료라면 일상적인 교양으로 여겼던 자질로서, 이를 관리 선정의 중요한 기준으로 판단한 것은 고려의 전통적인 관습이었다.

문학적 재능을 판단하는 객관적인 기준은 없었겠지만, 그것을 드러내는 시기나 방법은 있었으니, 최이의 사저에서 개최되는 글짓기 경연대회가 바로 그것이었다. 이 경연대회에서 참가자들이 문학적 재능을 심사하여 등급을 정한 인물이, 최이의 심복이 된 이규보였다. 이규보가 1241년(고종 28) 죽은 후 그 일을 이어받은 사람이 《보한집》의 저자로 유명한 최자崔滋였다.

글짓기 경연대회는 최이가 만든 서방에서 주관했었다. 서방에서 글짓기 경연대회를 주최하고 등급을 정해 그 성적을 정방에 알리면, 정방에서 그것을 관리인사에 반영한 것으로 보인다. 그렇다면 이규보나 최자는 정방 소속이 아니라 서방 소속이었을 것이다.

문학적 재능은 중요한 외교문서나 국왕의 교서, 제문, 축문 등을 작성하는 데 필요했으므로, 하급관리보다는 고급관리들에게 더욱 중요

한 자질이었고, 이것만을 전문으로 담당하는 관리를 문한관文翰官이라 하여 매우 중시했다. 그래서 최이가 문학적 재능을 관리의 첫째 능력으로 삼은 것은 너무나 당연한 일이다.

그런데 문학적 재능은 그것을 판별하는 객관적 기준이 모호하기 때문에, 결국 정권에 대한 충성도가 기준이 될 수밖에 없었다. 글짓기 경연대회는 그런 충성심을 시험하는 자리였다. 퇴직관료 클럽인 기로회 회원들은 정권을 찬미하는 것에 능란하지 못했거나 그것에 거부감을 갖고 있었다.

한편, 행정능력은 위치와 소관 업무에 따라 다를 수 있기 때문에 단순하게 평가하기가 어렵다. 행정능력은 말단 서리로서의 능력만을 뜻하는 것이 아니라, 재상에서부터 말단 서리까지, 지방 수령에서부터 말단 향리까지 모든 관리의 고유한 소관업무를 처리하는 능력을 가리킨다. 그렇게 다양한 행정능력을 어떻게 판별했을지 궁금하지 않을 수 없다.

고려시대 관리의 능력을 평가하여 기록한 문서로 '정안政案'이라는 것이 있었다. 이 정안에는 관리의 능력을 ① 근무 기간, ② 근태, ③ 공과, ④ 재능, 이 네 가지 기준으로 나누어 기재했다. 이 중에서 ④ 재능은 문학적 재능을 말하고, 나머지 셋은 모두 행정능력과 관련된 것이었다.

나머지 세 가지 중에서 ① 근무 기간은 객관적으로 기록한 장부가 있었으니 별 문제가 없지만, ② 근태와 ③ 공과의 기준이 문제였다. 행정능력의 핵심은 이 두 가지였을 것이다. 이와 관련해서 고려시대 지방 수령의 인사고과에 반영된 다섯 가지 판단 기준이 있어 참고할 수 있다.

그 기준은 하나, 경지를 얼마나 개간했는가. 둘, 호구를 얼마나 증가시켰는가. 셋, 부역은 얼마나 균등했는가. 넷, 소송은 얼마나 간소했는가. 다섯, 도적을 얼마나 종식시켰는가였다.

이 다섯 가지 사항은 시대에 따라 약간 변동이 있었지만 대동소이했다. 정안에 기재되는 관리들의 근태와 공과는 아마 이를 기준으로 했을 것이다. 다만 이는 지방 수령의 성적을 판단하는 기준이었으므로, 중앙관리에게는 적합하지 않았다. 그러면 중앙관리의 행정능력은 어떻게 판단했을지 궁금한데, 이에 대해서는 참고할 만한 기록이 없어 아쉽다.

최이 정권에서 관리들의 행정능력을 점검하고 이를 관장한 부서는 정방이다. 즉 정방에서 정안을 관리했는데, 이 업무만을 전문적으로 담당했던 인물이 김창金敞이다. 그는 과거에 급제한 탁월한 기억력의 소유자였다. 천거된 수천·수만의 인물들의 인적사항을 모두 기억할 정도였으니, 최이의 인사참모로서 손색이 없는 사람이었다.

김창은 철저하게 최이의 의견만을 따랐고 개인의 사사로운 이익은 뒤로해 권력의 핵심에 있으면서도 나이 60에야 재상에 오른 청렴한 인물이었다. 그런 인재를 발탁하여 측근에 기용한 것도 최이의 능력일지 모르겠다.

결국 정방에서 김창, 서방에서 이규보, 이 양자가 최이 정권의 인사를 담당한 핵심이었던 것이다.

행정능력, 신진인사의 발탁

그런데 이런 문제보다 더 중요한 점은, 최이가 왜 이때 관리의 선발 기준으로 특별히 행정능력을 언급했는가 하는 사실이다. 혹시, 너무 문학적 재능에만 치우쳐 관리 선발을 했던 지난 시절의 인사정책을 개선해보기 위한 것은 아니었을까? 문학적 재능을 우선하는 것은 예전과 같이하겠지만, 더불어 행정능력도 중요하게 살펴 관리를 선발하겠다는 최이의 의지라고 봐도 될 것이다.

그래서 사서에는 최이의 인사정책에 대해, '가난한 선비를 많이 발탁하여 널리 인망을 얻었다'라고 기록하고 있다. 행정능력은 가난한 선비들에게 더 유리한 조건이 되었던 모양이다. 물론 문학적 재능을 여전히 최우선으로 삼았다는 점에서 한계는 분명히 있었다.

문학적 재능은 동서양을 막론하고 귀족제 사회의 유풍이다. 타고난 재능도 무시할 수 없지만 귀족이 아니면 그것을 연마할 시간과 재력이 없어 성취하기 힘들었기 때문이다. 반면 관료제 사회가 진전되면서 중요시된 행정능력은 문학적 재능보다는 시간과 노력이 덜 필요하고, 타고난 재능이 좀 떨어져도 상황에 대한 적응능력만 있으면 체득할 수 있다.

그렇다면 최이가 집권하고 행정능력을 관리의 자질로서 특별히 언급한 것은, 이 무렵 고려사회가 새롭게 행정형 관리를 필요로 했다는 것을 의미한다. 어쩌면 최이는 고려시대 역사에서 중요한 변화의 전기를 마련했다고 볼 수도 있다. 관리 선발을 공정하게 하려고 노력했다는 점뿐 아니라, 관리들에게 새롭게 행정능력을 갖추도록 요구했기 때문이다. 달리 말해 귀족제 사회에서 관료제 사회로 나아가는 하나의 단서를 마련했다고도 볼 수 있다.

물론 이것을 아주 부정적으로 평가할 수도 있다. 최이가 행정능력을 관리의 자질로 거론한 것은 정권유지를 위해 단순한 하수인을 확보할 목적 때문이라고 말이다. 본래 고려사회에서 행정능력은 말단 관리들이나 갖는 저급한 능력으로 취급당했으니 충분히 그럴 만하다. 하지만 새로운 인재들이 이를 계기로 관직에 등장한 것도 분명한 사실이었다.

고려의 전통 기득권층인 문벌귀족들은 문학적 재능에서 압도적으로 우위에 있었지만, 새로이 요구되는 행정능력에서도 우위에 설 수는 없었다. 새로이 요구되는 행정능력은 아무래도 기존의 귀족제 사회에 덜 물든 서리나 지방향리 등에게 더 유리했을 것이다. 학계에서는 이렇게 행정능력을 갖춘 사람들을 고려 말 개혁정치를 주장했던 신진사대부의 기원으로 보기도 한다. 이런 점에서 보면 최이는 아비 최충헌보다 조금 나은 통치자라고 생각된다.

어느 역사에서나 사회 변화에 좀 더 빨리 적응하는 쪽은 그 사회에 몰입했던 중심부 계층보다는 한발 물러서 있던 주변부 계층이다. 사회를 주도했던 중심계층은 전통이나 관습, 이해관계에 깊이 물들어 있기 마련이다. 그래서 자신들의 기득권을 놓치지 않기 위해 변화를 싫어할 수밖에 없는 것이다.

최씨 왕조의 행운, 신앙결사운동

고려는 불교국가

널리 알려져 있듯이 고려 왕조는 불교를 크게 중시했다. 정치적으로는 분명 유교적 이념을 표방했지만 백성들의 일상생활이나 의식을 지배하는 것은 불교였다. 국왕을 비롯한 지배층도 예외가 아니었는데, 이들의 불교 숭상은 도가 지나칠 정도였다. 특히 왕실의 불교 중시정책이 불교의 융성을 주도하고 있었다.

고려 왕조가 얼마나 불교를 중시했는가에 대해 여러 예를 들 수 있지만, 여기서는 몇 가지만 언급해보겠다.

먼저 승과제도와 승계僧階를 국가에서 관장하여 시행했다는 점을 들 수 있다. 고려시대 승과제도가 언제부터 실시되었는지 정확히 알려주는 기록은 없지만, 여러 금석문이나 문집의 기록을 볼 때 광종 때로 보인다. 승과는 일반 과거와는 별도로 승려만을 위해 치른 과거시험을 말하고, 여기에 합격한 승려에게 일정한 승직을 수여하여 단계별로 승진시키는 것이 승계제도이다. 고려시대의 승계는 다음과 같다.

승과에 합격하면 맨 처음 대덕大德을 수여하고 이어서 대사大師, 중대사重大師, 삼중대사三重大師를 거치는데, 그 다음 단계부터는 교종과 선종이 달랐다. 교종에서는 수좌首座를 거쳐 최고승계인 승통僧統이 되고, 선종에서는 선사禪師를 거쳐 최고승계인 대선사大禪師가 되었다.

승계 수여는 일반 행정기구에서 관료들의 관직 임명과 마찬가지 절차를 밟아 행해졌다. 승려와 관련된 행정을 담당한 승록사라는 관청이 있었으나, 이 관청은 주로 불교 관계 행사를 맡아 처리하고 승계 수여에는 관여하지 않았다.

한편 승계와는 별도로 뛰어난 고승 대덕을 국사나 왕사로 임명하여, 불교 문제는 물론 때로는 국정의 자문을 구하기도 했다. 국사나 왕사는 의례적이지만 국왕보다 상위에 있어 고려 왕조에서 불교가 차지하는 비중을 짐작해볼 수 있다.

다음으로, 수많은 사원의 창건을 들 수 있다. 고려시대 전국 사원 수를 기록한 자료는 없지만 개경 주변 사원 수는《송사》〈고려전〉에 실려 있다. 그에 따르면 개경 주변에만 70여 개 사원이 있었다고 한다. 기존 연구에 의하면 실제 사서에서 구체적으로 이름을 확인할 수 있는 사원만도 50여 개에 달한다. 인종 때 고려에 왔던 송나라 사신 서긍徐兢은《고려도경》이라는 기행문을 남겼는데, 여기에도 개경 주변의 수많은 사원이 나열되고 있다. 외국인의 눈에도 개경 주변에 사원이 많은 것이 특별하게 보였던 모양이다.

개경 주변에 사원이 밀집되었던 것은 왕실의 진전사원眞殿寺院과 원찰願刹 때문이었다. 진전사원이란 왕이나 왕비의 초상화인 진영을 모신 사원을 가리킨다. 진전은 대궐 안에 설치될 수도 있으나, 고려시대에는 좀 더 성스러운 종교적 의미를 갖게 하기 위해 주로 사원에 두고 있었다. 이 때문에 진전사원을 원찰 혹은 원당이라고도 불렀다.

왕실의 진전사원은 태조 때부터 사원 창건의 중요한 동기가 되었다. 왕실에서는 왕과 왕비의 진전을 설치하기 위해 기존 사원을 이용하기도 했지만, 고려 중기까지는 주로 개경 주변에 새롭게 사원을 창건했다. 왕실에는 진전사원이나 원찰에 많은 재정적 지원을 해주었고 또한 성역과 같이 여겼다. 그래서 진전사원은 왕실과 끈끈한 유대관계를 맺으며 왕실의 중요한 후원세력이 될 수 있었다. 진전사원은 쉽게 말해 어용사찰이었던 것이다.

왕실은 왕실대로 이렇게 사원 창건을 주도했고, 문벌귀족들도 다르지 않았다. 각각의 귀족가문은 일정한 종파나 특정 사원과 연결되었고, 어떤 가문은 별도로 원찰을 창건하는 경우도 있었다. 이럴 경우 귀족가문과 종파, 사원 사이에 특별한 관계가 맺어지고, 정치·사회적으로 후원 협조하여 가문의 배후세력으로 작용하기도 했다. 이렇게 귀족가문과 연결된 사원들도 개경 주변에 많이 위치했다. 그러니까 개경 주변에는 왕실이나 귀족가문과 연결된 여러 원찰들이 포진하고 있는 형국이었다.

이렇게 많은 사원이 창건되었으니 당연히 승려 수도 많았다. 고려시대 전국의 승려 수는 정확히 알 수 없으나 일부 사원의 경우 소속 승려 수를 알려주는 기록이 남아 있다.

왕실의 후원을 받아 1067년(문종 21) 12년의 공사 끝에 총 2천 8백여 간으로 완공된 흥왕사라는 절이 있다. 개경 근교 덕수현 덕적산에 있는 이 흥왕사에는 전성기 때 부속 인원까지 합하여 승려가 3천 명이나 되었다고 하니 개경 주변 사원에 소속된 전체 승려 수는 상상을 초월할 정도로 많았을 것이다.

승려 수를 짐작하는 데 또한 반승飯僧을 살펴볼 필요가 있다. 반승이란 승려들에게 음식을 대접하는 일종의 불교행사인데, 그 주체는 국왕이나 왕실이었다. 즉 국왕이 정기적으로 혹은 선왕의 기일, 국왕의 생일, 법회가 열릴 때 등 특별한 일이 있을 때 승려들을 대상으로 음식을 베푸는 행사이다.

그런데 어떤 경우의 반승이건 그 대상 승려 수가 엄청나게 많았다는 사실은 지적하지 않을 수 없다. 반승의 대상이 되는 승려의 수는 수백에서 수만까지 일정치 않았으나, 보통 1만에서 3만 정도가 대부분이었다. 가장 많은 경우가 1018년(현종 9) 5월의 반승이었는데 그 수가 10만 명이었으니 놀라지 않을 수 없다. 이것은 국가의 상비군을 능가하는 인원이다. 하지만 사원 소속 인구가 그만큼 많았으니 어쩌면 놀랄 일만은 아닐지도 모른다.

이밖에도 태조 왕건이 〈훈요 10조〉에서 불교를 언급한 내용이나, 매년 국가행사로 열리는 연등회나 팔관회, 대궐에서 수시로 치러진 수많은 법회, 그리고 이루 헤아릴 수도 없이 많은 국왕의 사찰행차 등을 통

고려시대의 승계

대덕 ─ 대사 ─ 중대사 ─ 삼중대사 ┬─ 수좌 ─ 승통(교종)
                                └─ 선사 ─ 대선사(선종)

해서도 고려 왕조에서 불교를 얼마나 중시했는지를 알 수 있다. 한마디로 고려 왕조는 불교국가였다.

고려가 불교를 숭상하고 중시한 사실은, 정치·사회적인 면에서 보자면 결국 불교세력, 즉 사원의 정치세력화를 의미한다. 필연적으로 불교의 부패나 타락, 혹은 세속정치와의 관련은 피할 수 없었다. 서양 중세의 기독교를 연상하면 이해하기 쉬울 것이다.

사원의 정치세력화

아마 의천義天(1055~1101)이라는 승려를 모르는 사람은 없을 것이다. 그의 속명은 왕후王煦이며, 고려 11대 왕인 문종의 넷째 아들로 태어나 화엄종에 출가하여 13세의 나이에 교종의 최고법계인 승통을 제수받고, 송에 유학을 다녀와 국사에까지 올랐다. 바로 대각국사大覺國師라고 불리는 인물이다.

천태종天台宗을 창립한 사람으로 더 유명한 의천은 고려 15대 왕인 숙종肅宗의 친동생으로서 사실은 그 시대에 유명한 권승權僧이었다. 숙종 대에 의천은 불교뿐 아니라 세속정치에도 깊게 간여했으며, 흥왕사를 거점으로 화엄종을 규합하여 왕실의 후원세력으로 만드는 데 앞장섰다.

이는 인주 이씨 가문이 현화사를 거점으로 한 법상종法相宗을 후원세력으로 삼고 있는 것에 대한 왕실의 대응이었다. 이자연李子淵(이자겸의 조부)의 다섯째 아들이 출가하여 소현韶顯(1038~1096)이라는 법명으로 승통에 오르는데, 그가 현화사의 주지가 되어 법상종 교단을 이끌고 있었던 것이다.

왕자였던 의천이 출가하여 화엄종을 규합한 것은, 이런 문벌귀족 가문과 연계된 사원세력의 확대를 막기 위해서였다. 그가 후에 천태종을 창립한 것도 사원세력을 통제하기 위한 숙종의 정치적 후원을 받아 추진한 일이었다. 이렇게 고려시대 왕실이나 문벌귀족 가문에서는 사원세력과 연계하고 후원세력을 만들기 위해, 왕자나 자제를 하나쯤 출가시키는 것이 통례였다. 이것이 불교가 현실 정치와 밀접한 관계를 맺는 계기로서 사원의 정치세력화이다.

그런데 사원의 정치세력화에서 이보다 더 큰 문제는 사원에 소속된 인구가 너무나 많았다는 점이었다. 한마디로 사원은 인구 밀집 지역이었다. 사원의 정치세력화를 이야기하려면 우선 이 사실을 그냥 지나쳐서는 안 된다.

재미있는 것은, 사원에 소속된 그 많은 사람이 모두 불법에만 정진하는 참된 승려들은 아니었다는 점이다. 사원에는 불법과는 거리가 먼 땡중들이 훨씬 많았다. 사원에 소속된 인구가 많다 보니 당연했을 법하다. 사서에서는 이들을 수원승도隨院僧徒라고 부른다. 수원승도라는 이름은 사원을 이리저리 떠돌아다니는 승려를 의미하는 것 같은데, 이런 사람들이 불법에만 정진하지는 않았을 것이다. 이들은 사원의 타락과 부패를 주도했다. 사원의 토지 탈점이나 상행위, 고리대업, 심지어는 술의 양조와 판매에 이르기까지 이들은 못하는 일이 없었다.

더 큰 문제는 이처럼 사원에 집중된 많은 인구가 유사시 그 자체로 군사적 기반이 될 수 있었다는 점이다. 특히 개경 주변 사원은 정치적 격변기에 중요한 변수로 작용하기도 했다.

사원세력이 정치적 사건에 직접 개입한 경우는 많다. 그 예로 숙종에 의해 제거당한 이자의李資義(이자연의 손자이고 이자겸과 사촌간)의 아들

지소智沼라는 승려를 들 수 있다. 이자의는 헌종獻宗(14대 왕)이 11세의 어린 나이로 즉위하자, 선종宣宗(13대 왕)과 자신의 누이인 원신궁주 사이에 태어난 왕자 한산후 균均을 옹립하려고 했다. 이때 이자의의 아들로 홍왕사에 출가해 있던 지소가 아비를 돕기 위해 사원 승도들을 동원하려 숙종 측 군사들에게 제거당했다.

또한 사원 승도들이 정치적 사건에 동원된 대표적인 일로, 이자겸李資謙의 난 때 그의 아들 승려 의장義莊이 현화사의 승려 3백여 명을 거느리고 대궐로 쳐들어간 사건을 들 수 있다. 이때 동원된 승려들은 도끼로 무장까지 하고 있었다. 결국에는 실패했지만, 이렇게 사원세력은 순식간에 군사화할 수 있었다.

이러한 사원세력이 1170년 처음으로 무인들이 정권을 잡았을 때 조용히 있을 리가 없었다. 무신란은 고려 왕실과 문벌귀족 가문에 엄청난 충격을 주었고, 이후 정권을 잡은 무인들이 계속해서 왕실이나 귀족가문 출신 문신관료들을 탄압했으니 말이다. 왕실이나 귀족가문과 직접 연계된 사원의 승도들이 무인정권에 저항했을 것은 자명하다.

화엄종 계통 사원들이 이의방 정권에 격렬히 저항했던 것은 그 좋은 사례이다(1권 참조). 이의방은 반란에 가담한 사원을 무자비하게 탄압했지만, 결국 그의 정권은 이러한 승도들에 의해 무너지고 말았다. 사원세력의 향방은 정권의 성패를 가름하는 중요한 변수였던 것이다.

최충헌 역시 집권한 후 사원세력에 어떻게 대응해야 할지 고민이 아닐 수 없었다. 무인정권과 사원세력의 관계는 변함없이 적대적이었다. 사원세력은 최충헌이 집권한 후에도 정권에 저항할 수 있는 가장 강력한 잠재세력이었던 것이다.

최충헌과 사원세력

최충헌이 집권한 직후 국왕께 올린 〈봉사 10조〉 가운데 6조와 9조가 사원세력에 대한 언급이었다.

> 6. 승려들의 궁궐 출입과 재산 증식은 금지시켜야 한다.
> 9. 비보사찰 외의 원당은 정리해야 한다.

승려들의 궁궐 출입과 재산 증식은 앞선 이의민 정권 때 특히 성행했다. 이 일에 열을 올린 승려들은 다름 아닌 명종의 소군小君들이었다. 소군은 국왕과 비첩 사이에서 태어난 왕자를 가리킨다.

명종 소생 소군은 자그마치 10여 명이나 되었는데, 이들은 모두 출가하여 중이 되었다. 당시 사람들은 이들을 홍사미虹沙彌라고 불렀다. 부계로 보면 왕자이지만 모계로 보면 비천한 존재여서, 마치 하늘과 땅에 맞닿아 있는 무지개 같다 하여 붙여진 이름이다.

그런데 이 소군들이 궁궐에 기거하다시피 하면서 뇌물을 받고 관리 인사에 개입하는 등 농간을 부렸다. 고위관리들마저 이들 소군과 줄을 대려고 안달했다니, 그 권세가 보통은 아니었던 모양이다. 이렇게 된데는 당시 집권자인 이의민이 이들의 소행을 방치한 탓이 컸다. 아마이의민은 사원세력을 관리하는 방법으로써 이들의 불만을 그런 식으로 해소시켜주지 않았나 싶다.

최충헌은 〈봉사 10조〉를 올린 직후 이들 소군을 모조리 소환하여 본사로 돌려보내고, 왕과 친밀했던 운미雲美·존도存道라는 승려도 축출해버렸다. 하지만 이러한 조치는 사원세력에 대한 근본적인 대책이 아니라 응급조치에 불과했다. 이들은 사원세력의 핵심도 아니었고 전부는 더더구나 아니었기 때문이다. 진짜 큰 문제는 개경 주변의 수많은 사원과 그에 소속된 승도들의 동향이었다. 당장 최충헌에게 저항하지는 않았지만, 이전 정권의 전례를 보더라도 안심할 일이 아니었다.

최충헌은 정면 돌파를 시도했다. 직접 흥왕사를 방문하기로 작정한 것이다. 화엄종의 중심 사찰인 흥왕사는 왕실의 원찰로 만들어졌고 문종의 진전사원이기도 했으므로, 어느 사원보다도 왕실과의 유대가 가장 강했다. 승도들의 움직임을 예측할 수 없는 상황에서, 흥왕사를 직접 방문한다는 것은 적진에 뛰어드는 것과 다름없었다. 그래서 최충헌이 왜 하필 이때 사원을 방문하려 했는지 의문이 들지 않을 수 없다.

이 무렵 최충헌은 명종을 폐위시키려고 작정하고 있었는데, 그의 흥왕사 방문은 이 문제와 관련이 있는 듯싶다. 왕실의 원찰인 흥왕사 승도들의 동향도 파악하고, 가능하다면 회유나 포섭을 하고, 그것이 어렵다면 위협이나 공갈이라도 하여 자중하라는 메시지를 전달하려 한 것이 아니었을까.

그리하여 1197년(명종 27) 9월 어느 날, 최충헌이 측근들을 대동하고 흥왕사로 막 행차하려는데 익명의 편지 한 통이 접수되었다. 그 익명서의 내용은, 흥왕사의 요일寥一이라는 승려가 두경승과 함께 최충헌을 제거하려 한다는 것이었다. 그렇지 않아도 조심스러운 행차였는데 이 익명서로 인해 최충헌은 흥왕사 행차를 포기하고 만다.

요일은 《파한집》을 쓴 이인로의 숙부로, 당시 흥왕사 승려들을 움직일 수 있는 위치인 화엄종의 승통으로 있었고, 두경승은 중서령(종1품)으로서 관의 극치에 올라 모든 문무관료의 중심인물이었다. 이 두 사람이 실제 최충헌을 제거하려 했는지는 확인할 수 없지만 그럴 개연성이 매우 높다.

결국 명종은 최충헌에 의해 폐위당했고, 두경승은 체포되어 섬으로 유배되었으며, 아울러 대궐에서 쫓겨났던 명종의 소군들도 폐위에 반발하다가 역시 섬으로 유배되고 만다. 그리고 이때 대선사 연담淵湛 등 10여 명의 승려도 영남 지방으로 유배당한다. 다만 요일에 대한 처리는 기록에 나타나 있지 않은데, 비슷한 처지에 놓이지 않았나 싶다.

선종의 득세

명종을 폐위시키고 신종이 즉위하자마자 최충헌은 기발한 아이디어를 하나 내놓는다. 국왕의 식수로 사용하던 우물을 달애정畑艾井에서 광명사廣明寺의 우물로 바꾼 것이다. 광명사는 태조 때 송악산 남쪽 산록에 세워진 사찰로 궁궐 바로 북쪽 가까운 곳에 있었다.

이 광명사 동상방에는 유서 깊은 우물이 하나 있었는데, 이 우물이 달애정으로 태조 왕건의 선조가 태어났다는 서해의 용궁을 상징하는 곳이었다. 사원세력과 갈등을 빚고 있던 최충헌이 내린 이 조치는 단순히 어수御水로 쓰이는 우물 하나를 교체한 것이 아니라 뭔가 심상치 않은 중대한 의미를 담고 있는 것으로 생각된다. 최충헌의 정치적 의도가 숨어 있었을 것이라는 뜻이다.

광명사는 선종 계통의 사찰이었다. 게다가 선종의 모든 승려들이 승과를 치르는 선종의 중심 사찰이었다. 이런 광명사의 우물을 어수로 사용한다는 것은, 선종과의 새로운 관계를 모색하려는 신호로 볼 수 있다. 교종 특히 화엄종 계통 사원의 반발을 받았던 최충헌은, 이제 광명사를 핵심으로 하여 선종세력을 새로운 정치적 후원세력으로 삼고 싶었을 것이다.

　이후 최충헌은 1198년(신종 원년)에 사원세력에 대한 중요한 조치 하나를 내린다. 바로 산천비보도감山川裨補都監을 설치한 것이다. 산천비보란 풍수지리설에 근거하여 산천의 형세를 보아 지맥의 부족한 부분을 보완하고 넘치는 부분을 억제하는 것을 뜻하며, 도감은 그것을 감독하고 관리하는 관청을 말한다. 그리고 이러한 산천비보를 위해 세워진 사찰을 '비보사찰'이라고 부른다.

　태조 왕건이 〈훈요 10조〉에서 비보사찰 외에는 사찰 건립을 억제하라는 유훈을 남긴 바 있으니, 최충헌이 산천비보도감을 설치한 것은 태조의 유훈을 근거로 남발된 사원을 정리하려는 것이었다. 물론 여기에는 자신에게 저항하는 사원들, 주로 교종 계통의 화엄종 사원들을 철폐하려는 정치적 의도가 숨겨져 있었다. 최충헌 자신이 올린 〈봉사 10조〉의 9조에서 말한 '원당'이 바로 그런 대상이었다.

　다만 이후의 후속조치에 대해서는 남겨진 기록이 없어 아쉽다. 아마 대대적으로 사원을 정리했다면 사서에 언급되지 않을 리 없을 텐데, 별다른 기록이 없는 것으로 보아 후속조치는 대단히 미미했던 모양이다. 여기에는 사원세력의 저항을 염려하여 강력히 추진하지 못한 탓이 컸을 것이다.

　한편 최충헌은 선종 승려인 지겸志謙(1145~1229)에게 대선사의 직함을 내리고 각종 법회를 주관하도록 하는가 하면, 1211년(희종 7)에는 선종 사원인 창복사를 건립하여 자신의 원당으로 삼기도 했다. 또한 1213년(강종 2)에는 지겸을 왕사로 책봉하고, 다음해 자신의 아들 하나를 지겸의 문하로 출가시켰다.

　이후에도 최충헌은 선종 계통 사원과 가까워지기 위해 많은 노력을 기울이는데, 1216년(고종 3) 3월에는 역대 공신들의 원당인 미륵사에 행차하여 성대하게 제사를 올리기도 했다. 이때 도성 안의 모든 사람들이 최충헌을 환영했다고 하니, 그 정치적 효과는 무시할 수 없었을 것이다.

하지만 최충헌에 대한 사원세력의 반발도 계속 이어졌다. 사원세력을 회유하는 중에도 승도들과 연결된 저항이 그 후 여러 차례 일어났다. 대표적인 사건이 거란족 침입 때 전쟁에 동원된 승도들이 최충헌을 제거하기 위해 군대를 이탈하여 개경으로 쳐들어 온 일이었다. 역시 대부분 화엄종 사원의 승도들이었다.

그런데 최이 정권에 들어서면서 사원세력의 저항은 점차 누그러진다. 하지만 여기에는 당시 불교계에 일어나고 있던 정화운동이 더 중요하게 작용했다.

불교계의 개혁운동, 신앙결사

최충헌이 집권하고 있을 때 벌써 불교계에서는 중요한 변화의 바람이 불고 있었다. 그 바람은 신앙결사信仰結社 운동으로 시작되었다.

신앙결사란 이상적 신앙을 추구하기 위한 집단 수행 형태를 말한다. 당시 불교가 처한 한계를 반성하고 이를 개혁하려는 의도에서 출발했으니 당연히 사회변혁운동의 성격도 띠고 있었다.

신앙결사에는 두 가지가 있었다. 하나는 보조국사 지눌知訥(1158~1210)이 주도한 정혜결사定慧結社이고, 또 하나는 요세了世(1163~1245)가 개창한 백련결사白蓮結社이다. 두 결사운동은 수행 방법이나 사상적 근거는 다르지만 대두하게 된 사회적 배경은 비슷하다. 여기서는 조금 먼저 시작된 정혜결사운동을 지눌의 생애와 함께 살펴보겠다.

보조국사 지눌의 아버지는 정광우鄭光遇라는 사람인데, 그는 황해도 서흥의 향리 출신으로 벼슬이 국자감의 학정(정9품)이었다. 그때까지 불교계를 주도해온 사람들이 왕실이나 문벌귀족 출신임을 고려하면 지눌은 이점부터 크게 달랐다. 처음 정혜결사에 참여했던 인물들도 대부분 중앙의 정치세력과는 무관한 지방의 토호들이나 향리들이었다.

정혜결사운동은, 지눌이 25세 때인 1182년(명종 12) 정월 개경 보제사에서 열린 담선법회談禪法會에 참석하면서 단초가 마련된다. 이 법회에서 지눌은 당시 승려들의 타락상을 신랄하게 비판하면서, 명리를 버리고 산림에 은거하여 수행에만 힘쓰는 결사를 만들자고 동료들에게 제안했다. 하지만 여기서는 큰 호응을 얻지 못했다.

지눌은 여기서 포기하지 않고, 1188년(명종 18) 팔공산(대구) 거조사로 들어가 소수의 승려와 함께 정혜결사를 시작했다. 그동안 그는 〈권수 정혜결사문〉이라는 정혜결사의 취지문을 만들어 뜻을 같이하는 사람들을 불러모았는데, 사람들이 점차 늘어나자 장소가 비좁아 송광산(지금의 순천 조계산)의 길상사를 중수하여 그곳으로 옮기기로 작정한다. 이때가 1197년(명종 27)이니 아마 최충헌이 쿠데타를 일으켜 정권을 잡을 무렵이었을 것이다.

1200년(신종 3) 지눌은 거조사의 정혜사를 아직 완공이 덜 된 길상사로 옮기고 수행결사를 계속했다. 마침내 10년 가까운 중창사업이 끝나고 1205년(희종 원년) 왕명으로 송광산을 조계산으로, 길상사를 수선사修禪社로 이름을 바꾸고 편액까지 하사받아 본격적으로 신앙결사운동을 시작했다.

'정혜'의 정定은 참선을 통한 수행을 의미하고, 혜慧는 불교 경전을 통한 지혜를 의미한다. 곧 정혜결사는 지눌이 깨달음에 이르는 길로써 주장하는 돈오점수頓悟漸修와 정혜쌍수定慧雙修를 실현하기 위한 참선 모임이었다.

수선사는 지눌이 입적하는 1210년(희종 6) 이후에도 신앙결사운동의 중심이 되는데, 지금의 송광사가 그 수선사의 전통을 이은 것이다. 그리고 지눌의 결사운동으로 만들어진 새로운 불교 종파가 다름 아닌 조계종曹溪宗이다.

지눌이 죽은 지 몇 년이 지난 후 조계종이라는 종파가 비로소 공인되는 것으로 보아, 지눌이 조계종을 개창했다고 볼 수 없을지도 모른다. 그러나 지눌의 신앙결사운동은 분명 조계종의 모태가 되었고, 그 불교의 종맥이 지금까지 이어져온 것이다. 그러니 보조국사 지눌은 한국 불교사에서 획기적인 전환점을 이룩한 인물이라고 할 수 있다.

그런데 지눌의 새로운 신앙결사는 기존의 불교를 비판하는 데서 출발했다. 불교가 왕실이나 문벌귀족들의 비호 아래 번창하면서, 불법 본연의 자세를 망각하고 명리에 탐닉하거나 세속 정치에 물들어가는 데 대한 자각이었다. 곧 도회지 불교에서 산림 불교로, 개경 중심 불교에서 지방 불교로, 국가 불교에서 개인의 구도적 불교로, 기복적 불교에서 수도적인 불교로의 대전환이었다.

이러한 일은 물론 최충헌이 의도하여 일어난 것은 아니다. 하지만 사원세력의 저항, 특히 화엄종 계통의 저항을 받아오던 최충헌 정권으로서는 반가운 일이 아닐 수 없었다. 자신에게 비판적인 불교를 이 기회에 견제할 수도 있고, 잘만하면 불교계의 판도를 바꿀 수 있는 새로운 바람이었기 때문이다. 정치적으로 이용하고 싶은 유혹을 뿌리치기 힘들었을 것이다.

그러나 보조국사 지눌이 생존한 기간에는 최충헌이 신앙결사운동을 정치적으로 이용한 흔적은 드러나지 않는다. 지눌이 입적한 후 그 뒤를 이어 진각국사 혜심惠諶(1178~1234)이 수선사의 제2세 사주가 되면서부터 최이 정권과 수선사의 정치적 유착이 시작되었다.

최이 정권과 불교계

최이는 1223년(고종 10) 8월 황금으로 만든 13층탑과 화병을 흥왕사에 안치토록 했다. 그 무게가 2백 근이나 되었다고 하니 흥왕사를 회유하기 위해 쏟은 재력도 만만치 않았던 것 같다. 이런 노력의 결과인지는 몰라도 최이 정권에 대한 화엄종의 저항은 거의 보이지 않는다.

그러나 최이는 이것으로 만족하지 않았다. 최이는 우선 기존 불교를 비판하고 일어선 수선사의 정혜결사에 지대한 관심을 기울였다. 그 이전 최충헌도 수선사에 대해 전혀 무관심한 것은 아니었다. 최충헌은 지눌의 뒤를 이어 수선사 제2세 사주가 된 혜심에게 관심을 갖기 시작한다.

혜심은 전남 화순 출신으로 속성이 최씨였고, 그의 아버지는 역시 지방 향리 출신이었다. 혜심은 1201년(신종 4) 과거에 합격하고 태학에서도 수학한 적이 있는 유학자였다. 하지만 유학자의 길을 포기하고 지눌의 문하로 들어가 수행에 전념하다가, 1210년(희종 6) 지눌이 입적하자 그 뒤를 이어 수선사의 2세 사주가 되었다.

혜심은 수선사 사주가 된 후 1216년(고종 3) 대선사의 승계를 받았는데, 이는 승과를 거치지 않고 대선사에 오른 최초의 사례로 매우 파격적인 대우였다. 지눌이 승과에 합격하고도 승계를 받지 않고 은둔하여 정혜결사에 매진한 것과 대조적이다.

수선사는 이제 국가 승정체계에 편입되어 최씨 정권의 품안에 들어 갔다. 혜심이 수선사 2세 사주가 된 것과 승과를 거치지 않고 대선사에 오른 배후에는 최충헌의 힘이 작용하고 있었다. 혜심이 과거에 합격할 때 고시관을 맡은 자는 최충헌 정권에 봉사한 최홍윤崔洪胤인데, 어쩌면 여기서부터 혜심과 최씨 정권의 유착관계는 피할 수 없는 것이었는 지 모른다.

무인정권과 수선사와의 유착은 최이 정권에 와서 더욱 깊어진다. 최이와 수선사와의 유착관계는 토지를 기증하는 것으로부터 시작된다. 현재 송광사에 보관된 고려 문서에는 그러한 관계가 잘 드러나 있다. 이에 의하면 최이는 전답뿐 아니라 산전이나 염전 등도 기증하는데, 기증한 전답만 1백 결이 넘었다.

토지를 기증한 명목은 국왕의 복을 비는 것도 있었지만, 주로 죽은 자신의 어머니 송씨 부인이나 여동생의 복을 비는 것이었다. 곧 최이 자신의 현실적 이익을 위해 토지를 기증했던 것이다. 이렇게 토지를 기증받은 수선사로서는 사원의 경제 기반을 튼튼히 할 수 있었을 뿐 아니라 정권으로부터 확실한 보호도 받을 수 있었다.

게다가 김중구를 비롯하여 당시 권력층에 있던 인물들도 최이와 함께 토지를 기증했다. 김중구는 최충헌 정권에 봉사했던 김준의 아들로, 최이의 배다른 동생인 최구의 장인이 되는 사람이다. 이런 사람들의 토지 기증 역시, 수선사의 후원세력을 정치권으로 확대하는 데 중요한 계기가 되었다.

최고집권자 최이가 토지를 기증하는 사찰에 대해 최이 정권에 봉사하는 다른 많은 문무관리들이 관심을 갖지 않을 수 없었을 것이다. 심지어는 토지 기증뿐 아니라 아예 수선사에 입사하는 문무관리들도 많았다. 혜심이 이끄는 수선사는 점차 불교계의 중심으로 부상하고 있었던 것이다.

사원세력의 장악

전남 강진군 성전면 월남리에 있는 월남사지에는, 현재 진각국사 혜심의 비석이 남아 있다. 1250년(고종 37)에 세워진 이 비문에는 수선사에 입사하여 선종에 귀의한 자들 110명의 이름이 관품 순으로 나열되어 있는데, 이 중에는 최고 집권자 최이를 비롯하여 그의 서모(최충헌의 부인)와 부인들, 최이의 아들 최항, 그리고 왕족들과 당시 최씨 정권에서 중요한 위치에 있었던 문무 고위관리들이 다수 포함되어 있다.

최이는 진각국사 혜심에게 깊은 관심을 가졌고, 거의 온 집안이 수선사에 입사하여 그의 제자가 되었으니, 수선사는 최이의 원찰이나 다름없었다. 게다가 당시 권력층에 있었던 정숙첨, 김중구, 최종준, 임경숙 등 문무 고위관리들의 면면도 빠지지 않는다. 이 비문에 새겨진 입사자 명단을 통해서도 수선사가 당시 불교계에서 차지하고 있던 정치적 위상을 아울러 짐작할 수 있다.

처음의 수선사는 지방 향리층이나 일반 서민의 후원으로 유지되었다. 하지만 최이 정권에 들어와 후원세력이 중앙의 권력층으로 옮겨지면서 수선사는 전국 모든 사원의 중심으로 급부상한 것이다. 이것은 수선사를 중심으로 불교계의 판도가 크게 달라질 것임을 예고하는 것이었다.

흥왕사를 비롯하여 개경 주변에 포진한 기라성 같던 사원들은 이제 쇠락의 길을 걷고, 수선사를 비롯한 지방의 새로운 사원들이 중앙권력과 연결되어 일어나고 있었다. 이런 불교계의 변화는 최이 정권의 정략적인 의도에 힘입은 바 컸는데, 최이로서는 반가운 일이 아닐 수 없었다.

수선사의 종교적 위상이 달라지면서 당연히 그 사주인 혜심의 정치적 위상도 급부상했다. 혜심도 이런 변화를 싫어하지 않았다. 오히려 최이의 후원을 진심으로 고맙게 여겼다. 혜심의 어록 중 최이에게 보내는 다음과 같은 내용의 서한이 있다.

> 정치는 날로 더욱 공평하며 모든 일은 겉의 화려함을 버리고 열매를 취하고 있습니다. 시골의 무지한 촌부나 어린애에 이르기까지 그것을 칭찬하지 않음이 없으니 진실로 아름다운 일이 아닐 수 없습니다 《조계진각국사어록》〈답최상서우〉).

이를 어찌 이규보의 정권 예찬만 못하다고 하겠는가. 혜심은 최이의 정치를 아름답고 훌륭하다고 생각했을 법하다. 혜심은 이제 단순한 수선사의 사주가 아니라 최이 정권을 뒷받침해주는 불교계의 최고지도자였다. 그의 뒤에는 수십 개의 사원과 수만 명의 승려들이 있었다.

최이가 정계의 최고통치자였다면, 혜심은 불교계의 최고지도자였다. 이 또한 최이의 정치적 후원 덕분임은 더 말할 필요가 없다. 그에 대한 보답이었을까. 최이는 자신의 두 아들 만종과 만전을 혜심의 문하로 출가시켰다.

1230년(고종 17) 최이는 중대한 긴급조치 하나를 내린다. 5도 안찰사에 명하여 전국의 모든 선종과 교종 사원의 창건연대와 창건자, 연혁과 보유재산 등을 상세히 조사하여 문서로 기록하고 보고하도록 한 것이다. 이제 전국의 사원은 최이의 손아귀에 들어오게 되었다.

최이는 강화도로 천도한 후인 1245년(고종 32) 강화도에 선원사禪源寺를 창건하기도 했다. 선원사는 최이의 원찰로서 수선사의 출장소나 분사와 같았다. 이는 천도한 후에도 수선사와의 관계를 지속하고 정권의 후원세력으로 삼으려는 조치였다. 이후 최씨 정권에 대한 사원세력의 저항은 없었다. 교종과 선종을 막론하고.

최이 정권의 정치적 후원에 힘입은 수선사의 융성과 진각국사 혜심의 부상은 마침내 조계종이라는 새로운 종파의 성립으로 나타났다. 여기에는 최이 정권의 정략적 의도가 개입되어 있기는 하나, 이 시대의 문화적 성과로서 평가하는 데 너무 인색할 필요는 없을 것이다.

최씨 무인정권에 저항할 수 있는 마지막 비토세력, 불교계와 사원세력도 결국 그렇게 순화되어갔다. 최충헌·최이 부자가 정권을 장악해가는 과정에서 가장 풀기 어려웠던 숙제를 해결한 것이다. 불교계의 변화를 원하고 있던 당시 사회의 요구를 등에 업었기에 가능한 일이었지만, 최씨 정권이 행운의 순풍을 만났다는 것도 결코 무시할 수 없을 것이다.

에필로그

최씨 무인정권을 최씨 왕조라고 과감히 표현했다. 그들의 정권을 하나의 왕조에 비유해서 말한다면, 최충헌은 창업군주와 비슷했고 최이는 수성군주와 닮았다. 창업군주는 새로운 왕조의 개창자이고, 수성군주는 그것을 발판으로 왕조체제를 정비하여 도약하는 군주이다.

고려 왕조에서 창업군주는 태조 왕건, 수성군주는 광종이나 성종이며, 조선 왕조의 창업군주는 이성계, 수성군주는 태종이나 세종이라 할 수 있다. 최충헌이나 최이가 왕이 되었다면 그러한 군주에 비교될 수 있었을 것이다. 그러나 그들은 그렇지 못했다.

왕이 된다는 것은 권력의 강약으로만 설명될 일이 아닌 듯하다. 민심의 향방도 그에 못지 않게 중요하다. 민심은 오늘날 민주국가에서만 중요한 것이 아니며, 결코 피지배층만의 여론도 아니다. 전통 왕정시대에도 민심은 중요했고, 국왕이나 지배층도 그 민심에서 자유로울 수 없었다. 민심은 예나 지금이나 그 사회 총체성의 반영이기 때문이다.

민심의 반영을 왕정시대에는 '천명天命'이라고 했다. 천명이 거두어지면 왕조는 바뀌어야 한다고 생각했고 이것을 '혁명革命'이라고 불렀다. 《맹자》에 나오는 이야기이다. 영어 Revolution을 '혁명'으로 번역한 것은 그래서 의미심장하다. 다만 왕정시대에는 왕의 성姓이 바뀐다고 해서 '역성'이라는 수식어를 붙여 역성혁명易姓革命이라고 했다.

최충헌이나 최이가 왕이 되었다면 이는 분명 역성혁명이고 왕조의 교체이다. 역성혁명은 국왕의 성이 '왕씨'에서 '최씨'로만 바뀌는 단순한 사건이 아니라, 정치·경제·사회·문화·사상 등 사회 전반적인 체제의 변화를 동반하는 것이다. 정치세력의 교체는 말할 필요도 없고, 정치제도나 관료제도, 토지제도, 나아가서는 통치 이데올로기 등의 변화가 수반되는 것이다.

그래서 전통 왕정시대에 왕조 교체는 가장 중요한 정치적 사건이면서, 좀 더디기는 하나 서양의 Revolution과 충분히 대비할 수 있는 사건이다. 국왕은 그 왕조의 정치세력을 대표하고 사회체제를 상징하는 존재이기 때문이다.

최충헌이나 최이 혹은 이후의 최씨 집권자 누구도 그 시대를 주도하고 있던 정치세력이나 그들이 만든 제도와 사상, 나아가서는 사적인 결혼 관습에 이르기까지 어느 것도 변화시키지 않았다. 아니 그럴 수 없었다. 그들은 시대에 역행하지도 변화를 추구하지도 않았으며, 오히려 그 시대의 요청에 정확히 부응했다.

최씨 일가가 장기집권한 것은 역설적이지만 그래서 가능했다. 어쩌면 그들이 왕이 되기에는, 그러니까 역성혁명이 가능하기에는 아직 고려 왕조의 생명력은 넘치고 왕성했는지도 모른다.

왕조의 그러한 생명력과 지속력은 어디서 오는 걸까? 12, 13세기, 즉 무인집권기의 고려는 같은 시대 세계 어느 국가와 비교해도 손색이 없는 세련된 중앙집권체제를 갖추고 있었다. 중앙집권체제가 왕조의 지속력과 반드시 직결되는 것은 아니지만 전혀 무관하지도 않다고 생각한다.

조선 왕조는 고려 왕조보다 중앙집권체제를 더욱 발전시키는데, 그러한 통치체제는 왕조의 장수성longevity으로 나타났다. 중국 왕조도 일찍부터 중앙집권체제를 갖추었지만 한 왕조가 우리처럼 오래 지속되지는 못했다. 그래서 왕조의 장수성은 우리 역사의 가장 독특한 면이다.

이러한 우리 역사의 장수성에 가장 먼저 주목한 학자는 하버드대학의 와그너E. W. Wagner 교수이다. 그는 조선 왕조의 장수성에 강한 문제의식을 가지고, 조선 왕조의 정치사회사 분야에 많은 연구업적을 남긴 가장 탁월한 외국인 출신 한국사학자였다. 이 책을 끝낼 때까지 '최씨 집권자들은 왜 왕이 되지 못했을까' 하는 의문을 갖고 있었는데, 이 글을 쓰는 동안 우연히 그의 타계 소식을 들었다.

생각해보라. 10세기 초부터 20세기 초까지 무려 1천 년 동안, 고려 왕조에서 조선 왕조로 단 한 번의 왕조 교체만 있었다는 것이 얼마나 이상한 일인지. 이 기나긴 역사 동안 서양에서는 얼마나 많은 변화가 있었으며, 가까운 중국 대륙에서는 또 얼마나 많은 왕조들이 명멸했는가.

이러한 의문에 대한 해답을 찾는 데 참고할 만한 저술이 하나 있다. 주한 미국 대사관에도 근무한 적이 있고, 앞의 와그너 교수와도 교류하면서 우리 역사에 많은 관심을 갖고 있던 그레고리 핸더슨Gregory

Henderson(1922~1988)이라는 미국인이 쓴《소용돌이의 한국정치*KOREA, The politics of the vortex*》라는 책이다.

이 책에서 저자는 우리 역사의 특징을 한마디로 '중앙집중적'이라고 했으며, 그 원인을 일찍부터 인종적, 문화적, 언어적, 지리적 환경의 동질성을 확보한 데서 찾고 있다. 우리 현대사에 대한 문제의식을 바탕으로 접근한 까닭에 전 역사에 적용하기에는 조심스런 면이 없지는 않지만, 우리가 간과했던 우리 역사의 면면들을 날카롭게 지적한 것도 많다.

숲속에서는 숲을 조망할 수 없듯이 우리는 우리 역사를 크게 조망하는 데 어둡다. 그런 점에서 외국인이 우리 역사의 특징을 '중앙집중적'이었다고 본 것은 시사하는 바가 많다. 독자 제위의 일독을 권하고 싶다.

최충헌이나 최이가 역성혁명을 이룩했다면 우리 역사는 좀 더 역동적으로 전개되었을지도 모른다. 그들이 역성혁명을 일으키지 못한 이유도 고려의 중앙집권체제나 우리 역사의 중앙집중성과 무관하지 않을 듯하다. 중앙집권체제는 효율성이나 집중성 혹은 결집성에서는 우수한 체제이지만, 유연성이나 다양성 혹은 포용성에서는 부정적인 측면도 많다. 당연히 경직성을 띠게 되어 외부의 충격이나 변화에는 취약할 수밖에 없다.

그런데 최충헌이나 최이 정권은 고려의 중앙집권체제를 더욱 발전시켜나갔다. 고려 왕실은 무력화시켰지만 그것으로 상징되는 체제는 변화시킬 수 없었고, 오히려 더욱 공고히 했다. 역설적이지만, 그래서 고려 왕조의 생명력을 단축시키기보다는 더욱 온존시킨 셈이다. 그러한 고려 중앙집권체제의 중추를 차지하고 있는 것이 고려 왕실이고 국왕이었으며, 바로 왕도 개경이었다.

강화도 천도는 이 중앙집권체제를 지탱하고 있던 한 축에 변화가 온 것을 의미한다. 새로운 왕조의 개창이 아니고서는 좀체 단행되기 어려운 것이 천도이다. 그래서 강화 천도는 최씨 무인정권의 향방에서 가장 중요한 정치적 사건이라고 할 수 있다.

하지만 최씨 정권은 그 어려운 천도를 단행하고서도 역성혁명을 하지 않았다. 최씨 정권은 전성기를 맞이했고, 반면 고려 왕실은 그 무력함이 극에 달해 있었지만 고려 왕조는 유지되었다. 이는 물론 깊게 생각할 것도 없이 몽골과의 전쟁 때문이었다고 생각되지만, 그 전란 속에서도 최씨 정권이 계속된 것은 정말 궁금한 문제가 아닐 수 없다.

천도한 강화도에서 최씨 왕조는 어떻게 전개될까. 다음 이야기는 최씨 왕조의 대몽항쟁을 통해서 살펴보겠다.

참고문헌

사료

《고려사》: 동아대학교 고전연구실에서 1965~1971년에 펴낸 번역본 《역주 고려사》가
있다.
《고려사절요》: 민족문화추진회에서 1968년에 펴낸 번역본이 있다.
《신증동국여지승람》: 민족문화추진회에서 1970년에 펴낸 번역본이 있다.
《고려명현집》: 성균관대학교 대동문화연구원에서 1973·1980년 고려 문인들의 문집
을 한데 묶어 펴낸 것이다.
《선화봉사고려도경》: 민족문화추진회에서 1977년에 펴낸 번역본이 있다.
《고려묘지명집성》, 김용선 편, 한림대 아시아문화 연구소, 1992.
《동문선》: 민족문화추진회에서 1968~1970년에 펴낸 번역본이 있다.

연구서

강진철, 《고려토지제도사연구》, 고려대 출판부, 1980.
국사편찬위원회, 《한국사》 7, 1973.
──────, 《한국사》 18·20·21, 1993·1994.

김당택, 《고려무인정권연구》, 새문사, 1987.

──, 《고려의 무인정권》, 국학자료원, 1999.

김상기, 《동방문화교류사논고》, 을유문화사, 1948.

──, 《고려시대사》, 동국문화사, 1961.

김종명, 《한국중세의 불교의례》, 문학과지성사, 2001.

민병하, 《고려무신정권 연구》, 성균관대 출판부, 1990.

박용운, 《고려시대 개경연구》, 일지사, 1996.

──, 《고려시대 대간제도연구》, 일지사, 1980.

──, 《고려시대사》 상·하, 일지사, 1987.

박용운·이정신 외, 《고려시대 사람들 이야기》 1·2, 신서원, 2001.

박종기, 《5백년 고려사》, 푸른역사, 1999.

변태섭, 《고려정치제도사연구》, 일조각, 1971.

육군본부, 《고려군제사》, 1983.

이기백, 《고려병제사연구》, 일조각, 1968.

이기백편, 《한국사 시민강좌》 5·8, 1989, 1991.

이병도, 《고려시대의 연구》, 아세아문화사, 1980.

──, 《고려시대 관계 관직연구》, 고려대 출판부, 1997.

이수건, 《한국중세사회사연구》, 일조각, 1984.

채상식, 《고려후기불교사연구》, 일조각, 1991.

하현강, 《한국중세사연구》, 일조각, 1988.

허흥식, 《고려불교사연구》, 일조각, 1986.

홍승기, 《고려귀족사회와 노비》, 일조각, 1983.

홍승기 편, 《고려무인정권연구》, 서강대 출판부, 1995.

황병성, 《고려 무인정권기 연구》, 신서원, 1998.

연구논문

앞으로 개별적인 연구논문 제시는 생략하겠습니다. 대부분 위의 연구서 안에 들어 있기도 하지만, 위의 연구서에 없는 순수 학회지에만 발표된 논문일지라도 일반 독자들에게는 별 의미가 없다고 생각하기 때문입니다. 혹시 이 시대를 연구하는 전공자들이 본서를 읽게 되면 누구의 어떤 논문에서 인용한 내용인지 대강 알 것이지만, 일반 독자들은 그런 학회지 논문을 시중에서 접할 수도 없고 관심도 없을 것입니다.

논문이 대학사회의 중요한 담론이기는 하지만 대학에서 전공자들끼리만 유통되는 것은 벗어나야 한다고 봅니다. 필자도 이 시대를 전공하고 있지만 일반 서점에서는 접하기 힘든 논문들이 수없이 많았습니다. 본서와 관계된 연구논문을 빠짐없이 참고할 수는 없었다는 얘기입니다. 본서는 전문 연구서가 아니기 때문에 그럴 필요는 꼭 느끼지 않았지만, 어차피 관련된 논문을 모두 섭렵하지 못할 바에야 개별적인 연구 논문을 구태여 제시하는 것은 부담스러운 일이 아닐 수 없습니다.

알 수 없는 사료 인용, 깨알 같은 각주, 끝없는 참고문헌의 나열 등은 논문 쓰기에서 불가피한 것인지는 모르지만, 일반인의 접근을 불허합니다. 사실 이러한 논문의 형식도 일반인에게는 너무나 억압적이고 권위적이기까지 합니다. 개별 연구논문을 생략하는 것은 이러한 이유도 중요하게 작용했습니다. 독자 여러분의 넓은 이해 바랍니다.

찾아보기

고려 무인 이야기 2

⊙ 2019년 10월 22일 초판 1쇄 인쇄
⊙ 2020년 10월 8일 초판 2쇄 발행
⊙ 지은이   이승한
⊙ 펴낸이   박혜숙
⊙ 펴낸곳   도서출판 푸른역사
　　　　　　　　우) 03044 서울시 종로구 자하문로8길 13
　　　　　　　　전화: 02)720-8921(편집부) 02)720-8920(영업부)
　　　　　　　　팩스: 02)720-9887
　　　　　　　　전자우편: 2013history@naver.com
　　　　　　　　등록: 1997년 2월 14일 제13-483호

ⓒ 이승한, 2020

ISBN   979-11-5612-154-1 04900
ISBN   979-11-5612-152-7 04900(SET)

·잘못 만들어진 책은 교환해드립니다.